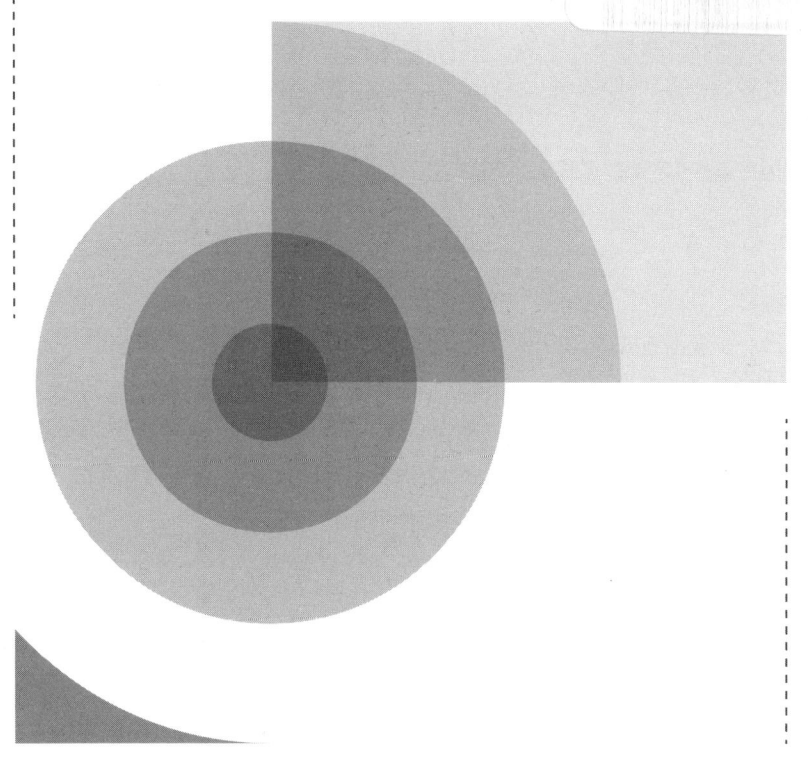

从经典逻辑批判
到
日常（推理）逻辑的构建

张绍友 著

知识产权出版社
全国百佳图书出版单位
—北京—

图书在版编目（CIP）数据

从经典逻辑批判到日常（推理）逻辑的构建/张绍友著.—北京：知识产权出版社，2024.10.— ISBN 978-7-5130-9519-8

Ⅰ.B81

中国国家版本馆CIP数据核字第2024C9X393号

内容提要

本书基于日常推理立场，较为深入地研究和分析了自然语言中的"若,则"句，提出了集真值性和推演性的日常蕴涵。以日常蕴涵理论为基石，构建了日常（推理）逻辑（主要包括命题逻辑公理系统GM和一阶谓词逻辑系统W），初步实现了传统逻辑思想与现代逻辑技术的系统性、有机性结合，并可能根除两个长期困惑逻辑学界的棘手问题：经典逻辑与日常推理、传统逻辑不一致的问题及蕴涵怪论问题。

本书适用于逻辑专业学生和研究人员，也可作为教材使用。

责任编辑：高　源　　　　　　　　　　责任印制：刘译文

从经典逻辑批判到日常（推理）逻辑的构建
CONG JINGDIAN LUOJI PIPAN DAO RICHANG（TUILI）LUOJI DE GOUJIAN

张绍友　著

出版发行：知识产权出版社有限责任公司	网　　址：http:// www.ipph.cn
电　　话：010－82004826	http:// www.laichushu.com
社　　址：北京市海淀区气象路50号院	邮　　编：100081
责编电话：010－82000860转8701	责编邮箱：laichushu@cnipr.com
发行电话：010－82000860转8101	发行传真：010－82000893
印　　刷：天津嘉恒印务有限公司	经　　销：新华书店、各大网上书店及相关专业书店
开　　本：720mm×1000mm　1/16	印　　张：16
版　　次：2024年10月第1版	印　　次：2024年10月第1次印刷
字　　数：248千字	定　　价：108.00元

ISBN 978-7-5130-9519-8

出版权专有　侵权必究

如有印装质量问题，本社负责调换。

序　言

中山大学鞠实儿教授曾对我说："绍友不做学问很有些可惜。"其实，我也有同感。他入职公务员，我是有些失望的，这意味着他告别了学术圈。

让我意外的是，20余年了，他没有忘记初心，没有丢开逻辑，猛不丁地搞出这么一个研究成果来。"实质蕴涵不实质，这是困惑许多逻辑学人的难题。"这是我曾告诫学生的话。没想到绍友把这话放在心上。这么多年来，他以"明知山有虎，偏向虎山行"的精神，向这个"高地"久攻，我为自己的学生有这种精神而自豪。

该书明晰甄别了"蕴涵怪论"并评析各方观点，详尽讨论了"蕴涵怪论"的渊源及解决方案，深入剖析了实质蕴涵的重大缺陷，深透析明了经典逻辑与日常推理的相悖性，扎实分析了"若，则"句的逻辑特征并区分了孤立静止状态与思维推理状态下的"若，则"句，等等。

在此基础上，该书提出了自己的日常蕴涵理论。精妙之处在于，其没有按照传统的方法，直接刻画"若，则"句的真值性，而是通过分离规则来刻画"若，则"句的逻辑特征。我认为，这的确抓出了"若，则"家族的共性机理，抓住了"若，则"句的根本逻辑特征。

此外，该书还在日常蕴涵理论基础上，建立了日常推理逻辑（主要包括命题逻辑GM及在其基础上建立的一阶谓词逻辑W），其中有不少地方值得我们关注。

第一，其命题逻辑GM的公理比较简洁直观，易于理解把握；其中"蕴涵会因所处状态变化，逻辑功能各异"的论述，令人印象深刻。

第二，其一阶谓词逻辑W中，传统逻辑的A、E、I、O四类直言命题表达式实现了结构统一，保持了逻辑结构的一致，传统逻辑的对当关系及三段论24个有效式均W可证。

第三，日常推理常用的有效式都是GM或W可证的，且部分定理因日常蕴涵

(异于实质蕴涵)的意义而获得更合理的解释。

第四,其日常(推理)逻辑不但推演比较简易明了,而且推演能力颇为强大,较适合普通民众的需求。

纵观全书,可以发现,作者的思路是:通过寻求符合日常推理的蕴涵,并在相应的日常蕴涵理论基础上,在遵守二值原则和外延原则的前提下,应用现代逻辑技术,构建直观简明的一阶谓词逻辑系统,力图实现传统逻辑思想的形式化和公理化,实现逻辑有效式与日常推理有效式高度契合,同时附带解决两个重要问题——一是经典逻辑与传统逻辑相互脱节的问题,二是为根除蕴涵怪论提供系统性的标准和方法的问题。

以上探索,说易行难。全面准确地评价其研究成果,也殊为不易。在细读该书之余,我的初步判断是:其研究是比较成功的,成果是可信可取的——至少有较高的参考价值。

写到这里,突然想起前两天看到的一位中科院博士的论文致谢:"我走了很远的路,吃很多的苦,才将这份博士学位论文送到您的面前。二十二载求学路,一路风雨泥泞,许多不容易。"相信绍友见着这番话,一定有特别的认识和感悟。

是为序。

西南大学二级教授、博士生导师
西南大学逻辑与智能研究中心名誉主任
原西南师范大学副校长
何向东
2024 年 8 月 1 日

目　录

绪　论 ·· 001
第一章　蕴涵怪论的类型 ··· 008
　一、形式(真值)类怪论 ·· 010
　二、意义类怪论 ··· 014
　三、意义类怪论的消除 ·· 015
第二章　关于实质蕴涵是否怪悖的争论 ··································· 021
　一、蕴涵怪论——古老的话题 ··· 021
　二、蕴涵怪论——新鲜的焦点 ··· 028
　三、改造实质蕴涵——我们的观点 ······································ 040
第三章　历史上试图解决蕴涵怪论的主要方案 ························ 049
　一、罗素与形式蕴涵 ··· 050
　二、路易斯的严格蕴涵 ·· 053
　三、相干蕴涵与衍推 ··· 055
　四、"盘点"诸方案——内容之"药"根治不了形式之"病" ······ 059
第四章　实质蕴涵探源 ··· 062
　一、费罗蕴涵及费罗的主张 ··· 062
　二、实质蕴涵与弗雷格的考虑 ··· 064
　三、实质蕴涵探源的启示 ·· 069
第五章　经典逻辑难以符合日常推理需要 ······························· 071
　一、为什么叫它们"实质蕴涵怪论" ······································ 071
　二、析取定义无法"庇护"实质蕴涵 ····································· 074
　三、经典逻辑难以胜任日常推理 ·· 078
　四、应从"若,则"句中抽象新蕴涵 ······································· 085

第六章　几项理论准备工作·····87
一、形式系统拒斥不了经验性内涵·····87
二、命题真值与命题形式的真值·····092
三、从MP规则的逻辑解读看"⊢""→"和"得"·····099
四、适合日常推理的蕴涵的基本要求·····106

第七章　"若,则"的逻辑特征·····110
一、"若,则"句研究概述·····111
二、"若,则"句的真值性逻辑特征与"前件真承诺"·····113
三、"若,则"句的推演性逻辑特征与"必然得出理论"·····124
四、孤立静止状态与思维推理状态下的"若,则"句·····135

第八章　日常蕴涵理论·····137
一、日常蕴涵真值性的刻画·····137
二、日常蕴涵推演性的刻画·····149
三、日常蕴涵可以处理因果类"若,则"句·····155
四、日常蕴涵可以处理虚拟类"若,则"句·····160
五、日常蕴涵刻画了"若,则"句的什么·····164
六、对实质蕴涵再审视·····168

第九章　命题逻辑公理系统GM·····170
一、GM的语法·····171
二、GM部分重要定理的证明·····174
三、GM的语义·····189
四、GM的一致性和完全性·····194
五、从几个问题看GM的特征·····196

第十章　GM系统映照下的实质蕴涵怪论·····209
一、判为非定理的蕴涵怪论及其说明·····209
二、判为定理的蕴涵怪论的证明及其意义·····213
三、再次简评实质蕴涵怪论·····218

第十一章　一阶谓词逻辑W ……………………………………… 220
一、W的语法 …………………………………………………… 220
二、W定理的证明 ……………………………………………… 222
三、W可弥补经典谓词逻辑两大遗憾 ………………………… 223
四、W的语义 …………………………………………………… 229
五、W的一致性和完全性 ……………………………………… 230

第十二章　模态逻辑系统MT ……………………………………… 232
一、MT的语法 ………………………………………………… 232
二、MT的定理证明 …………………………………………… 233
三、MT的语义 ………………………………………………… 235
四、MT的一致性和完全性 …………………………………… 236

第十三章　总结与展望 ……………………………………………… 237
一、经典逻辑批判小结 ………………………………………… 237
二、日常蕴涵理论小结 ………………………………………… 240
三、命题逻辑公理系统GM小结 ……………………………… 241
四、一阶谓词逻辑W与模态逻辑系统MT小结 ……………… 243
五、结束语 ……………………………………………………… 244

参考书目 …………………………………………………………………… 245
后　　记 …………………………………………………………………… 247

绪 论

"听说过逻辑这个词的人都在谈蕴涵怪论,蕴涵怪论并不是那么容易解决的。"这是多年前当我准备把"蕴涵怪论"作为硕士毕业论文选题方向时,一位前辈的忠告。这番话让我犹豫再三,最终放弃了这个选题方向。然而,蕴涵怪论问题却始终像块石头似地压在我的心上,让我难以释怀。后来,有一件小事,即便过了很久,仍然清晰如昨地在我脑海中浮现。一天,一堂课后,一位好学的学生问上门来:(A∧B→C)→(A→C)∨(B→C)这样的永真式,在日常推理中却不是有效的推理形式,到底是怎么回事?我当时真不知道如何作答,只好告诉他:经典逻辑(classical logic)[1]的永真式,未必是日常推理有效式[2],这涉及蕴涵怪论等问题。但学生失望的眼神和说出的话深深地刺痛了我:"逻辑不是区分有效推理和无效推理的工具吗?逻辑不能保障推理的有效性,那我们学来干什么?……"

我相信,我遇到的这个问题不是孤例,而是现代逻辑教学或推广中必须面对的难题。在《逻辑和当代修辞学》中,卡亨(Howard Kahane)讲述了一个值得逻辑界反思的故事:在学生追问下,他不得不承认经典逻辑不是学生想学的与日常推论、与他们每天耳濡目染的论说相关联的课程。卡亨最后悲叹道:"这也是为什么许多人会认为逻辑的课程不合他们的胃口的原因。"[3]"学生学习逻辑课程主要是期望学到和熟练掌握逻辑推理的规则,以应用于日常生活和科研推理,使自己的思想实践更具有逻辑性。传统逻辑会带给他们这样的体验,但经典逻辑却似

---

[1] 经典逻辑(又称"一阶逻辑""标准逻辑")作为演绎逻辑,是以实质蕴涵为基础的真值函项逻辑,主要由弗雷格(Fredric Ludwig Gottlob Frege)、罗素(Bertrand Russell)所创立的命题逻辑和谓词逻辑构成。现代逻辑在很大程度上是建立在经典逻辑的基础之上的,是经典逻辑的应用和发展。

[2] 日常推理有效式,粗略地说,是指结论可以从前提中按照日常推理规则(如矛盾律、排中律、对当关系等)推导出来的表达形式。如日常推理形式 A→B,如果前提 A 是真,那么结论 B 一定是真的,这样 A→B 就是一个日常推理有效式。

[3] CAVENDER N,KAHANE H. 生活中的逻辑学[M]. 杨红玉,译. 北京:中国轻工业出版社,2016:7.

乎让他们失望了。"❶

在长期的跟踪研究中,我们越来越多地发现,不但经典逻辑永真式不全是日常推理有效式,而且有些日常推理有效式,也不是经典逻辑的永真式。三百多年前,数理逻辑❷先驱莱布尼茨提出:我们应该通过建立一种普遍的没有歧义的语言,把推理转换为逻辑演算,一旦发生争论,我们只要坐下来,拿出纸和笔算一算就行了。莱布尼茨这一构想,不但为逻辑学发展提供了两个基本思想——构造形式语言和建立演算,也为逻辑学发展提出了新的目标和任务——逻辑学应当提供逻辑系统,作为判别日常推理有效性的根本标准和根本依据。显然,经典逻辑难以满足日常推理的这一需要。

大致说来,逻辑学的发展可以分为两大阶段:一是由古希腊亚里士多德(Aristotle)创立的传统逻辑阶段;二是由德国数学家弗雷格初步创立并由罗素加以系统化的现代逻辑阶段。在根本意义上,现代逻辑是逻辑学发展的数学化转向——这从经典逻辑的形成过程可以看出。

17世纪后期,数学方法对科技发展已显示出重要作用,人们感到演绎推理和数学计算有相似之处。这启发逻辑学者思考:数学方法能不能应用于思维领域? 这是莱布尼茨的逻辑数理化思想。1847年,英国数学家布尔(George Boole)在《逻辑的数学分析》中建立了布尔代数,不但用符号表述逻辑中的各个概念,而且用代数的方法研究逻辑问题。1848年,德摩根(Augustus De Morgan)发表了他应用数学方法研究关系逻辑的成果。至此,逻辑对数学思想的采用主要还是技术方法上的。但在1879年,这一切开始发生根本变化。弗雷格在其《概念文字》中,建立了历史上第一个一阶逻辑公理系统(经典逻辑的前身)。1884年,他又出版了《数论基础》,使他的一阶逻辑公理系统更加充实。不过,他所做的这一切,主要动机并不是发展逻辑学,而是为了满足数学的需要。"当施罗德反对他(弗雷格)离开布尔的记法时,弗雷格回答说:他想要创造一种文字来分析数学推

---

❶ KAZIMIERRZ AJDUKIEWICZ. Conditional Sentence and Material Implication [EB/OL]. [2010-07-26]. http://www.springerlink.com/content/92332233708lr76j/.

❷ 广义的数理逻辑包括逻辑演算(含命题演算和谓词演算)、模型论、证明论、递归论和公理化集合论,其中逻辑演算(经典逻辑)是数理逻辑最基本、最重要的部分。

理。"❶"弗雷格探讨逻辑问题,主要从数学需要开始的,他想证明逻辑与数学是同一的,逻辑可以推导全部数学。"❷于是从弗雷格开始,数学思想开始在逻辑学领域反客为主,不再是数学为逻辑服务,而是反过来,逻辑要为数学服务,由数学牵引着逻辑学发展的走向。而正式完成逻辑数学化这一工作的,是罗素。他赞成弗雷格的看法,认为数学能够从逻辑推出。1910—1913年,罗素与怀特海(Whitehead Alfred North)陆续发表了他们合著的大《数学原理》,命题逻辑和谓词逻辑系统在其中首告完成,这也标志着数理逻辑作为一门独立的学科已经成熟。对于大《数学原理》的目的,罗素自己在《数学原则》(即小《数学原理》)中说得很明确:一是表明全部数学都是从逻辑中推演出来的;二是尽可能找出和发现符号逻辑本身的原则是什么。这清楚地表明,大《数学原理》主要是为了全面系统地阐明数学逻辑主义思想(其基本思想是逻辑与数学同一)。1928年,希尔伯特(David Hilbert)和阿克曼(Wilhelm Ackermann)出版了《理论逻辑基础》,纯化和修正了罗素的系统。自此,逻辑的数学化转向基本完成,经典逻辑终于成形,并日益成为逻辑学的主流。以经典逻辑为基础的现代逻辑似乎不再对日常推理感兴趣,而只关心如何建构形式系统、如何按照特定的规则进行符号操作。"今日的逻辑学像是已被数学'同化'了,其中或者是为数学建立起来的逻辑,如一阶逻辑等,或者是大量引用数学方法建立的逻辑,如现代模态逻辑。"❸虽然这些逻辑也对形式系统语义、语用等问题进行反思,但经典逻辑与传统逻辑之间的连续性问题,经典逻辑在整个逻辑学科中的地位问题,以及经典逻辑在日常推理中如何应用等问题,至今仍未获得令人满意的解答。

有逻辑学者发出如此感叹:现代逻辑"如今已变得如此技术化、纯净化和专业化,以致于与原初那个关于'逻辑是用来做什么'的概念已经是格格不入了"❹。"现在的逻辑学与人们的日常思维活动距离越来越远,能够读得懂逻辑学的人越

---

❶ 威廉·涅尔,玛莎·涅尔. 逻辑学的发展[M]. 张家龙,等译. 北京:商务印书馆,1985:599.

❷ 马玉珂. 西方逻辑史[M]. 北京:中国人民大学出版社,1987:335.

❸ 周北海. 模态逻辑[M]. 北京:中国社会科学出版社,1996:1.

❹ GOVIER R. Problems in Argumenht Analysis and Evaluation[M]. Cinnaminson, NJ: Fo-ris Publications, Dordrecht-Holland, 1987:2.

来越少,普通的人们对于逻辑学有着越来越强烈的畏难情绪和敬而远之的态度。事实上,逻辑学逐渐成为少数专家和学者津津乐道的'专利';对于大众而言,逻辑学则演化为现代'文言文'。这是不是我们发展逻辑学、使之现代化的初衷和期望? 笔者深感疑问和忧虑。"❶

现在的问题是,在深化逻辑数学化方向发展的同时,能不能回到弗雷格之前,承续传统逻辑的思想,让逻辑以服务日常推理为中心,把数学技术和方法作为逻辑发展的重要手段,探寻建立更加符合日常推理需要的逻辑演算? 这即是追求逻辑演算与日常推理的高度适配❷,如图0-1所示。

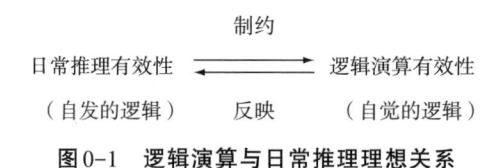

```
                       制约
    日常推理有效性  ←――――――→  逻辑演算有效性
     (自发的逻辑)    反映     (自觉的逻辑)
```

图0-1　逻辑演算与日常推理理想关系

也许这种想法在某些人看来是"开历史的倒车",但静心而论,这难道不是逻辑学发展所允许甚至希望的吗? ❸难道不是对亚里士多德以来2000多年的逻辑思想的一种继承和发展吗? 这难道不是更加符合普通民众对"逻辑"这个概念及其意义的认知吗? 周礼全先生曾直截了当地评说道:"数理逻辑技巧性很高,但主要针对数学,可说是数学理论,对实际思维帮助不太大。按我的看法,逻辑的重点要针对自然语言,但可以借用数理逻辑那些技巧。"❹"普通逻辑既要克服传统逻辑的某些缺陷,增加足以反映现代思维水平的新内容,但又不是局限于某一

---

❶ 吴家国.逻辑学的民本思考[J].社会科学论坛,2004(14):4.

❷ 这一思想可参见苏珊·哈克(Haack Susan)的有关研究(SUSAN H. Philosophy of Logic[M]. London: Cambridge University Press,978:16.)。在她看来,逻辑就是用"严格的方法"将日常语言中非形式论证的有效性揭示出来,以区分有效的论证和无效的论证,并且提供这种区分标准。她借用皮尔斯(Charles Sanders Peirce)的术语,把非形式论证的形式化过程描绘为从自发的逻辑提升到自觉的逻辑的过程。

❸ 逻辑可修正性思想并非新奇,皮尔斯、蒯因(Quine Willard Van Orman)、普特南(Hilary Putnam)、苏珊·哈克等逻辑学家均对此作了深刻论述。

❹ 周礼全.论逻辑与哲学[J].河池学院学报,2011(4):16.

特殊的思维领域(如数理逻辑研究数学思维、语言逻辑研究语言思维),而是面对人类一般的思维或普通思维,从中概括出普遍适用的逻辑形式和逻辑方法。"❶逻辑前辈们这些谆谆教导,言犹在耳,我等后辈,岂能不奋起前行?

问题的关键是,实现这一目标可能吗?可行吗?这样的工作已经有很多逻辑学者尝试过,不过至今还没有看到很好的成果。经过多年研究,我们决定从蕴涵怪论入手,通过对实质蕴涵的剖析,完成对经典逻辑的批判,寻求适合日常推理的蕴涵,从而谋求构建日常(推理)逻辑(主要是命题逻辑及一阶谓词逻辑)。

企图完成这样一项工程,似乎有些自不量力。但这却是笔者不得已的选择。因为三百多年前逻辑先驱的希冀和今天年轻的学生对逻辑"那我们学来干什么"的追问,让我无论作为一名学人,还是作为一位老师,都无法对上述问题袖手旁观、熟视无睹。我的博士论文即是《从蕴涵怪论到日常蕴涵逻辑系统的探索》。博士毕业后,我以大胆求索、小心求证的态度,继续强化研究,反复推敲、验证、反思、补充、修正。古人说,十年磨一剑。屈指算来,我对上述问题的关注和研究已二十余年,自我感觉研究成果已经比较成熟。希望本书能得到学界同仁的指教和批判,更希望能抛砖引玉,让日常推理不但有简易的逻辑演算可用,而且用得放心、用得服气,这也是笔者的学术梦之一。

经典逻辑与日常推理不匹配的因由,主要集中于实质蕴涵问题(突出表现在实质蕴涵怪论上)。因此,我们决定从实质蕴涵怪论入手,深入探讨实质蕴涵怪悖的深层原因,再进一步分析经典逻辑应用于日常推理的不足之处;然后再在探求适合日常推理的蕴涵(下称"日常蕴涵")理论基础上,构建适合于日常推理的、新的命题逻辑及一阶谓词逻辑等逻辑系统——本书所称日常(推理)逻辑。

第一,通过剖析蕴涵怪论及实质蕴涵,完成对经典逻辑的日常推理批判。①对蕴涵怪论进行分类。要把意义类这种所谓(前言不搭后语)"蕴涵怪论"通过合法解释规则予以鉴别,并驱除出蕴涵怪论"系列",防止其扰乱视线和思路,从而使我们的研究集中于形式类"蕴涵怪论"。②对"蕴涵怪论"是否怪悖作较全面的历史探究和分析,总结细分出各方立场、意见和论证,并阐明我们的观点。③深入剖析历史上解决蕴涵怪论的主要方案,挖掘其主要思路、轨迹特点、成败得失,总

---

❶ 吴家国.论普通逻辑的体系和内容[M]//形式逻辑研究.北京:北京师范大学出版社,1984:7.

结出它们没能成功的根本原因,为探索新的蕴涵吸取经验。④对实质蕴涵的产生过程作仔细的回顾探讨,分析其主要动机、基本想法、合理性、为难之地、不足之处等,为探索新的蕴涵提供借鉴。⑤从根本上分析实质蕴涵怪论产生的深层原因,剖析实质蕴涵的失当之处。⑥通过理论与例证呼应,点面结合,剖析何以经典逻辑难以适合日常推理。

第二,探求适合日常推理的日常蕴涵。①着力深入分析"若,则"句的逻辑特征。"若,则"句虽然纷繁复杂、意义多变,但必定存在重要的共性机理使它们共存于"若,则"家族里,而这个共性机理里应该隐藏着"若,则"句最根本的逻辑特征。②站在为形式化逻辑系统提供新蕴涵的高度,对"若,则"句的逻辑特征进行抽象概括,努力抓取日常语言"若,则"句的核心和关键的逻辑意义,得到我们寻索的日常蕴涵。这个蕴涵不但应满足构建逻辑系统的技术需要,而且还应符合民众对"若,则"句的认知,具备足够的理论支撑和哲学依据。

第三,建立以日常蕴涵为基石的命题逻辑系统。这个系统必须受限或满足于以下几个因素:①使日常蕴涵合法地、自然地表达、进入逻辑系统之中。②简洁、直观、朴实。其最重要的体现是,公理要直观简明,条数不多,便于理解识记。③保证日常推理有效式(含传统逻辑的命题推理有效式)是新系统的定理,从而使传统逻辑思想与现代逻辑技术共生共融于一个形式系统之中,实现二者的有机衔接;同时,逻辑演算(含形式证明)也尽量模仿日常推理过程。这样不但使逻辑演算更为自然,而且由于更为简易,容易为民众理解掌握,普及开来。④符合二值原则和外延原则,对现代逻辑,特别是形式化等技术思想,采取拿来主义,能用尽用。⑤为鉴别"蕴涵怪论"提供清晰严谨的标准,不但在技术上明确它们是不是新系统的定理,而且要对此作充分的合理的语义说明。⑥具备一致性和完全性[1]。传统逻辑的主要缺陷就在于没有实现公理化,一致性、完全性得不到最终的证明,显得零碎散乱,不成体系。此外,我们还得探讨新的命题逻辑系统的

---

[1] 王路先生曾强调:"当一个逻辑系统得到了一致性和完全性的证明时,它就是完善的,也是成熟的。"[王路.论"必然地得出"[J].哲学研究,1999(10):53.]笔者赞同王路先生的观点,但觉得如果把"就是""也是"均改成"才是",或者把"它就是完善的,也是成熟的"改写成"它在逻辑技术上就是完善的,也是成熟的",可能更有说服力。

一些性质和特点。

第四,建立一阶谓词逻辑系统和模态逻辑系统。对于一阶谓词逻辑系统,我们将着重考察两点:一是经典逻辑与传统逻辑之间的不契之处能否得到有效克服,二是与经典的一阶谓词逻辑比较,有哪些新的特点,这些特点是否符合日常推理的要求;对于模态逻辑,我们将紧扣日常推理特点构建系统,并着重考察如下问题:"模态蕴涵怪论"问题能否得到有效解决或解释。

我们能感知这些工作会带来许多艰巨的挑战,但选择了出发,就必须、必然前行。正如马克思所言,在科学的入口处,正像地狱的入口处一样,必须提出这样的要求:

这里必须根绝一切犹豫,

这里任何怯懦都无济于事。❶

---

❶ 中共中央马克思恩格斯列宁斯大林著作编译局.马克思恩格斯选集:第2卷[M].北京:人民出版社,2012:5.

第一章　蕴涵怪论的类型

众所周知,逻辑是关于推理、论证的学问,而且主要是研究推理形式的。根据条件化规则,任何推理都可化归为"前提→结论"的形式,于是推理形式有效性的判定最后归结为相应"→"式永真性的判定。因此,蕴涵自然成为逻辑学的核心概念。罗素甚至认为,整个逻辑都是建立在蕴涵理论基础之上的。[1]"一系统中由一命题推到另一命题,由一部分推到另一部分,须有它的推行工具,推行工具不止一种,'同''等''代替'等均是推行的工具,但最重要的一方面是'蕴涵',一方面是'所以'。"[2]金岳霖先生这话说得没错,但还有一段话他没说。他所说的"同""等""代替""所以"等推行工具也必须借助于"蕴涵"这个工具才能真正地"推行"。例如⊢~A∨B,⊢A,得⊢B,其更完整的表达式应该是:⊢(~A∨B)∧A→B,⊢(~A∨B)∧A,得⊢B。又如⊢A∧B,得⊢B,其更完整的表达式是:⊢A∧B→B,⊢A∧B,得⊢B。

然而,长期以来,蕴涵怪论如同难以驱散的幽灵,持续萦绕于逻辑学这一以严谨性著称的学科领域之中。尽管学术界已采用多元策略与手段,力图根除蕴涵怪论之影响,却往往陷入"顾此失彼、问题频现"的困境,即解决了一个问题又引发了新的问题,难以达到全面消除的预期效果。逻辑历史也表明,自1910年罗素首提"蕴涵怪论",百余年来关于这个问题的讨论可谓汗牛充栋,但一直没有一个令人满意的解答。"提出蕴涵可真是非同小可,恐怕没有人敢说事实上蕴涵意义究竟是怎么回事。"[3]但我们似乎又不得不提、不得不说。因为,对于逻辑学界来说,蕴涵怪论如同喉中鲠、背之芒,构成了难以忽视且持续困扰的难题。

1922年,约翰逊(William Ernest Johnson)在其《逻辑》一书中,最先正式提出

---

[1] EDWARDS P. The Encyclopedia of Philosophy:Volume 7[M]. New York:The Macmillan Company & The Free Press,1967:246-247.

[2] 金岳霖. 逻辑[M]. 北京:生活·读书·新知三联书店,1982:261.

[3] 金岳霖. 逻辑[M]. 北京:生活·读书·新知三联书店,1982:261. 逻辑学家Jack Johnson也感叹道:If and suppose—two small words,but nobody has ever been able to explain them.

"蕴涵怪论"(Paradoxes of implication)一词。有人把蕴涵怪论称为"蕴涵悖论",这是不太恰当的。严格而言,所谓"蕴涵悖论"与说谎者悖论、罗素悖论等根本不同,它不是逻辑系统内部出现的"合理矛盾",而是系统定理在翻译成日常语言时,与日常思维经验不太符合甚至相互抵触而产生的,故其本质是一种"怪论"。但从日常推理的角度论,消除这些抵触或冲突仍是件令人欣慰的事。因为形式系统所依据的"有意义"的符号,其实无一不是思维经验的表达。只要形式系统要翻译成日常语言,其任何诠释最终都必须接受逻辑直觉和思维经验的检验和批判。

那么,蕴涵怪论是如何产生的呢?

甲:如果2+2=5,则3+3=6。

乙:如果人不是动物,则人是动物。

对于甲、乙之言,思维经验难免是要惊异和质疑的。而经典逻辑却认为甲、乙所言皆真,并用实质蕴涵理论为自己的判断作了辩护(表1-1)。

表1-1 实质蕴涵真值表

前件A	后件B	A→B
真	真	真
真	假	假
假	真	真
假	假	真

于是对经典逻辑而言,假命题蕴涵真命题为真便是十分普遍而自然的事,从而衍生了许多蕴涵怪论。但让人遗憾的是,到目前为止,对鉴别一个公式是否为"蕴涵怪论",逻辑学界的确没有一个清晰、统一的定义和标准。于是有些学者干脆诉诸逻辑直觉,给自己觉得奇怪的公式都"贴"上"蕴涵怪论"的标签。显然,由于私人逻辑直觉的不稳定和差异,大家眼界中"蕴涵怪论"外延自然很难一致,于是大量的、让人眼花缭乱的"怪论"被"举报"了出来,其"成果"几乎成了一团"乱麻"。

经典逻辑中的"蕴涵怪论",按其主要成因大致分两类:形式类和意义类。

一、形式(真值)类怪论

形式(真值)类怪论概括起来,主要有四种。

第一种:在经典逻辑中是永真式,但在日常推理中看似不是有效式。

(1) A→(B→A)

一般解读为:真命题为任一命题所蕴涵。于是经典逻辑的真命题,就像一个小人儿,见谁都得低三分(尤其可恶的是,竟然还得在假命题面前低头),谁叫它是真的呢?谁叫谁都可以蕴涵它呢?于是从"雪是白的"可推出"如果雪是黑的,则雪是白的"。于此日常推理自然有不服气、不舒服的理由。

(2) ~A→(A→B)

一般解读为:假命题蕴涵任一命题。于是,从"地球是方的"是假的,既可推出"如果地球是方的,则月亮是圆的",又可推出"如果地球是平的,则月亮是方的"。难道在经典逻辑的国度里,是一个假命题横行霸道的世界?它想蕴涵谁就蕴涵谁?

(3) (A→B)∨(B→A)

一般解读为:任意两个命题之间都有蕴涵或逆蕴涵关系。于是,"阿Q当选美国总统"蕴涵着"美国实行资本主义制度"或者"美国实行资本主义制度"蕴涵着"阿Q当选美国总统"。这个定理是说,如果某人任意从一本刊物上把所有的句子剪下来,放进一个帽子里,然后随意地抽出两个句子来,实质蕴涵就能保证第一句子蕴涵第二个句子,或者第二个句子蕴涵第一个句子。对普通人的思维来说,这正应了那句广告词:超乎你想象!

(4) (A∧B→C)→(A→C)∨(B→C)

一般解读为:如果两个命题一起蕴涵一个结论,那么,或者其中一个命题蕴涵那个结论,或者另一命题蕴涵那个结论。例如,从"如果小王来了并且小李也来了,那么小马必来",可以推出,或者"如果小王来了,那么小马必来"或者"如果小李来了,那么小马必来"。又如,由法律条文"16周岁以上不满18周岁的公民,以自己的劳动收入为主要生活来源的,视为完全民事行为能力人"可以得出:

或者"不满18周岁的公民,可视为完全民事行为能力人"为真,或者"以自己的劳动收入为主要生活来源的(公民),可视为完全民事行为能力人"为真。这在日常思维看来,岂非咄咄怪事?

国内莫绍揆、冯棉、林邦瑾等先生都对蕴涵怪论(4)进行了"举报",并给出了反例。张建军先生还指出,问题的严峻性在于,下述关于演绎推理的基本性质的推论也会构成"反例"。真前提:如果一个推论的前提为真且形式有效,则该推论是可靠的。假结论:如果一个推论的前提为真,则该推论是可靠的,或者,如果一个推论的形式有效,则该推论是可靠的。因为结论的两个析取支都明显为假,故结论为假。❶

(5) $\sim(A\to B)\leftrightarrow(A\wedge\sim B)$

一般解读为:并非A蕴涵B等值于A真B假。并非小王去,则小李去,就等值于小王去并且小李不去。但依照日常思维理解,并非小王去,则小李去,有可能小李、小王都不去。这一问题实际涉及当从前提A到结论B不是有效的推理应当如何表达的问题:A、B间不是蕴涵关系,就一定是合取关系?难道不可以是其他关系?

(6) $\sim(A\to B)\to(B\to A)$

一般解读为:如果并非A蕴涵B,那么B蕴涵A。也就是说:任意两个命题之间,必然存在蕴涵关系:不是你蕴涵我,就是我蕴涵你。这个怪论是怪论(3)的翻版。

(7) $(A\to B)\to(A\wedge\sim A\to B)$

一般解读为:如果A蕴涵B,那么A并且~A蕴涵B。例如,如果两直线平行,则内错角相等,那么这两直线平行并且相交,则内错角相等。面对这样奇特的推理形式,日常思维立马会抓狂:怎么可能? 开什么玩笑! 但经典逻辑却把双手叉在腰间,认真严肃地说,这是永真式,没毛病!

(8) $(A\to\sim A)\vee(\sim A\to A)$

一般解读为:命题蕴涵自己的否定是真的,或者,命题的否定蕴涵命题本身也是真的,更或者,命题与自己的否定相互蕴涵都是真的。在形式逻辑管辖的范

---

❶ 张建军.再论从形式蕴涵看"实质蕴涵怪论"——兼复程仲棠先生[J].求索,2015(6):72.

围,怎么横插了一个"矛盾的双方相互包含、转化"的哲学辩证思维?我们必须把逻辑思维和辩证思维区分开来。辩证矛盾讲的是对立统一,是同一性和对斗争性的统一,而逻辑矛盾只刻画辩证矛盾斗争性的一面——这才是传统逻辑和经典逻辑眼界中的矛盾。

(9) B→(A∨~A)

一般解读为:"排中律(或任何永真式)为任何命题所蕴涵"——这似乎与怪论(1)有瓜葛:真命题可以为假命题所蕴涵。如果前件是个假命题,它怎么来蕴涵?如果前件是个矛盾命题,它凭什么来蕴涵?——好像又绕回到怪论(8)的意思上去了:命题蕴涵自己的否定是真的。在人们日常理解中,排中律是建立在二值逻辑的无矛盾律基础上的,无论如何不是其他类型的命题所能蕴涵的。

(10) A∧~A→B

一般解读为:矛盾式蕴涵任何命题。矛盾命题成了"上帝",所有的命题都是它的"子孙"?假若这个命题成立,那么永真命题,或者说逻辑真理命题,及所有真理命题,都得在矛盾面前"低眉敛目",真理还敢叫谬误走开吗?真理还能战胜谬误吗?难道我们逻辑的一切都是建立在矛盾的基础上,为矛盾所蕴涵?我们不是常说,逻辑一般是建立在不矛盾律基础上的吗?……如此解读下去,这条定理实在太让人揪心了。

(11) A→(B→B)

一般解读为:任何命题蕴涵同一律,或者解读为,任何命题推出同一律。这个定理和怪论(9)(10)都是故旧近亲。如果我们相信实质蕴涵析取定义和假言易位律,就可把(11)等值地变成(9)或(10)。于是,日常推理或日常思维对(9)(10)的质疑和不满都可以冲着(11)来。

(12) (A∨B→C)→(A→C)∧(B→C)

这个怪论与(4)有些相似。一般解读为:如果两个命题任一为真,会蕴涵一个结论,那么,这两个命题蕴涵均可蕴涵那个结论。按照这一推理形式,我们可以假设A前提能够得到C结论,再给A前提析取一个真假不论、与C结论无关的前提B。这时,经典逻辑认为前提B一定蕴涵了结论C,但这在日常思维看来,岂不荒谬?例如,从"若天下大雨或者刮风,则地湿"真,得不到"则若天下大雨,则地湿,并且,若天刮风,则地湿"的真来——因为"若天刮风,则地湿"可能为假。

第二种:传统推理规则的蕴涵式表达的怪论。

(13)(p→q)→((q→r)→(p→r))(假言三段论律)

(14)(p→q)→((p→~q)→~p)(归谬律)

(15)(p∧q→r)→(p∧~r→~q)(反三段论律)

把传统推理规则的蕴涵表达式判为怪论甚为奇怪,但多年来有部分学者坚持该说法。他们的一种思路是:把这些蕴涵式通过实质蕴涵析取定义变形,然后推出怪论。有的还得出了"除了假言易位和联言推理外,传统逻辑的其他所有复合命题推理用重言蕴涵式表达后都出怪论"[1]的结论。如果禁止蕴涵式通过实质蕴涵析取定义变形,这种说法也就没了市场。所以,说到底,其实是"实质蕴涵析取定义"让这些传统推理规则蒙受了"不白之冤"。

第三种:不反映任何推理过程的经典逻辑定理怪论。[2]

(16)((p→q)→p)→p

(17)((p→q)→q)→((q→p)→p)

例如,什么情况下会出现(p→q→p)呢?有什么例子表明只要这情况出现,便可以推得p呢?什么情况符合于(p→q)→q呢?由它又怎样地可得(q→p)→p呢?这一切都是难以理解、难以解释的。

第四种:经典命题逻辑中非永真式公式也被列入"蕴涵怪论"。[3]

(18)(A→B)∧(C→D)→(A→D)∧(C→B)

令A、B取真值,C、D取假值,则可得(A→B)∧(C→D)真而(A→D)∧(C→B)假,可见,此式非经典逻辑永真式。

---

[1] 吴春红,张延伍.关于蕴涵重言式不是推理式的证明[J].郑州航空工业管理学院学报(社会科学版),2012(3):53-56.

[2] 这是用构造的方法弄出的怪论,既然在推理的实践中用不上,那么就不会产生与日常推理经验不符合甚至相抵触的情形。因此,这类怪论,有点"为赋新词强说愁"的味道。

[3] 这类怪论怕是偏错了,因为要成为怪论的前提资格至少是系统定理。怪论是系统定理在翻译成日常语言时,与日常推理经验不符合甚至相抵触而产生的。如果连系统定理都不是,何来怪论之说?

(19)$(A \rightarrow B) \rightarrow (\sim A \rightarrow \sim B)$

令A取假值，B取真值，则可得A→B真而~A→~B假，可见，此式亦非经典逻辑永真式。

由上可见，形式类"蕴涵怪论"中，真正的应该只有第一种。对于第二、第三、第四种，因其"假冒"性，后面不必再讨论。

二、意义类怪论

意义类怪论概括起来，主要有三种。

(一)内容无关型

实质蕴涵只管前后件的真假与整个命题的真假。以集合的观点看，实质蕴涵是一个映射，是真值函项(truth-functions)，其定义域为$\{0,1\}$（0表示假值，1表示真值，下同），值域亦为$\{0,1\}$。因此，前后件的内容上有无联系或有什么样的联系在实质蕴涵中根本体现不出来。例如：

(1)如果2+2=4，则雪是白的；

(2)如果2+2=5，则雪是黑的；

(3)如果樱桃红了，则圆是封闭曲线；

……

(1)(2)(3)等命题中前件与后件在内容上风马牛不相及，更谈不上有什么蕴涵关系。但这只是站在思维经验的角度，而以实质蕴涵的眼界看，(1)(2)(3)等命题言之凿凿，其真不亚于"如果摩擦，则生热"之真。

(二)模态型❶

就算不找休谟对归纳法的质疑作理由，日常思维也会认为，偶然命题是无法蕴涵必然命题的。例如，即使在命题逻辑的扩充系统模态逻辑K、D、T中，P→□P也非系统定理。但在实质蕴涵眼中，如：

---

❶ 严格意义上，模态命题不属于经典逻辑研究范围，但由于该类蕴涵怪论与经典逻辑关系直接，而且也与日常推理关系密切，故亦列入讨论。

(1) P→(P→P)

(2) P→P∨~P

均认定为真,而显然P可真可假,是偶然命题的表达式,而P→P和P∨~P均为永真式,是必然命题表达式,这难免让人置疑实质蕴涵中蕴含着模态谬误。

(三)条件加强型

有推理事例:

(1)如果这个花瓶掉在地板上,就会被摔得粉碎。则:

(2)如果这个花瓶掉在地板上,而且地板上有一堆海绵,则花瓶会被摔得粉碎。

对日常推理经验和实践而言,(1)真,但不能保证(2)亦真,但(1)(2)推理的命题逻辑形式为:

(A→B)→(A∧C→B)

实为经典命题逻辑系统中的加强条件律,说的是前件(1)真则后件(2)必真。

再如经典逻辑定理A∧B→A的事例模型:如果牧人有10只羊,被狼吃掉5只后,那么牧人还有10只羊。例之谬显而易见。

三、意义类怪论的消除

(一)内容无关型

(1)命题形式是抽象(舍弃)命题内容的结果。

首先让我们看看逻辑是如何对语句进行抽象的。不同的陈述语句内涵可能不同,却有一个共同的特征:一般都可以论真假。这一共同点使我们可舍弃各陈述语句的其他内涵或性质,统一在真假的层面上研究它们的模式特征,而这正是逻辑的重要任务之一。对"雪是白的",逻辑关心的是:它是真的吗?而不会考虑到雪诸如"白""冷""六角形"等其他内涵。同样的分析也适用于"2+2=4"。因此,在逻辑的眼界中,"雪是白的"与"2+2=4"只是两个论真假的句子,并不涉及其他内涵。所以,从逻辑的观点看,"若2+2=4,则雪是白的"这样的句子,与"若大雨,则地湿"并无区别,抽象出来都是"p(真)→q(真)",都是属于真命题蕴涵真命题之类。可见,p→q这一命题形式只是反映命题间除去具体内容后的深层次逻辑关系。我们不能指望只着眼于谈真论假和形式化后的蕴涵式本身,能自动生产出什么前后件意义上的联系来(如果真是这样,反倒是"无中生有"的咄咄怪事)。

(2)内容无关型"怪论"是人们"炮制"出来的。

这里要区分三个词:联接、推导、推出。前两者是逻辑的范畴,但"推出"却超越了逻辑的管辖。以"如果2+2=4,则雪是白的"为例,在日常思维看来,既然用上了"如果,则",那么其联连的两个命题间,不但要有相互影响和制约的真假关系,而且还要推出关系——即"若A则B"成立则"A推出B"成立。在这种情况下,我们不但要管A、B真假,还要管A、B内容上的联系:A是依据什么(包括形式逻辑关系、语义蕴涵关系、知识体系关系等)推出B来的? 显然,"如果2+2=4"与"则雪是白的"之间,只满足形式逻辑的关系,并不满足语义蕴涵或知识体系关系等,人们自然会觉得这样的句子奇怪。但是,站在逻辑思维角度,"若A则B"应该被理解为"A蕴涵B"。一般认为,逻辑系统中的蕴涵具有双层意义:一是作为二元联接词,将两个命题组成一个复合命题——蕴涵命题;二是刻画两个命题间的推导关系。不过这两层意义就像人的两只手一样,并不会永远同时使用,有时我们只用到左手,有时只用到右手,有时也会双手并用。当蕴涵只在第一层意义上使用时,"A蕴涵B"和"A推出B"是完全不同的概念:前者只管A、B的真假。即使蕴涵在第二层意义或者同时在两层意义上使用时,我们也要注意到,"推导"与"推出"是有区别的,"推导"并不保证前件与后件内容上的相干性,只保证推理形式上的有效性,严格意义上,它只发生在逻辑系统内部;而"推出"却需要补充逻辑系统之外的东西,它不但要求其前提是真的,而且还要求前提和结论在内容上具备相干性。这样,对类似"如果2+2=5,则雪是黑的"这样的语句,如果把它理解为从"2+2=5"推出"雪是黑的",自然会觉得它是不可接受的。但是,如果把它理解为"2+2=5"实质蕴涵"雪是黑的"(实质上,我们此时已站在了逻辑系统之内),却是可以接受的。因为对实质蕴涵来说,前件"2+2=5"是假命题,后件"雪是黑的"是假命题,那么整个命题根据"假命题蕴涵假命题就是真命题"这一实质蕴涵定义,"2+2=5,则雪是黑的"整个句子就是真命题,没有任何奇怪之处。此时的实质蕴涵,压根就没有推出的意义,大不了就有些推导的意思。可见,逻辑系统内的蕴涵,本来就没有"推出"之义和"推出"之责,即其本来就不管命题间内容的相干性,而人们在解释"A 蕴涵 B"时,却不自觉地把其解释成了"A 推出 B",内容无关型"怪论"自然就这样被"炮制"出来了。

(3)任何形式系统解释时都需要相应的原则或函数。

应该注意到,在已经形式化的经典逻辑系统中,实质蕴涵常常只是在第一层意义上使用。此时,命题形式在一定意义上只是命题真值函项。命题形式(系统)在某种意义上是对应于命题领域的函数。而函数 $y=f(x)$ 均有一个 x 的取值范围,不妨称 x 的这一取值范围为"$y=f(x)$ 的意义域"。具体到命题形式便有:命题形式,作为命题函项,对应于命题的意义域构成类型,是一类命题的抽象,其解释应构成有意义的命题的集合。因此,命题形式解释为命题必须依据一定的解释规则,接受相应的解释理论的指导,即这种解释不是任意的,否则不能保证解释出来的命题的合法性。这些解释规则中,对命题函数来说,最重要的莫过于合意解释规则:解释结果在主体认知结构中被认定有意义(相干)。因此,在"A→B"解释为自然语言形式的命题时,对于一般主体而言,除非别有居心,否则绝不会生造出"如果 2+2=4,那么雪是白的"之类前言不搭后语的句子来。

合意解释原则恐怕是任何形式(系统)在解释中必须遵循的原则。例如,对现代汉语语法结构常用的"S+V+O(主谓宾结构)"式,人们一般不会利用它造出"火星喜欢吃雷电""三分之二溜到小黑猫"之类的句子来。再如,数学中简单的"1+1=2"中,倘若把两个"1"分别解释成"一种思想""一粒瓜子",是什么意思呢?"2"又作什么讲呢?可见,内容的意义性或相干性问题应该在解释过程中予以处理,与形式规则阶段关系不大。

其实,人们在对形式语言翻译或解释为自然语言时,会自觉或不自觉地主动在认知中遵循合意解释规则。例如,当一位数学家在进行数学推理时,他所用的前提和结论肯定都和数学相关,不会从"Y+Y=2X"这样的数学前提推出"阳春三月,江南草长,群莺乱飞"的结论来。当一位农夫进行推理时,他总是从其生活的前提出发,推出的结论也与他生活相关,而绝不会推出"Tri 和 Ver 均是模态系统的坍塌"的结论,他甚至不知道后一命题的存在。塔尔斯基(Alfred Tarski)曾有类似表述:"在日常语言中,只有两个语句有某种形式与内容上的联系时,我们才用'如果……那么……'把两个语句连接起来……这种联系常常和某种确信在一起。这个确信就是:后件必然可以由前件推出,也就是说,如果我们假定前件是真的,我们就会不得不假定后件也是真的,甚至可能确信,我们可以根据某种普遍规律,从前件中把后件推出来,虽然这个普遍规律我们不一定能明确地说出来。"❶

另外,不可否认的是:蕴涵式不是源于"如果 2+2=4,则雪是白的"之类在日常推理中无意义的命题,而是源于如"若天降大雨,则地湿"类的在日常推理中有意义的命题。

(4)蕴涵式的解释规则。

为了防止解释中的"乱作为",可为蕴涵式提供一个解释规则——后件否定相容原则:解释后的条件句,如果后件的否定与前件相容,那么解释为非法。这样,"如果 2+2=4,则雪是白的"就是非法解释,因为前件(2+2=4)与后件的否定(并非雪是白的)是可相容的。"如果 2+2=4,那么煤是可燃烧的"也是非法解释,因为前件(2+2=4)与后件的否定(并非煤是可燃烧的)完全是两个领域的事情,毫无联系,自然也不会相互矛盾,自然是可相容的。而"若天降大雨,则地湿"是合法解释,因为前件(天降大雨)与后件的否定(并非地湿)是不相容的。这样,解释规则排除了意义不相干的条件句合法的可能性。

因此,内容无关型怪论是怨不得逻辑的,它纯属人为的"天灾",是故意或过错违背合意解释规则的产物。

(二)模态型与条件加强型

对于模态怪论,似乎最干脆或强有力的观点是:模态属于内涵范畴,而经典

---

❶ 塔尔斯基.逻辑和演绎科学方法论导论[M].周礼全,等译.北京:商务印书馆,1963:21.

逻辑是外延逻辑,是不会管也管不了命题的内涵。"厄特克特拉"类怪论❶便说明了外延逻辑的局限性,同时也表明了外延逻辑的一大性质:对内涵性谓词(如"知道、相信、认为")等无法以外延的方法予以处理,这时必须借助外延逻辑之外的方法或解释(如内涵逻辑)。

我们分析"P→P∨~P"这类偶然命题蕴涵必然命题时,应注意到:后件P∨~P的真并不源于前件P。如果说,蕴涵式的主要功能是用前件的真来保障后件的真的话,那么这时后件P∨~P已经是无论有没有这个前件P,有没有这个蕴涵式,它都是真的。换言之,此时前件及蕴涵已经空化,对后件P∨~P的真失去了保证的意义,不过是聋子的耳朵——摆设。如果我们对蕴涵式的理解,趋向于"用前件和蕴涵式的真来保障后件的真"这一思想的话,那么,后件的真是自足的,整个蕴涵式就都失去了意义。因此,我们可以作出以下规定:

必然命题只为必然命题蕴涵。

这一规定还基于以下考虑:(1)必然命题真值由其本身逻辑联结词的涵义和其组合的形式结构决定;(2)偶然命题不能蕴涵必然命题,否则将犯模态错误,这为演绎逻辑所不允许;(3)在日常推理中,几乎不会把必然命题作为结论(除非主体不知道其必然性);(4)在逻辑上,必然命题总是相对于一个模型系统的必然命题,如定理之相对于公理。后文将对这一规定作更强有力的说明。

对于条件加强怪论,实质是涉及逻辑的单调性问题。事例(2)与事例(1)性质相似,分析事例(2)有:从内容而言,后件中花瓶不是摔在地板上,而是掉在地板上的海绵上,说花瓶仍然掉在地板上有偷换概念之嫌。具体分析有:花瓶掉在地板上形成的剧烈的碰撞力(记为F)使花瓶粉碎,而地板上有大堆海绵使往下掉的花瓶与地板的碰撞力减小(~F);因此,事例(2)的逻辑形式应为:(F→B)→

---

❶ 这是古希腊学派提出的难题,说厄特克特拉知道自己有个哥哥叫奥列斯特,但从来没有见过他。一天,这个哥哥站在了她的面前,于是有推理:(1)厄特克特拉不知道站在自己面前的人是她哥哥;(2)厄特克特拉知道奥列斯特是她哥哥;(3)站在厄特克特拉面前的人就是奥列斯特。于是根据外延性逻辑,"站在厄特克特拉面前的人"与"奥列斯特"的外延等同,那么(2)中的"奥列斯特"可替换为"站在厄特克特拉面前的人"。可是,这样就得到一个与(1)相矛盾的结果,以致有"厄特克特拉知道奥列斯特是她哥哥,又不知道奥列斯特是她哥哥"的悖论。

（F∧~F→B）。这样,条件加强怪论转化为第一种形式类"蕴涵怪论"问题。

综上可见,真正的"蕴涵怪论",只有形式类"蕴涵怪论"中的第一种。下面,我们的讨论将只集中于它,不再让其他所谓的"蕴涵怪论"扰乱我们的视线和思路。

第二章　关于实质蕴涵是否怪悖的争论

从上一章可见，意义类蕴涵怪论中，内容无关型是人为所致，用"后件否定相容规则"即可消解，怨不得只管形式和真假的逻辑；而模态类与条件加强类发生的根源，要么是与内容无关型一样，遭遇的是"无妄之灾"，要么是最后归结到形式类怪论身上。因此，真正的蕴涵怪论，实际上只有形式类怪论。而众所周知，形式类怪论的根源在实质蕴涵上。但实质蕴涵是否存在怪悖，一直是个古老而新鲜的话题。

一、蕴涵怪论——古老的话题

(一)古希腊人关于蕴涵的争论及蕴涵怪论的萌芽

说它古老，是因为这个问题在古希腊麦加拉(Majara)时代就开始了。当时，古希腊逻辑开始了第二个伟大的创造时代。与亚里士多德主要研究词项逻辑不同，麦加拉学派关注命题逻辑。而其逻辑思想的承继者斯多噶(Stoic)学派的逻辑兴趣，也主要集中于命题逻辑。命题逻辑中，常用而复杂且魅力四射的"若，则"句，自然成为研究的重点之一。当麦加拉学派的费罗(Philo)提出费罗蕴涵（即经典逻辑中的实质蕴涵）时，关于实质蕴涵是否适合刻画"若，则"句的逻辑特征、实质蕴涵怪悖与否的论争，就正式拉开了序幕。第欧根尼(Diogenes)及麦加拉等学派的一些逻辑学者纷纷对实质蕴涵进行驳斥，并提出自己对"若，则"句的逻辑刻画。

根据威廉·涅尔(William Kneale)和玛莎·涅尔(Martha Kneale)夫妇的《逻辑学的发展》及江天骥的《西方逻辑史研究》等逻辑史书，最早争论条件陈述句性质的逻辑学者是第奥多鲁斯·克诺普斯(Theodorus·Knops)和他的学生费罗。塞克斯都(Sextus Em Piricus)曾三次说到这对师徒在这个题目上的争论。而其他逻辑学者也没闲着，纷纷加入战团，使这场古代辩论广为人知。当时至少有四种刻画条件句的蕴涵在对阵叫板。

第一种是费罗蕴涵。费罗说,完善的条件句是一种不是开始于真而结束于假的条件句。例如,当白天时,我在说话。陈述句"如果是白天,(那么)我就在说话"就是真的。费罗蕴涵在逻辑史上具有重大意义,2000多年后的皮尔斯、弗雷格和罗素重新发现这种蕴涵,并将其扩展到所有复合命题,建立起了经典逻辑。

第二种是第奥多鲁斯的蕴涵(和后来的形式蕴涵明显有关联)。第奥多鲁斯反驳费罗蕴涵说,完善的条件句应该是一种既非过去可能,也非现在可能开始于真而结束于假的条件句。照此说法,如果我白天保持沉默,陈述句"如果是白天,(那么)我就在说话"就会是假的,因为它开始于真而结束于假。但"事物的原子成分不存在,则事物的原子成分存在"却似乎是真的,因为它开始于假而结束于真。可见,第奥多鲁斯蕴涵实质上是在费罗蕴涵的基础上构建起来的,二者的关系可表示为:A第奥多鲁斯蕴涵B=任何时间(A都费罗蕴涵B)。这说明第奥多鲁斯蕴涵实际上是在费罗蕴涵的基础上,增加了以时间为参数的自由变元而成就。这样,第奥多鲁斯蕴涵不但在成真的条件上严格于费罗蕴涵,而且比后者更进一步,进入了现代谓词逻辑思想领域。

第三种应该是联结蕴涵(与后来的严格蕴涵算是故旧)。它说的是:当一个条件句的后件的矛盾句与它的前件不相容时,就是完善的条件句,反之就是不完善的条件句。照此观点,"如果是白天,那么是白天"是真的,因为前件(如果是白天)与后件的否定(并非是白天)是不相容的。而"如果是白天,那么天是亮的"也是真的,因为前件(如果是白天)与后件的否定(并非天是亮的)是不相容的。但是,如"如果是白天,那么天下着大雨"却不是真的,因为前件(如果是白天)与后件的否定(并非天下着大雨)是可相容的。而"如果3+3=6,那么地球是圆的"也是假的,因为前件(3+3=6)与后件的否定(并非地球是圆的)是相容的。这样,联结蕴涵排除了意义不相干的条件句为真的可能性。

第四种是包含蕴涵。它严厉要求蕴涵间要反映真包含关系。它主张,如果一个条件句的后件潜在地包含于前件之中,那么它是真的。这样,"如果是白天,那么是白天"及每一个类似的、重复的条件句,都是假的。因为事物不可能包含在自身之中。这种蕴涵成立的条件,人们也许觉得实在太苛刻了,此后的古代文献中未再提及。

由上可见,古希腊人对条件句、蕴涵式的研究达到了让人惊讶和困惑的丰富程度和理论高度,他们实际上已在区分形式蕴涵和实质蕴涵,这项工作直到20世纪的逻辑学家才弄出些眉目来,而且客观地说,其基本思想仍然是古希腊人的。但遗憾的是,我们对这些古希腊人关于各自观点的论证情况知之甚少。甚至第三种、第四种观点的提出者现在都无从准确得知。❶

虽然当时论战的详细情形我们不得而知,但当时的诗人卡利马科斯(Callimachas)曾在他的作品中写道:"即使是屋顶上的乌鸦,也都在叽叽喳喳地讨论哪些条件句是真的。"争论的激烈程度由此可见一斑。然而,同样可见的是,费罗蕴涵(实质蕴涵)从一产生,就有人觉得它怪,觉得它与常识相悖。

后来,承袭了麦加拉学派逻辑思想的斯多噶学派❷,虽然也有人采纳使用上述第二、第三、第四种蕴涵,但大多数斯多噶学派学者采用的是费罗蕴涵。在斯多噶学派的一些残篇中,反复出现使用费罗蕴涵的例子,如塞克斯都就提供了这么一组:

如果有神,那么万物按照人的意志发展;(前件真,后件真)❸

如果地球在飞行,那么地球有翅;(前件假,后件假)

如果地球在飞行,那么地球存在;(前件假,后件真)

如果他是在运动,那么他是在散步。(前件真,后件假)

这说明"若,则"句也是斯多噶学派逻辑研究的主题之一。正如塞克斯都的例子显示的那样,斯多噶学派自己提出过至少四种蕴涵概念来刻画"如果,那么"的逻辑性质,即条件命题的各部分存在四种可能的组合——前件真和后件真;前件假和后件假;前件假和后件真及前件真和后件假。

---

❶ 西塞罗书中有一个地方推测第三种观点是克吕里波(Klyribos)的,而第奥根尼·拉尔修(Diogenes Laertius)认为,这种观点是属于斯多噶学派的。

❷ 麦加拉学派的奠基人是欧几里德斯,其学生欧布里德是第奥多鲁斯的老师。而第奥多鲁斯培养出两个著名的学生,一个是在麦加拉学派颇有影响、提出费罗蕴涵的费罗,另一个是大名鼎鼎的斯多噶学派创始人芝诺。斯多噶派的第二位重要创始人克里西普斯,师承于芝诺的学生克林瑟斯。

❸ 在当时的历史条件下,该命题的构造者认为前件、后件都是真的。

可见,在麦加拉、斯多噶学派所代表的古希腊时代,实质蕴涵怪论尚处于萌芽状态。不过,斯多噶学派已经表述了如下蕴涵怪论思想:如果一个命题否定费罗蕴涵这个命题,那么就费罗蕴涵这个命题。用现代逻辑的符号表示即:$(\sim p \to p) \to p$。

(二)中世纪的蕴涵理论及蕴涵怪论的涌现

与"语义悖论"一样,实质蕴涵怪论也是贯穿于西方逻辑发展史上三大"高峰期"的"千古谜题"。在欧洲漫长的中世纪,在长期"形式推论"与"实质推论"之异同的争论中,"蕴涵怪论"一直都是聚讼纷纭的议题,而且常常与关于"推论"的争论和发展紧密相伴。

根据研究中世纪逻辑的专家保罗·爱德华兹(Paul Edwards)的《中世纪逻辑中的真值与蕴涵》[1]和涅尔夫妇的《逻辑学的发展》,14世纪的逻辑学家奥卡姆(William of Ockham)、布里丹(Jean Buridan)、阿尔伯特(Albert of Saxony)、伪斯克脱(Pseudo-scot)、保罗等人继承了亚里士多德三段论前提和结论之间是一种蕴涵关系的思想,在讨论前提和结论关系的基础上,探讨了任何两个命题之间的蕴涵关系。他们把有效推理的形式(如三段论、直接推理等)都看作一种条件命题,即形如"如果A,则B"的命题,或者说,前件A蕴涵后件B的命题,并根据自己的理解,提出了不同的蕴涵定义。

其中,因"剃刀"[2]而闻名的奥卡姆认为,蕴涵是一个条件假言命题,它是由非范畴命题"如果,则"或其同义词联结而成。要使条件命题或蕴涵为真,仅当前件推出后件;而前件或后件本身不但可以不必然是真的,还可以是不可能的。爱德华兹认为,蕴涵即是"从前件到后件的推导"。涅尔夫妇在《逻辑学的发展》中介绍布里丹蕴涵思想的篇幅,超过了其同时代的其他逻辑学者。布里丹认为,蕴涵是一个假言命题,因为它是用联结词"如果"或"所以"或其同义词而形成的一种命题。紧跟"如果"这个词后面的命题是前件,而跟在"所以"的后面是后件。他

---

[1] 爱德华兹. 中世纪逻辑中的真值与蕴涵[M]. 刘叶涛,译. 北京:北京大学出版社,2008:66-67.

[2] 14世纪,英国奥卡姆对当时无休无止的关于"共相""本质"之类的争吵感到厌倦,于是宣扬"思维经济原则",提出了著名的"奥卡姆剃刀"原理:如无必要,勿增实体。

还说:"一个命题是其他命题的前件,如果此命题和其他命题是这样联系的,即如果二者被陈述,则不可能前件表示的是如此而后件表示的却不是如此。"伪斯克脱则认为:"蕴涵是被条件联结词结合起来的由一个前件和后件组成的一个假言命题,表示在前件和后件被陈述时,不可能前件真而后件假,如果情况如此,那么推论有效,否则推论无效。"阿尔伯特似乎赞同伪斯克脱的理解,他指出,如果事物是作为前件指出的,那么它也应作为后件指出,因而不可能前件真而后件假。

虽然中世纪的逻辑学家对"若,则"句的真值条件有一定的分歧,但普遍认为,一个真"若,则"句就是一个"推论"。因此,确定"若,则"句的真值条件就等同于定义"推论"。在他们看来,推论主要分为两种:一种是形式的,另一种是实质的。形式推论主要是指根据命题形式结构就是真的命题,相类于后来康德的分析命题或逻辑系统中的永真式。例如,B是A,所以,有A是B。因此,不但"每个人是动物,一个人在跑,所以,一个动物在跑"是真的,而且"每个人是植物,一个人在跑,所以,一个植物在跑"也是真的[在这里,我们看到,中世纪的逻辑学者更加注重研究推理(论证)的形式而非内容,他们说推论是真的,实际是说推理形式是有效的]。实质推论又分为绝对的、当下的两类。绝对的推论是指不可能前件真而后件假的推论,它的有效性不依赖于时间因素,也就是说任何时候都不可能前件真而后件假[用现代逻辑表示即有$\forall t(S(t) \rightarrow P(t))(t \in T$(时间集))]。这样的例句有"一个人在跑,所以,一个动物在跑"等。而当下的推论,不是无条件有效的,有时可能前件真而后件假。也就是说,前件可能发生,也可能不发生。当前件发生的时候,那么前件真就不可能后件假[用现代逻辑表示即有$\exists t(S(t) \wedge P(t))(t \in T$(时间集))]。这说明当下推论的有效性至少依赖时间因素。例如,有人说:"如果今天周一,那么明天周六"。从日常思维来看,这明显为假。但从中世纪的实质推论看来,它可以真,也可以假,因为这是个当下的推论,取决于"当下"是什么时间。如果说话的时候是周一,即前件真,那么这一命题一定假;但是如果说这话那天不是周一,即前件假,那么这是一个真命题。因为中世纪大多数逻辑理论都承认,如果前件假,则可推出任何东西。

这里需要指出的是,绝对推论与当下推论的定义中,都有"不可能"三个字。但在"绝对的推论"中"不可能"对前件和后件都施加了——不可能前件真后件假,即整个推论不可能假;而当下的推论中,"不可能"只施加于后件——前件真不可能后件假,整个推论是假的。可见,中世纪的绝对推论相当于后来的严格蕴涵,而当下推论相当于实质蕴涵。

随着人们对推论或"若,则"句理解的深化,一些蕴涵怪论开始暴露出来,最先表现为文字语言形式。12世纪最有影响的逻辑学家阿伯拉尔(Pierre Abelard)开启了中世纪关于蕴涵怪论的长期论战。他认为,"如果不可能前件真而后件不真,那么这个推理就是必然真的"看似合理,但最后会导致荒谬。他举例说:"如果苏格拉底是块石头,那么他是驴子。"苏格拉底不可能是块石头,所以他是石头而不是驴子是不可能的。阿伯拉尔也被认为可能是最早发现蕴涵怪论的人——因为"某人是驴子"这个语句,后来被不少参加蕴涵怪论论战的逻辑学者作为不可能的例子共同提到。后来,13世纪的罗伯特·克尔瓦比(Robert de Thorndike)对"如果你坐下,上帝存在"和"如果你不坐下,上帝仍然存在"这两个命题进行了讨论,认为它们都是真的。这实际就包含了必然性可以从任何东西推出的思想,实质上已经显示了有关蕴涵的怪论。邓斯·司各脱(John Duns Scotus)提出了一个推导形式,即:$p \rightarrow (p \rightarrow \sim q)$❶。这可能是最早的、以形式语言出现的"实质蕴涵怪论"。在14世纪,才华横溢的逻辑学家伪考斯特提出了如下五个怪论:

(1)形式上包含矛盾的任一命题,得出形式推论中的任一命题;

(2)任一不可能命题得出非形式推论且是单纯正确的实质推论中的任一命题;

(3)任意命题得出单纯正确的推论中的必然命题;

(4)任意假命题得出当下正确的实质推论中的任一命题;

(5)当下正确的实质推论中的任一命题得出一切真命题。

其中,(2)(3)显然是费罗蕴涵的逻辑后承。

蕴涵怪论的出现与争论促进了逻辑学的发展。"所以这些奇特的论点之所以偏离伪考斯特的比较简单的学说,大概是由于一场关于怪论的争论。"❷从这儿,我们也侧面地看到了那个时代关于蕴涵怪论争论的情形。

---

❶ 卢卡西维茨构建其演绎理论时,曾将该公式作为三个初始公理之一,并称为"司各脱规律"。

❷ 威廉·涅尔,玛莎·涅尔.逻辑学的发展[M].张家龙,等译.北京:商务印书馆,1985:377.

(三)近现代蕴涵怪论的曝光及纷争

随后,关于实质蕴涵怪悖与否的争论在近代历史的长河中沉寂了一段时间,直到弗雷格重新独立发现了实质蕴涵,并把其作为经典逻辑的重要基石。在弗雷格的逻辑系统中,其中一条公理就是 p⊃(q⊃p)。不过由于弗雷格所用符号和通常所使用的大不一样,他的系统基本上没有受到人们的注意,所以尽管里面有了蕴涵怪论(弗雷格本人也注意到了"蕴涵怪论"的存在),也没有引起什么争论。后来皮尔斯在研究命题逻辑时,碰到了实质蕴涵,他把它叫"费罗的蕴涵"。他觉得这种蕴涵有些怪,因此给出了另一种"适当的蕴涵":"对一切 x,或非 p(x) 或 q(x)"(这即有形式蕴涵的思想)。他认为前者只是后者的一个特例,后者则指在任何情况下都或者 p(i)不真或者 q(i)真,而"任何情况"则可大可小,大可大到一切都可能的情况,小可小到永真,或永假。如果说,皮尔斯已经对实质蕴涵感到有点不安,用"适当的蕴涵"转移了注意力,那么,继皮尔斯而来的施累朵(Schroder)便不得不正面替实质蕴涵作辩护。因为根据实质蕴涵,人们已经发现了一系列怪论,例如:

p⊃(q⊃p):如 p 真,则任何 q 可蕴涵 p

~p⊃(p⊃q):如 p 假,则 p 可蕴涵任何 q

而当施累朵下大气力替它们辩护时,蕴涵怪论反而更惹人注意了。早在 1908 年,哲学家麦考尔(Hugh MacColl)就指出实质蕴涵与实际推理不符。[1]但直到罗素与怀特海的《数学原理》(出版时间为 1910—1913 年)以实质蕴涵为主要工具,试图把全部数学表达出来,实质蕴涵才开始随经典逻辑跃居逻辑的中心位置,并真正引起学界广泛关注。实质蕴涵怪论也开始广泛地进入逻辑学者视野,并引起一片哗然,许多逻辑学家对此"深感不安"。于是改造实质蕴涵理论、消除实质蕴涵怪论的工作被列入了许多逻辑学者的日程,主要方案有罗素的形式蕴涵、路易斯(David Kellogg Lewis)的严格蕴涵,阿克曼(Wilhelm Friedrich Ackermann)等人的相干蕴涵与衍推等,并由此催生了许多非经典逻辑。

---

[1] MACCOLL H. "If"and"Imply"[J]. Mind,1908(17):151.

二、蕴涵怪论——新鲜的焦点

说其新鲜,是因为关于蕴涵怪论的争论似乎至今从未中断过。特别是分析哲学的自然语言转向及认知科学和人工智能研究需要的双重推动,使蕴涵与条件句理论成为多学科的共同话题。无论国内还是国外,关于蕴涵怪论的讨论甚至争论不时见诸于文。这些争论催生了各种与经典逻辑"竞争"的非经典蕴涵与条件句理论。"在西方学界逐步形成了两大交相辉映的研究路径:一条是'保守路径'('真值条件路径'),即在维持关于条件命题的真值条件语义学的基础上,对自然语言的条件句之'成真条件'的复杂性做出新的刻画;另一条是'激进路径'('非真值条件路径'),即否认自然语言的条件句为真值载体,否认其表达条件命题,而认为人们对条件句的使用只是置信行为的表达。两大进路……都陷入了难以摆脱的困境之中。"[1]

约40年前,在我国逻辑教学与研究的"现代化"全面起步之时,莫绍揆先生曾预言:"关于实质蕴涵怪论的争论可能还要继续下去,而且可能还要继续很长一段时间,不满意实质蕴涵的人继续指出它的古怪处,继续提出新的蕴涵词以备作为实质蕴涵的替代品。而拥护实质蕴涵的人将继续替实质蕴涵辩护,提出它的种种优点,有些人只承认它方便,有些人则说只有它才是真正的蕴涵词,别的一概没有资格。"[2]这一预言已经并正在为当代国内外学界的研究历程所确证。

"这种(真值)蕴涵关系就是很奇怪的蕴涵关系。可是它是普通语言中一部分的'如果—则'的关系。对于这种蕴涵关系的批评者很多,但大多数的批评不在否认此情形为关系,而在否认此关系为蕴涵关系。"[3]金岳霖先生这段话直接点到了各方争议的核心问题上。当代学界对蕴涵怪论的态度,概括起来主要有三种:否认怪论存在、承认怪论存在、批判怪论问题。

(一)否认怪论存在:这是"伪命题"

(1)实质蕴涵是对日常"若,则"句的高度抽象,必须在一定程度上背离原象,

---

[1] 张建军.蕴涵层级论:"实质蕴涵怪论"迷雾之廓清[J].学术月刊,2016(12):31.

[2] 莫绍揆.数理逻辑初步[M].上海:上海人民出版社,1980:76.

[3] 金岳霖.逻辑[M].北京:生活·读书·新知三联书店,1982:262.

这是合理的,不可求全责备。"如果一个科学家要引用一个日常语言的概念到科学中去……必须使这个概念更清楚、更确切、更简单,使这个概念能去掉那些不相干的性质。逻辑学家引用'如果……那么'到逻辑中去,是这种态度,物理学家……也是这种态度……,科学家……所规定的语词用法与日常语言中的说法,总会有些出入。"❶塔尔斯基继续说道:"把上面所说明的日常语言与逻辑语言之间的差别看作是绝对的,并且把上面所描述的我们在日常语言中应用'如果,那么'时的种种常规看作绝无例外,这也是一种错误。事实上,日常语言中'如果,那么'的用法相当灵活。如果我们仔细考察一下,我们就会发现在许多情形下'如果,那么'的用法,同我们上面所说的常规并不一致。"❷的确如此,"若,则"是个多义词,它既可以表示充分条件关系,又可以表示因果关系,还可以表示各种虚拟语气。在不同的用法之间,"不能前件真而后件假"是其共同点,而实质蕴涵正是刻画了这一最弱的共同点,符合抽象数学的从弱概念。所以有学者干脆认为,蕴涵怪论根源不在于实质蕴涵本身,也不在于具体思维与逻辑抽象的差别,而在于与"怪论"相悖的"常理"本身,罪在人们对"若,则"句的日常理解。国内部分学者认为,所谓实质蕴涵怪论其实并不怪,它是人们要求实质蕴涵反映条件联系中除真假联系之外的内容、意义方面的联系,从而做了错误的解读所造成的。❸有的学者干脆说,逻辑真理只能满足正确思维的必要条件,而不能满足正确思维的充分条件。❹换言之,逻辑只保证逻辑上假时,日常推理无效;而逻辑上真时,对日常推理是有效还是无效逻辑不该管,也管不了。

(2)认为怪论的发生与其说是逻辑与日常语言的不一致,倒不如说是逻辑哲学的问题,是认识论的问题。弗雷格似乎就持这一观点。他有些困惑地说道:"人们也许会发现,这种语言用法是不恰当的。对此必须不断强调,必须允许科学有其独特的语言用法,科学不能总是屈从于生活语言。恰恰在这里我看到哲

---

❶ 塔尔斯基.逻辑和演绎科学方法论导论[M].周礼全,等译.北京:商务印书馆,1963:24.

❷ 塔尔斯基.逻辑和演绎科学方法论导论[M].周礼全,等译.北京:商务印书馆,1963:25.

❸ 张清宇.逻辑哲学九章[M].江苏:江苏人民出版社,2004:168;胡泽洪.蕴涵刍议[J].华南师范大学(社会科学版),2006(5):2.

❹ 程仲棠.关于蕴涵怪论及其反例[J].学术研究,2011(8):37.

学的最大困难,它为自己的工作找到的是一种不太适宜的工具,这就是生活语言,而这种语言的形成,是由与哲学的需要完全不同的需要共同决定的。"❶这里的生活语言,就是指自然语言,正因为自然语言的多歧义性,所以莱布尼兹才想到发明一种无歧义、清晰明了的世界语言。弗雷格显然在很大程度上接受了这样的思想,对自然语言怀有深深的不信任感。所以,发现实质蕴涵与自然语言中的"若,则"句相距似乎过远,引发问题后,他认为毛病应该出在自然语言这边。后来,不少实质蕴涵辩护者延续了弗雷格的思路,说实质蕴涵存在怪论,是由于人们认识论上的问题,是人们自己的误解或误会。"这一哲学与民间逻辑(folk logic)对逻辑的看法有关:逻辑应该是全人类认知推理的规则。其实这一看法也一直伴随着古代逻辑的发展(从亚里士多德的工具论到中世纪及笛卡尔的逻辑思想均是如此认识)……但在现代逻辑身上,这一看法已难觅踪迹。"❷约翰逊、格赖斯(Herbert Paul Grice)和莫尔(George Edward Moore)等人论证说:蕴涵与"若,则"的明显差异与其说是真值条件问题,不如说是谈话隐涵问题。他们的解释是:不是说若A是假的或者B是真的,则"若,则"是假的,而是说A和B之间没联系时,如果某人根据断定~A或者B时,他却断定"若A,则B",这就是不得要领,引入歧途。❸为此,格赖斯提出了"合作原则(Conoperative Principle)",认为在交际过程中,对话双方会有意无意地遵循合作原则,以求有效配合而完成交际任务。而蕴涵怪论之所以发生,就是因为不符合"合作原则"。比如,"乔治还在开车,那么他会迟到",然而乔治没有开车,说这句话就是不恰当的,但这并不是因为"乔治还在开车,那么他会迟到"是假的,而是因为违反"合作原则"。而杰克逊(Frank Jackson)也认为实质蕴涵没有错,与格赖斯等人不同的是,他利用规约含意进行辩护,认为"怪论"出现是因为自始至终搞混了真和可断定性。❹他们认

---

❶ 弗雷格.弗雷格哲学论著选辑[M].王路,译.北京:商务印书馆,2006:10.

❷ ANON. The Truth-Functional Calculus and the Ordinary Use of Connectives[EB/OL].[2015-08-12]. http://www.calculemus.org/lect/logic-engl/05.

❸ SUSAN H. Philosophy of Logic[M]. London:Cambridge University Press,1978:83.

❹ 他提出可以用"稳健性"(Robust)把前件为假的可信条件句与不可信条件句区分开来。"稳健性"失效会导致条件句的不可断定性。

为,实质蕴涵怪论表明的,并不是前件假或后件真的直陈条件句不为真,而是表明前件假或后件真的直陈条件句在某些情况下不可断言而已。但真(truth)与可断定(assertability)之间并不等价。如此一来,借由"真"与"可断定性"的区分,一些实质蕴涵命题的"反直觉性"就与其"真值"得以切割。莫绍揆先生对这种观点至少持同情态度。他虽然看到"既然有了这么多毛病,似乎实质蕴涵不合用了,应该永远革除于'蕴涵'的门外了",但又因为看到实质蕴涵对数学的意义实在太大,他在承认"关于蕴涵怪论的争论可能还要进行下去"的同时,委婉地为实质蕴涵提出了一个比喻性辩护意见:看来,直觉上的、无怪论的蕴涵词可以比拟于自然数,实质蕴涵是上述蕴涵词的推广,可以比拟于有理数。经过推广以后,拿新数和旧数相对照,当然会出现一些"怪"甚至于出现不合理的语句。就自然数而言,3个人、5个人是很自然的,推广到有理数以后,"1/3个人,5/7个人"便不但怪简直是荒谬了。就这方面说,"推广"是不妥当的,但在别的方面,推广不但合理(比如1/3公尺、5/7公斤),而且更加方便。……由于某些情况不能推广而根本不作推广是不对的,我们对实质蕴涵是否也应该持相似的态度呢?❶此外,程仲棠先生也力图从逻辑认识论出发,对"蕴涵怪论"问题重新作出回答。❷

(3)企图对怪论中的蕴涵公式作新的理解。柯庆华、梁庆寅等先生认为:怪论公式中的蕴涵不能单纯理解为实质蕴涵,有些蕴涵实际是逻辑蕴涵,只要弄清了这点,怪论就可以作出合乎常理的解释,因此怪论不怪。❸张建军先生认为,蕴涵公式中的蕴涵应该有两种解读,一是"实质蕴涵",二是"推出"(即张先生所说的"恒真蕴涵"的性质——笔者注)。例如,p→(q→p)应该解读为:由p真可推出:任一命题q实质蕴涵p;~p→(p→q)应该解读为:由~p真(p假)可推出:p实质蕴涵任一命题q;q→(p∨~p)、(p∧~p)→q中的"→"可直接读作"推出";但(p→q)∨(q→p)中"→"的两次出现都只能读作"实质蕴涵",而绝不能读作"推

---

❶ 莫绍揆.传统逻辑与数理逻辑[J].哲学研究,1979(3):32-33.

❷ 程仲棠.蕴涵"怪论"与逻辑认识论[G]//逻辑研究专辑,1995:478-479.

❸ 柯庆华,梁庆寅.论实质蕴涵、形式蕴涵与逻辑蕴涵[J].学术研究,2000(6):94-99;柯庆华.论蕴涵怪论的合理性[J].中山大学学报(社会科学版),2002(4):18-24.

出"。❶如果这种思路可行,倒不失为一条解释部分蕴涵怪论的路子。但是,这条路子可能会碰到一些两难的问题。第一,"→"何时解读为实质蕴涵,何时又解读为"逻辑蕴涵"或"恒真蕴涵"？即使这种解读有规则,分辨起来也会很繁杂,尤其是对于非常复杂的公式。如果考虑实质蕴涵用"→",而"逻辑蕴涵"或"恒真蕴涵"等用不同的符号来表示,整个经典逻辑将乱成什么样？"例如充分条件假言推理肯定前件式被表示为(p→q)∧p→q。在此式中,第一个出现的'→'读作'蕴涵',表示'如果,则';第二个出现的'→'读作'推出',表示'因为,所以'。逻辑符号的一义性原则被完全破坏了,对逻辑一无所知的学生又怎样能分清这两种不同的用法呢。"❷笔者以为,这样的担忧是有一定道理的。第二,两种解读实质上给蕴涵作出了两种解释:一种是已有所定义的实质蕴涵,另一种是未经定义的"逻辑蕴涵""恒真蕴涵"。但如果试图给不同于实质蕴涵的"逻辑蕴涵""恒真蕴涵"之类作定义,就会造成承认经典逻辑中,除了实质蕴涵,还另有新的蕴涵。这在事实上就由实质蕴涵的辩护人变成了反对者,自己也在挖"实质蕴涵"的墙角。这也是这条为实质蕴涵辩护途径的致命伤。此外,美国逻辑学家蒯因曾对这条路子的核心观点作过内行的批判。他认为,只能把"→"理解为"如果……那么……",而不能理解为"推出"。何以说呢？考虑这两句话：(1)A推出B；(2)如果A那么B。蒯因认为(1)中A和B都是作为句子的名称出现,而(2)中A和B都是句子本身。这会造成(1)(2)有何区别呢？例如,我们可以说"矛盾律推出同一律",但是不能说"如果矛盾律,那么同一律"——因为"推出"是一个二元谓词,而"如果……那么……"是一个逻辑连接词。

(4)直接为实质蕴涵析取定义辩护。斯塔内克尔(Robert Stalnaker)论证的例子十分著名。"管家或园丁除了草；因此,如果管家没除草,那么园丁除了草。这段推理……似乎有些乏味,却是环环相扣、顺理成章的。如果这是有效的推理,那么英语中的条件陈述句实际就等值于一阶逻辑中的实质蕴涵。"❸后来汉森

---

❶ 张建军.从形式蕴涵看"实质蕴涵怪论"——怪论定理之"反例"化解路径新探[J].学术研究,2012(4):16.
❷ 郁慕镛.关于我国逻辑教学的若干问题[J].南京社会科学,2000(2):27.
❸ ERNEST A. The Logic of Conditionals[M]. Dordrencht:Reidel,1975:137.

(William Hanson)和柏克尔(Stephen J. Barker)也为实质蕴涵析取定义作了证明式论证。❶他们的证明思路在伊丁顿(Dorothy Edgington)的证明中得到充分体现。伊丁顿认为,~A∨C 能得到"如果 A,那么 C"。她的推理过程如下:因为~(A∧B),A 和 B 这三个前提是不相容的,能推出一个矛盾,所以根据归谬法,~(A∧B)和 A 推出~B。因此,再根据演绎定理,~(A∧B)推出"如果 A,那么~B"。现在用~C 替换 B,再根据双重否定律,就得到~(A∧~C)推出"如果 A,那么 C"❷。但是,这个辩护即使是成功的,也只是说明了从"~A∨C"能得到"如果 A,那么 C",但反过来,"如果 A,那么 C"能得到"~A∨C"吗?此辩护对此没有作出有说服力的说明。因此,这一为实质蕴涵辩护的策略,难言成功:毕竟其辩护的目标是证明实质蕴涵析取定义成立,即要证明 A→C≡~A∨C,而非仅仅证明~A∨C→(A→C)。

(二)承认怪论存在:有其合理依据

(1)设法证明"若 A 则 B"与"A→B"可互推。法瑞斯(Joseph A.Faris)的论证比较有代表性。他论说道:假定有一个"若 A 则 B"的充要条件 E:存在真命题集合 S 使得 B 可以从 A 和 S 导出;如果"A→B"是真的,那么就有一个以"A→B"为唯一元素的真命题集合,由这个集合与 A 一起可以推出 B。所以条件 E 被满足了,并且"如果 A 那么 B"是真的。❸这种辩护如果成功的话,是最有价值和最有说服力的。但遗憾的是,持这种辩护意见的人极少:因为辩护的逻辑链条断点实在太明显,很容易受到驳斥。

(2)对蕴涵怪论个例作解释说明,并运用于推理之中,证明其合理。最著名的例子是罗素关于"2+2=5"对"罗素与某主教是一个人"的证明。其证明如下:既然承认 2+2=5,而我知道 2+2=4,故 5=4。等式两边减一减一再减一,等量减等量,余数相等,故又得 2=1。而人们知道,罗素与那位主教是两个人(2),所以

---

❶ HANSON W. Indicative Conditionals and Truth-functional[J]. Mind,1991(100):53-72;STEPHEN J B. Material Implication and General Indicative Conditionals[J]. Philosophyical Quarterly,1997(4):195-211.

❷ EDGINGTON D. The Blackwell Guide to Philosophical Logic [M]. Oxford:Blackwell Publishers,2001:389.

❸ JOSEPH A F. Truth-Functional Logic[M]. London:Routledge and Kegan Paul,1962:72.

罗素与那位主教是一个人(1),因为2=1。汉密尔顿(Anthony George Hamilton)也曾举了一个形式蕴涵的例子为实质蕴涵真值表辩护。"对于每个自然数n,如果'n>2,那么$n^2>4$'这个条件句是恒真的,n的不同取值,给出了对于'n>2'和'$n^2>4$'的除去T,F外所有可能的真值组合。当n=5时,前后件都真;当n=0时,前后件都假;当n=-3时,前件假后件真,我们不可能得到前件真后件假的取值。"[1]也就是说,对于恒真命题,我们给不出前件真而后件假的情况,或者说这种情况永远不可能发生。国内有些学者也对某些蕴涵怪论个例进行了具体的辩护。如近年来程仲棠、张建军先生对其他学者提出的关于"(p∧q)→r)→((p→r)∨(q→r)、p→(q∨r)→((p→q)∨(p→r)"等蕴涵怪论的反例,连著数文予以反驳。[2]

(3)论证实质蕴涵怪论无害。约翰逊在其《逻辑》一书中阐述,尽管实质蕴涵没有满足内容相关性和独立性的要求,导致了"实质蕴涵怪论",但实质蕴涵怪论无害,因为它们不能合法地用于推理的目的。他的论证如下:就怪论p→(q→p)来说,从p可有效地推出q→p。但是,如果q→p已经从p推出,我们就不能再用如此推出的q→p与q结合在一起推出p,否则就会造成逻辑循环。就~p→(p→q)来说,从~p可有效地推出p→q,但是,如果p→q已经从~p推出,我们也就不能再把如此推出的p→q与p结合在一起进行推理,否则在前提中将导致逻辑矛盾p∧~p。于是,他指出,怪论的解决方案因此可以在下述考虑中找到:尽管我们可以正确地从它的蕴涵者的否定,或者从它的被蕴涵者的肯定推出一蕴涵式,但如此得到的蕴涵式不能再应用于其他推理中,否则会导致矛盾或循环的逻辑谬误。[3]陈波先生也持有类似观点,他认为,尽管实质蕴涵会赞成许多反直觉的"怪

---

[1] HAMILTON A G. Logic for Mathematicians [M]. London:Cambridge University Press,1978:5-6.

[2] 张建军.从形式蕴涵看"实质蕴涵怪论"——怪论定理之"反例"化解路径新探[J].学术研究,2012(4):14-21;张建军.再论从形式蕴涵看"实质蕴涵怪论"——兼复程仲棠先生[J].求索,2015(6):68-74;张顺,张建军.罗素的形式蕴涵思想辨析——三论从形式蕴涵看"实质蕴涵怪论"[J].湖南科技大学学报(社会科学版),2016(4):32-38;张建军,张顺.受限量化域与实质蕴涵"严峻反例"的化解——四论从形式蕴涵看"实质蕴涵怪论"[J].湖北大学学报(哲学社会科学版),2020(5):47-57,168;张建军,张顺.条件句的语义歧与假设性思考的量化机制——五论从形式蕴涵看"实质蕴涵怪论"[J].湖南科技大学学报(社会科学),2021,24(6):52-62.

[3] ERNEST J W. Logic[M]. London:Cambridge University Press,1921:73-81.

论",但这些怪论对于推理过程并不会造成实际的伤害,至多是无用的。

(4)蕴涵怪论没有一致的标准。蕴涵怪论主要是因为违背人们的逻辑直觉而产生的,但每个人的逻辑直觉或许各不相同,因此关于蕴涵怪论的标准也会不一致。程仲棠先生曾撰文《"蕴涵怪论"有科学的标准吗》,认为蕴涵怪论没有语形、语义标准,只是认知上的问题。[1]2011年,程仲棠先生再次强调:"蕴涵怪论"不但是一个漫无标准的模糊概念,而且简直成了一个任意或任性的概念。[2]他说,有的人以"引起思想混乱""经不起生活实践的检验""不合乎我们的需要""不自然""不顺眼""不通""足够激怒我们"等作为理由,认为《数学原理》中50多个命题逻辑定理都是必须"筛去"的"怪论"。他认为,这正是因为"蕴涵怪论"没有严格清晰的标准,有的人只要认为经典逻辑中哪个定理"经不起生活实践的检验""不自然"等,就可以把"蕴涵怪论"这顶帽子给它(们)扣上去。

(5)蕴涵怪论存在于逻辑学的"基因"中。"基于人们常识的'蕴涵怪论'原则上是不能完全消除的,'蕴涵怪论'必将以不同形式与各种逻辑系统相伴随,这是由逻辑学的本性决定的。"[3]这种认识与逻辑观密切相关,但"逻辑的本性"实在是一个非常难以说清楚的大题目,就单单关于"什么是逻辑"的问题,学界已是众说纷纭、莫衷一是。因此,把"蕴涵怪论"往这个题目里一塞,其实不但没把问题给解决,反而会让问题更加扑朔迷离。而且,如何证明或说明逻辑的本性怎样导出"蕴涵怪论",也是个十分艰巨的任务:甚至比解决"蕴涵怪论"问题更让人头痛。所以,选择这种辩护思路的学者比较少。

(6)实质蕴涵与其他蕴涵理论相较占优。陈波先生在其《逻辑哲学导论》中指出:"严格蕴涵和相干蕴涵、衍推最初是作为实质蕴涵的竞争者和替代者提出来的,但它们都未能实现它们声称要达到的目标……不过,在以上所述的各种蕴涵理论中,我认为,实质蕴涵是最好的……实质蕴涵适用范围最广,使用起来最方便。这几乎是逻辑学家和数学家们的共识,也是对实质蕴涵最好的辩护。"[4]李

---

[1] 程仲棠."蕴涵怪论"有科学的标准吗[J].广东社会科学,1993(3):78-81.
[2] 程仲棠.关于蕴涵怪论及其反例[J].学术研究,2011(8):19.
[3] 陈晓平.谈谈实质蕴涵问题[J].自然辩证法研究,1997(13增刊):32.
[4] 陈波.逻辑哲学导论[M].北京:中国人民大学出版社,2000:78-120.

建华先生也认为,实质蕴涵符合"若,则"句的基本特征,与其他蕴涵相比较,其尽管不完满,但相对而言,它是比较好的推理理论;虽然它遭到了许多的责难和非议,但人们无法抛弃它;实际思维中人们仍然广泛地并且成功地运用它来处理各种复杂的推理。❶这种辩护的呼声是最高的,也是最多人选择的路径:还有比实质蕴涵更方便实用的蕴涵吗?如果有,请拿出来;如果拿不出来,对不起,就别怪实质蕴涵有什么怪论。

(三)批判怪论问题:寻求解决方略

不少逻辑学者认为,实质蕴涵句与自然语言的"若,则"句本义并不相符,建立在实质蕴涵基础上的经典逻辑的相应永真式,与日常推理有效式自然也不会很好地匹配。为了能更好地刻画"若,则"句,他们尝试对实质蕴涵进行重新诠释或者干脆予以改造。

(1)直接要求实质蕴涵不能解读为"若,则"。"蕴涵怪论显示,(实质)蕴涵既不支持英语中'if, then',也非任何意义上的'蕴涵'。"❷国内也有学者认为,"既然日常思维认为假的命题,实质蕴涵却认为是真的,这就充分说明,实质蕴涵不是'如果,则'的逻辑抽象"❸。斯特劳森(Peter Frederick Strawson)直截了当地指出:把"→"解读为"如果,那么","必错无疑"。❹在我国逻辑界较有影响的《符号逻辑》作者科庇(Irving M. Copi)也认为:"如果我们记得,马蹄形符号(即实质蕴涵)是既非表示'一般的蕴涵',也非表示更常见的一种蕴涵,例如逻辑的或因果的蕴涵,而是表示实质蕴涵的一种真值函项联结词,那么上述重言陈述形式(两'怪论'形式)就是完全不足怪的。并且,如果把这一使人迷惑不解的语言表述加以修正,在'蕴涵'之前加上'实质'二字,那么悖论迷雾也就消散了。"❺蒯因对实质蕴涵持批评和保留的态度,他认为实质蕴涵是一个二元谓词而不应该是真值函项,"这种关系太过宽泛,以至于若不是由于它是从逻辑蕴涵类比过来的,就根本

---

❶ 李建华.实质蕴涵刻画推理的思考[J].湘潭师范学院学报(社会科学版),2000(1):18-20.

❷ ANDERSON A R, BELNAP N D. Entailment[M]. Princeton, NJ:Princeton University Press,1975:3.

❸ 万年.实质蕴涵并非"如果,则"的逻辑抽象[J].逻辑(人大复印资料),1993(12):34-37.

❹ STRAWSON P F. Introduction to Logic Theory[M]. London:Methuen,1952:79.

❺ 科庇.符号逻辑[M].宋文坚,译.北京:北京大学出版社,1988:39.

不配叫作蕴涵。但是,这一点常被忽略了,'实质蕴涵'仍旧是一个二元谓词,而不是一个二元联结词"[1]。在这点上,蒯因与弗雷格的观点基本相同,后者也认为,实质蕴涵式可以用P(x)形式的谓词逻辑公式表示(其中,P表示二元关系,x表示二元)。

(2)对怪论进行批判分析比较后,弃用逻辑的方法研究推理问题。内尔松(Bernard J. O. Nelson)在《实质蕴涵推理无害吗》论说道:"实质蕴涵用于论证必然会跌入有害推理的陷阱……但有人辩解说,在现实生活中这种情况很少发生……这种辩护十分苍白,这岂不是告诉我们,用逻辑系统来验证论证的有效性不亚于一种赌博,运气好呢证明即有效,如果运气不好,就只得回过头来求助于我们的日常逻辑直觉。但我们怎么知道运气是好还是坏呢?"[2]"我们不同意P→(Q→P)、~P→(P→Q)、~(P→Q)→(P→~Q)、(P→Q)∨(P→~Q)能应用于自然语言的条件句,……考察实质蕴涵和条件句关系后,我们继续比较了两种途径,一种是包括罗素和卡尔纳普(Rudolf Carnap)的语言分析方法的逻辑路径,一种是牛津学派的语言方法,最后我们决定支持并选择后者,尽管实质蕴涵和形式蕴涵很深刻……"[3]这种意见显然有些偏激,但是说明因为实质蕴涵及其怪论的存在,巨大地破坏了逻辑的可靠性和权威性,让相当部分人不敢或不愿信任经典逻辑能作为推理的工具。

(3)明确反对有关实质蕴涵的定义,并积极探索新的蕴涵。对此,国外已有相当多逻辑学者做了大量工作,而国内也有不少学者就此提出了自己的见解。"许多逻辑学家主张应该加强指示条件句的语义解释,想要用一个更强的蕴含替换实质蕴含,因为他们相信尽管实质蕴含是指示条件句的最小语义并且它也通过直接论证展现出强大的解释力,但是它带来了让人难以接受的结果——实质蕴含悖论。"[4]"如果不消除实质蕴涵怪论,经典逻辑就不能起到模拟推理的作用,就不具有所谓的普遍适用性。如果要求逻辑应具有普遍适用性的话,那么逻辑

---

[1] 涂纪亮,陈波.蒯因著作集:第2卷[M].北京:中国人民大学出版社,2007:100.

[2] BERNARD J O, NELSON. Is Material Implication Inferentially Harmless?[J]. Mind, 1966(5):547.

[3] 这是一篇德文文章的英文摘要内容。

[4] 荣立武.关于指示条件句的会话假设[J].逻辑学研究,2023(1):22.

的东西就只能限定为有限的逻辑规律,这显然不符合现代逻辑的状况。如果要求逻辑只研究有效推理,因为现代逻辑系统的定理并不等同于有效推理形式,很多有效的公式并不表示有效推理,于是连经典逻辑是不是逻辑也会受到质疑。"❶霍书全先生还认为,蕴涵不能简单地用析取来定义,他把命题逻辑的命题看作集合概念,然后在此基础上借助欧拉图确定命题的外延关系,"不仅非常直观,而且可以有效地消除那些'实质蕴涵怪论'"❷。李金厚、蒋静坪先生联系人工智能研究,认为"数理逻辑中的实质蕴涵定义不能令人满意,因为由这一定义出发可以引申出一些蕴涵怪论",应该采用"基于命题间内容联系的蕴涵概念"❸。王健平先生评说道:"分析和说明自然语言假言命题应该有一种恰当的蕴涵理论,但却不应该是实质蕴涵理论……诚然,任何逻辑理论都是用来规范思维和语言表达的,但这种用来规范和引导的逻辑理论本身也是通过研究,总结思维和语言表达得来的……当某一种逻辑理论对某些思维和语言表达的规范与实际语言表达脱节或相冲突时(如实质蕴涵理论与自然语言中假言命题的实际涵义),是让逻辑去重新适应这些实际语言表达呢?还是让这些语言表达去适应既成的逻辑理论?……那么当实质蕴涵理论无法解释自然语言中的假言命题和假言推理时,就应该另辟蹊径去努力发现某种新的关系和总结某种新的理论。"❹随后,他提出含有模态词的"实际蕴涵",并定义如表2-1所示。

---

❶ 霍书全.推理关系形式化产生的问题及哲学思考[J].广东广播电视大学学报,2006(4):32.

❷ 霍书全.避免怪论的一种方法[J].自然辩证法研究,2007(7):42.文献资料显示,霍先生十分重视"蕴涵怪论"问题研究,并作了许多积极的探索。除希望利用欧拉图消除"怪论"外,在其《百年"怪论"的有效消解》一文中,他还尝试通过区分事实上的析取和逻辑上的析取等途径消解"怪论"。

❸ 李金厚,蒋静坪.蕴涵意义新解[J].江南大学学报(自然科学版),2004(2):120-126."基于命题间内容联系的蕴涵概念"即他们提出的"意义蕴涵",该蕴涵要求任何重言式或矛盾式都不应当作为蕴涵关系的结论出现。

❹ 王健平.实质蕴涵与自然语言中的相关蕴涵命题分析[J].华南师范大学学报(社会科学版),2005(3):52;王健平.自然语言中的实际蕴涵推理[J].中央党校学报,2005(2):67-71.

表 2-1　实际蕴涵定义表

□∃	→	◇∃	◇∃
p	p	~p	~p
q	◇~q	q	~q

其中 □∃ 表示必然存在，◇∃ 表示可能存在。于是 ~(A→B)⟷(A→◇~B)，从而 ~(A→B)⟷(A∧~B) 这样的蕴涵怪论得以消除。但是，"实际蕴涵"除了不够简单、直观外，还存在两个问题：一是似乎不能再称为"演绎逻辑"，如 (A→◇~B) 中，A 作为前提蕴涵的不再是必然性，而是一种可能性；二是引入了内涵算子，不满足外延原则。据笔者所知，这些对新的蕴涵的探索有个共同特点：没能在新的蕴涵的基础上，建立相应的、能取代经典逻辑或与之分庭抗礼的逻辑系统。因此，它们既无法提供"蕴涵怪论"的认定标准，也无法真正满足日常推理的系统性需要。

(4)对实质蕴涵进行改造或干脆提出新的蕴涵，并力图在新蕴涵基础上建立逻辑系统。除了上述外国学者提出的形式蕴涵、严格蕴涵、相干蕴涵、衍推、直觉主义蕴涵、反事实蕴涵和语义蕴涵等研究外，国内建立逻辑系统并有一定影响的主要是周训伟先生和林邦瑾先生。周训伟先生提出了互逆主义蕴涵，对实质蕴涵真值表作了不同于传统的解读❶，并出版了《互逆主义数理逻辑》一书，建立了互逆主义逻辑演算。林邦瑾先生出版了《制约逻辑——传统逻辑与现代逻辑的结合》一书，提出了替代实质蕴涵的制约关系。制约关系的要害在于"两独""三事实"。❷"两独"主要用于给出"若 A 则 B"句的逻辑语义，"三事实"主要用于给

---

❶ 周训伟先生解读实质蕴涵真值表主要思想是：A<-1B（相当于 A→B——笔者注）成立，要同时满足如下两准则：(1)作为反例的第三行（前件真后件假）无实例满足；(2)作为正例的第一、第二、第四行均有实例满足。不过依笔者看来，周训伟先生对实质蕴涵真值表的解读并没有实质性的突破：实质蕴涵就是说只要不是前件真后件假，蕴涵式就真。

❷ "两独"是指"可独立于前后件的真值确定不会前件真而后件假""前件为真可独立于后件的真值"。"三事实"是指"A 制约 B"关系必须满足：(1)~(A∧~B) 恒真；(2)主体知道(1)；(3)主体确定(1)是独立于 A、B 的，即与 A、B 真值无关。可见，制约关系要求 A→B 是定理，是必然关系。于是，相当广泛的、普通的、有假有真的 A→B 式"若，则"句实际被制约关系赶出了"家门"。

出制约关系的条件。制约逻辑影响更大,尤其是在贵州地区久负盛名,其核心研究领域已不仅仅限于逻辑的应用。

三、改造实质蕴涵——我们的观点

由上可见,对于实质蕴涵怪论,逻辑界有两种截然相反的态度。一部分逻辑学者认为,"怪论"不符合自然语言"若,则"原义,不符合日常推理实际,违反人们的思维经验,是难以接受的。但另一部分逻辑学者认为,实质蕴涵的确与自然语言的"若,则"句存在意义差别,但这是正常的,任何一个逻辑术语都不会完全反映自然语言中相类似概念的意义,因为后者往往带着模糊性、歧义性,甚至带有心理因素,并且实质蕴涵在简便方面胜过了其他蕴涵理论。塔尔斯基曾指出:"……要求逻辑与日常语言关于蕴涵式的用法能有更大的接近。我们很难认为上面这种对近代逻辑中蕴涵式的批评有什么充分根据……正是在这个简单的实质蕴涵上面的逻辑学,已被证明是最复杂精细的数学推理的满意基础。"[1]

我们认为后一种意见值得商榷,"要求逻辑与日常语言关于蕴涵式的用法能有更大的接近",这理由难道不正当吗?[2]如果我们能对实质蕴涵予以改造,从而找到并建立与日常语言在根本上保持一致、适合日常推理的新的蕴涵(不妨称为"日常蕴涵")理论,这难道不是件让逻辑学科和普通民众都十分欢迎的事吗?——在某种意义上,这既是人们对逻辑学作为工具性学科的要求和企盼,也是逻辑学科发展应该完成的任务。

第一,建立日常蕴涵不等于取缔、否定实质蕴涵。许多理论的真理性只具有相对必然性:相对于一定领域才能谈真论假。实质蕴涵理论有其生息繁衍的场所,但其他蕴涵理论未必没有自己生存的空间,它们完全可能并行不悖。"万物并育而不相害,道并行而不相悖。小德川流,大德敦化,此天地之所以为大也。""它(经典逻辑)不可能消失,也没有谁在主张它应该消失。问题在于,逻辑是用来给

---

[1] 塔尔斯基. 逻辑和演绎科学方法论导论[M]. 周礼全,等译. 北京:商务印书馆,1963:24-25.

[2] 维特根斯坦在《逻辑哲学论》提出了"语言游戏"概念,但我们应该牢记其晚年对分析哲学的忠告:第一,不要脱离语词在日常生活中的使用;第二,不要让语言沦为一种游戏,只能靠词语之间的关联产生意义,而不能表达实在的事物。

我们对论证的评估提供准则的,然而,今天所教的经典逻辑却无法充分地做到这一点。"[1]实质蕴涵的存在,不应该成为发展其他蕴涵理论的障碍,它应该启发和鼓励其他蕴涵的出现和成长。"蕴涵不是逻辑学教科书作者的专利,亿万人在言语交际实际中对蕴涵实际操作从来不受逻辑学家笔下的'蕴涵怪论'的影响。"[2]我国数理逻辑学家莫绍揆先生在20世纪80年代初曾对实质蕴涵与自然语言蕴涵之间的关系发表过如下看法:就日常所说的"如果……则……"而言,实质蕴涵在许多地方是不符合的,在这方面,更适合些的似乎是麦柯尔引入的蕴涵。但就表述数学推理而言,实质蕴涵最为方便,是任何其他蕴涵词(包括麦柯尔所引进的)所不及的,凡进一步从事推理过程研究的人,一般都有这种看法。[3]莫绍揆先生这里既强调了实质蕴涵在它能够发挥作用的领域所具有的优势,同时也指出了这种蕴涵在自然语言分析中的不足。另外,我们常说"某某系统具有完全性"或"某某系统不具有完全性",似乎系统的完全性概念是一个性质概念,即一元谓词。但实际上,完全性是相对于模型而言的概念,是个二元谓词,完整地表述应为"某某系统相对于某一(某些)模型具有完全性"或"某某系统相对于某一(某些)模型不具有完全性"。这种相对性也给我们置疑实质蕴涵对日常推理的适应性提供了空间:以实质蕴涵为基础的经典逻辑相对于何种模型具备完全性?其模型是否包括日常推理?

第二,逻辑学应当有直接服务于日常推理的蕴涵理论。(A→B)∨(B→A)在实质蕴涵的理解中是永真式,如果我们用~A替换B,则得到(A→~A)∨(~A→A)。于此,对实质蕴涵无所了解的民众一定会提出反对意见,认为站在日常推理的立场上,相互矛盾的命题任中一个不能"蕴涵"另一个(站在辩证思维立场又

---

[1] GOVIER T. Problems in Argument Analysis and Evaluation [M]. Cinnaminson, NJ: Fo-ris Publications, Dordrecht-Holland, 1987:7.

[2] QUINE W V. The Way of Paradox and Other Essays [M]. Cambridge, MA: Harvard University Press, 1976:129-131.

[3] 莫绍揆. 数理逻辑初步[M]. 上海:上海人民出版社,1980:47. 在弗雷格提出实质蕴涵之前,麦柯尔把p蕴涵q定义为"p∧q=p"。传统认为其义是指q的含义是包含在p的含义之中的,似乎与后文所提相干蕴涵相近。但如果从纯真值角度来看,麦柯尔蕴涵的真值表其实与实质蕴涵相同。

另当别论)。因为彼此矛盾的命题是不一致的,而人们在两命题间用"蕴涵"这个词时,常常要求两命题彼此至少是相容的。笔者认为,也没有哪个逻辑学者在日常生活中,会毫无顾虑地应用(A→~A)∨(~A→A)这种模式进行推理吧。"实质蕴涵并不总是与人们每天所用的'若,则'相一致,因此用实质蕴涵来表述'若,则'句存在不少缺陷。"[1]"显然,逻辑不能与应用冲突。"[2]不过,如果同意一些数学家与经典逻辑学家,关于实质蕴涵是"数理逻辑的产物,只是为数学服务"的说法,倒不失为一种不错的、为实质蕴涵辩护的策略。[3]但至少从亚里士多德开始,逻辑就是要为日常推理服务的,或者说,日常推理需要为自己服务的日常(推理)逻辑。因此,"只是为数学服务"的辩护词阻挡不住人们对实质蕴涵的批判——只要它踏入了日常推理领域。但是,要求以实质蕴涵为基础的经典逻辑不踏入日常推理领域,逻辑界答应吗?人们答应吗?何况,作为实质蕴涵前身的"费罗蕴涵"早在逻辑学和数学结合之前就已出现,而且其直接目的显然是为日常推理(而非数学)服务。因此,实质蕴涵是"数理逻辑的产物,只是为数学服务,与常识推理无关"这样的说法,是不符合历史事实的。"恰恰相反,实质蕴涵理论首先是从日常推理中引申出来,并试图为日常推理服务的。"[4]只是实质蕴涵的服务质量让日常推理颇有微词罢了。这清楚地表明,我们逻辑学总得有个蕴涵,是应该为日常推理服务的。逻辑的蕴涵不能因为对日常推理有所不满,就"耍性子、撂挑子",躲进"闺房",不肯下楼了。

第三,实质蕴涵理论的确有改造的空间。抽象无疑意味着对原象在一定程度上的背离,但抽象与原象的差异有一个度的问题。同样是抽象,为什么"∧""∨"等联结词不像"→"那样问题不断、怪论频现,让人疑虑重重呢?众所周知,

---

[1] SIMON B. Indicative Conditionals[M]//The Oxford Dictionary of Philosophy(Rev 2nd ed). Oxford:Oxford University Press,2008:61.

[2] WITTGENSTEIN L. Tractatus Logico-Philosophicus[M]. London:Routledge,1999:5. 557.

[3] 王浩先生就抱有这样的观点,他曾说:"认为数理逻辑首要的是从事形式思维,这是一种通常的误解。重要之点却是使'形式化'这一概念精确化,因而能数学地进行关于形式系统的研究。这就使数学别开了新生面。"(王浩.数理逻辑通俗讲话[M].北京:科学出版社,1980:14.)

[4] 张建军.从形式蕴涵看"实质蕴涵怪论"——怪论定理之"反例"化解路径新探[J].学术研究,2012(4):15.

任何逻辑理论都是用以规范思维和语言表达的。但逻辑理论本身,正如毛泽东同志所言:"人的正确思想,只能从社会实践中来。"❶因此,逻辑理论不是下凡的天神,同样是通过对人们实际思维和日常推理研究、总结而来的。既然如此,当某一种逻辑理论与经过亿万次检验的日常推理相脱节或相冲突时(实质蕴涵理论与自然语言中"若,则"句之间的"官司"就属于这种情况),是改造逻辑理论以重新适应这些日常推理呢,还是让日常推理"削足蹑履"适应既成的逻辑理论呢?如果是前者,那么当实质蕴涵理论无法解释日常推理中的"若,则"句和相关推理时,就应该另辟蹊径研究、总结新的蕴涵理论。连实质蕴涵的坚定支持者罗素也指出:"我不想断言'蕴涵'不能有其他的意思,只是认为在符号逻辑中将这个意思给予'蕴涵'是最便利的。"❷正是为了弥补实质蕴涵与日常推理差异过大这一缺憾,逻辑学家们才相继提出了严格蕴涵、相干蕴涵、衍推等新的蕴涵理论,并为之构造了一个又一个系统。"正如我们已经看到的那样,发展模态逻辑的一个重要动机是引进一种更强的蕴涵,并以此来抵消实质蕴涵悖论的影响"❸,"自然语言中的条件句有着复杂的语义问题,经典逻辑用实质蕴涵来刻画但是却与自然语言的'如果,那么'有所不同,由此导致对经典逻辑的修正,出现了大量的条件句理论"❹。这些中外逻辑学者的话语进一步佐证了实质蕴涵有改造的必要和空间。眼见实质蕴涵的反对意见汹涌而来,作为实质蕴涵坚定辩护者的塔尔斯基也不得不承认:"从纯粹逻辑的观点看,很明显,我们能够避免这里所说的一切反对意见,只要我们明白确定地说明:我们用上面那些表述方式时,我们不考虑它们的日常意义,而只给予它们以现代逻辑中蕴涵式所具有的那样的意义。但是,这样做,又会有另一方面的不方便:因为,在有些场合中——虽然不是在逻辑本身,但是在一个与逻辑密切相关的领域中,即在演绎科学的方法论中——我们要讲到语句及语句与语句之间的推理关系。那时我们要把'蕴涵''推出'等词用成一种不同的,比较更近似于日常语言的意义。因此,最好还是根本避免应用上面

---

❶ 毛泽东文集:8卷[M].北京:人民出版社,1999:320.
❷ 江天骥.西方逻辑史研究[M].北京:人民出版社,1984:88.
❸ 哈克.逻辑哲学[M].罗毅,译.北京:商务印书馆,2003:243.
❹ 霍书全.条件句语境理论及其对蕴涵悖论的解决[J].哲学动态,2014(2):96.

那些表述方式,特别是因为我们拥有许多其他不会遭受反对的表述方式可以供我们应用。"[1]可见,塔尔斯基很想让实质蕴涵不用于日常推理的领域,而只用于现代逻辑领域。这样人们对实质蕴涵怪论的质疑也无从可说。但是,他也苦恼地发现,这个策略根本无法奏效:即使在演绎科学的方法论中,也必须用到"蕴涵""推出"这样的词。而且,它们的意义更趋近于日常语言(而不是实质蕴涵)的意义。同时,在经验科学中,也经常用到虚拟"若,则"句,而实质蕴涵却根本无法解释和处理这些"若,则"句。按理说,塔尔斯基下一步就应该去找寻那个更趋近于日常语言的"蕴涵""推出"的逻辑词,以便使该新的逻辑词与实质蕴涵各安其所或"双剑合璧"。但没有资料显示他开展了这项工作及为什么他没开展这项工作。

第四,"数学推理的满意基础"[2],不成其为实质蕴涵的辩护理由。据弗雷格自述,他提出这种符号语言(包括实质蕴涵)之时,相信只需点到为止,大家立即会对这项成果产生巨大兴趣并研究得更加深刻。实际情况是,在弗雷格创制其符号语言28年之后,他还不满地说道:"大多数数学家对这个问题毫无所知,甚至逻辑学家也是这样。多么迟钝"![3]但历史并没有让弗雷格失望太久,随着《数学原理》一书的发行,越来越多的数学家和逻辑学家发现用实质蕴涵表示数学公式非常方便而有用。后来,随着数理逻辑的发展,实质蕴涵在表达数学公式及逻辑讨论时的优越性,越来越明显,远非其他蕴涵词所能匹敌。历史上,虽然不乏批评实质蕴涵的人提出新的蕴涵,企图代替实质蕴涵,但这些新蕴涵词始终没有实质蕴涵词那么方便、有用。既然找不到更好的,那么就拥护它吧。秉承这种"最小代价获得最大收益"的实用主义原则,恐怕是国内外许多学者坚持实质蕴

---

[1] 涂纪亮,陈波.蒯因著作集:第1卷[M].北京:中国人民大学出版社,2007:102.

[2] 这点也是存在争议的——参见 Auderson A R 和 Belnap N D 合著的 *Entailment* 一书(Princeton,NJ:Princeton University Press,1975.)。郭世铭先生也指出:数学的充分条件和必要条件并不是简单的联结词结构,但迄今为止,逻辑学家所做的工作却是力图把它作为一种联结词来刻画。这种工作的不可能成功也不足为奇了。……要想恰当刻画数学中的充分条件和必要条件,只靠现有的逻辑工具是不够的,需要发展出一种将认识主体的推理、证明活动在内(哪怕是元理论层次)的逻辑理论。(郭世铭.关于充分条件[M]//中国逻辑学会.逻辑今探.北京:社会科学文献出版社,1999:69-70.)

[3] 弗雷格.弗雷格哲学论著选辑[M].王路,译.北京:商务印书馆,2006:189.

涵"合理"的基本理据。但是,这样的辩护依然必须面对如下重要问题:第一,实质蕴涵的合法性基础是否仅是"方便、有用"? 第二,实质蕴涵是否只用于数学而不会用于日常推理? 必须看到,日常推理与数学是两个不相同的领域,适用于数学领域未必适用于日常推理,正如形式系统甲的定理未必会是形式系统乙中的定理一样。如前所述,弗雷格探讨逻辑问题,主要是想从数学需要出发证明数学与逻辑是同一的,逻辑可以推导全部数学,并以此建立数学证明论的基础。罗素等人在实质蕴涵基础上建立命题演算,初衷是考虑在逻辑的基础上建立整个数学。罗素在《数学原则》中,明确指出《数学原则》有两个目的,排在首位的就是表明全部数学都是逻辑中推演出来。罗素还说,数学和逻辑是同一门科学,它们的不同就像儿童与成人的不同,其中,数学是成人。在这一目标的指引下,蕴涵的纯真值性就显得十分有意义,因为可以避免涉及命题意义等许多复杂问题,把问题简化到最低程度,而且实质蕴涵足以表达或得到全部数学真理。❶但是,"对于另一些逻辑学家来说,……对这一演算或系统则表示不满。他们关心得更多的是日常推理中的逻辑问题,希望建立反映日常蕴涵的关系特别是逻辑地可推出关系的系统"。❷"传统的基于逻辑方法的知识表示与推理主要依赖于经典逻辑。经典逻辑并不是直接为基于自然语言的推理而设计的,而是为基于半人工化数学语言的推理量身定制的。但是,人类的大多数知识是用自然语言而不是用数学语言表达的。这就使传统的知识表示与推理在应用方面受到局限,不能真正为人工智能提供支持。为了扩大知识表示与推理的应用范围,加强它对人工智能的支持力度,必须让知识表示与推理建立在自然语言逻辑的基础上。"❸鞠实儿先生这段话,侧面却深刻地揭示了这一点:实质蕴涵或许是"数学满意的基础",

---

❶ 这是罗素曾经的梦想。但事与愿违,罗素从逻辑系统推导数学时不得不使用了集合论的选择公理和无穷公理。不用无穷公理则自然数系统就无法构造,更不要说全部数学了。所以,罗素并没有将数学化归为逻辑,而是化归为集合论。

❷ 周北海.模态逻辑[M].北京:中国社会科学出版社,1996:10.

❸ 鞠实儿.面向知识表示与推理的自然语言逻辑[M].北京:经济科学出版社,2009:1.当前计算机实现了亚里士多德三段论的自动推理,但是,这种推理没有完全在基于一阶或高阶语言的逻辑编程语言中实现。

却未必满足日常推理的需要。蕴涵怪论的出现,正好说明了这一点。巴威斯(Jonathan Barwise)甚至认为,实质蕴涵对数学也许是福音,但对日常推理就是"灾难"。他在其《条件与条件句》说道:"对于要试图说清楚陈述及其论及的实际方面之间关系的那些人,条件句是一个棘手的话题。在这个语义学传统里,常识可以被相当有争议地概括如下:经典模型论给我们提供了实质条件句的语义,它对于数学条件句正常起作用。但是如果被应用于普通语言条件句就是一个灾难,尤其是反事实条件句。"❶

第五,实质蕴涵怪论已严重地影响到逻辑学科的权威性和推广普及。实质蕴涵怪论的存在,引起了巨大的争论,这种争论不但发生在逻辑初识者之间,也发生在逻辑学家之间。"众所周知,以实质蕴涵算子'→'($p \rightarrow q = df \sim (p \wedge \sim q)$)为基础建立起来的经典二值外延逻辑曾遭到许多逻辑学家的批评。他们认为实质蕴涵不能反映自然语言中的'如果,则'(if…then…)的含义。"❷"逻辑是用来规范和引导人们进行正确思维和表达的,而用实质蕴涵理论来分析和说明自然语言不仅无法做到这一点,而且在一定程度上还会引起人们思维和表达上的混乱,这种状况显然有悖于逻辑的宗旨。"❸一个不容忽视的事实是,由于实质蕴涵与"若,则"句的差异过大及实质蕴涵怪论的存在,加之逻辑学界并没有拿出通俗简明、强力有效的解释说明,已引发了包括广大学生在内的普通民众对经典逻辑的怀疑及抗拒,直接影响了逻辑学科的权威性和推广普及。"逻辑句子P:0→X,X∈(0,1),P必然真却只是可能有效。"❹这句话清楚而有代表性地反映了日常推理对经典逻辑的重重顾虑。这也是现代逻辑未被民众广泛接受的重要原因。许多战斗在逻辑学教育一线的逻辑教师纷纷对蕴涵怪论问题提出意见。"'怪论'问题

---

❶ BARWISE K J. Conditionals and Conditional Sentences[M]//The Situation in Logic:CSLI Lecture Notes 17. CA:CSLI Publications,1989:97.我们将在"日常蕴涵理论"章节中谈及反事实条件句的问题,部分地解释巴威斯关于实质蕴涵"灾难论"。

❷ 袁正校,何向东.实质蕴涵"怪论"新探[J].自然辩证法研究,1997(13增刊):94.

❸ 王健平.实质蕴涵与自然语言中的相关蕴涵命题分析[J].华南师范大学学报(社会科学版),2005(3):11.

❹ Vintan L. Thoughts about Material Implication"if A then B"[J]. Studies in Logic,2013(6):84.

仍然是个没有根本解决的问题,而且在某种意义上成了逻辑学教学和研究中的瓶颈。在逻辑学的教学中,处理不好'蕴涵怪论'问题,学习者会排斥现代数理逻辑。"[1]实质蕴涵理论"现在可以在任何一本逻辑教科书中找到,是学哲学的学生所遭遇的第一个条件句理论。一般而言,它不能让学生认其为明显正确……这是逻辑最令人惊讶的东西"[2]。这些意见也许不全然对,但至少说明实质蕴涵怪论的存在,的确有不利于逻辑发展的一面。国内有学者发出了类似的声音:"虽然许多逻辑学者都曾试图证明并不存在所谓的'实质蕴涵怪论',或者说'实质蕴涵怪论'一点也不怪,但任何从事过逻辑教学工作的学者,如果持实事求是的态度的话,大概不会否认要向学生讲清楚这一点是多么不容易。"[3]弗雷格在1879年构建逻辑系统所用到的蕴涵理论,被维特根斯坦(Ludwig Wittgenstein)和逻辑实证主义者接纳,是现在每一种逻辑教科书中出现的内容,罗素称之为实质蕴涵理论,但是它给学习者的印象不是绝对正确,也是教师讲授时遇到困惑最多的部分。"[4]其实,坚决认为"怪论"没有问题的部分学者也深深地感受到怪论使逻辑在教学和推广中遇到的尴尬。"由蕴涵怪论引发的实质蕴涵合理性辩护问题,既是当代逻辑哲学的重要课题。也是逻辑基础教学中难以回避的问题。"[5]

约40年前,林邦瑾先生曾很感慨地说道:"迄今为止的现状是,人们对表示充分条件的'若,则'的理解清楚到足以辨认某些蕴涵永真式当把蕴涵解释为'若,则'时不复有效;不清楚到不足把蕴涵永真式一分为二——把永真式解释为'若,则'时有效与非有效。"[6]依笔者看来,林先生的感慨放在今天依然不算过时。

另外,抛开所有的问题不论,在借鉴实质蕴涵的基础上,提出一种新的蕴涵

---

[1] 霍书全.推理关系形式化产生的问题及哲学思考[J].广东广播电视大学学报,2006(4):32.

[2] EDGINGTON D. Conditionals[M]//GOBLE L. The Blackwell Guide to Philosophical Logic. Oxford: Blackwell Publishers Ltd, 2001:386.

[3] 阮松.西方的非形式逻辑运动与我国逻辑学的走向[J].南开学报(哲社版),1996(6):35.

[4] 霍书全.关于条件句的蕴涵理论[J].安徽大学学报(哲学社会科学版),2011(3):38.

[5] 张建军.从形式蕴涵看实质蕴涵怪论——怪论定理之反例化解路径新探[J].学术探索,2012(4):14.

[6] 林邦瑾.制约逻辑——传统逻辑与现代逻辑的结合[M].贵阳:贵州人民出版社,1986:66.

理论,至少也是一种新思路的探索研究,或许能抛砖引玉、另有天地。这也是应该允许的、有价值的,甚至是可贵的。毕竟,学问是开放的,逻辑学也应该是开放的。1800年,康德满怀信心地指出,逻辑是一门完成了的科学,它的一切要点都可以在亚里士多德那儿找到。然而,他的话音未落一百年,经典逻辑便横空出世,并迅速占据了逻辑的主流位置。伽利略曾感叹道:"真理是时间的儿子,而不是权威的儿子。"对此,恩格斯更为深刻地指出:"黑格尔哲学的真实意义和革命性质,正是在于它永远结束了以为人的思维和行动的一切结果具有最终性质的看法。"❶因此,问题不在于蕴涵怪论是否存在,实质蕴涵该不该改造,而是在于如何改造实质蕴涵,从而消除蕴涵怪论,让逻辑学拥有一个尽可能契合于"若,则"句意义的蕴涵。而且,不少逻辑学家或学者已经做出了这样的努力,也做出了不少方案,巨大而深刻地促进了逻辑学的发展。

---

❶ 中共中央马克思恩格斯列宁斯大林著作编译局.马克思恩格斯选集:第4卷[M].北京:人民出版社,2012:222.

第三章　历史上试图解决蕴涵怪论的主要方案

历史有时十分有趣,最早正式发现实质蕴涵怪论的,竟然是把实质蕴涵引进现代逻辑、经典逻辑的创立者——德国逻辑学家弗雷格和美国逻辑学家、数学家皮尔斯,他们对此"深感不安"。皮尔斯举了一个例子:如果魔鬼当选为美国总统,那么这将对美国人民的精神福利极为有益。由于魔鬼没有当选美国总统,因此例子为真。皮尔斯认为虽然怪论并不重要,但还是必须把"若,则"的形式运用得特殊一些,避免古怪的蕴涵。于是,改造实质蕴涵理论、消除实质蕴涵怪论的工作被列入了许多逻辑学者的日程。

这些改造大多是直奔自己认为实质蕴涵表述"若,则"句的缺陷或弱点而去。第一条进路认为,当前件与后件内容上毫不相关时,实质蕴涵也认为蕴涵式真,这是个大问题。例如,众所周知,太阳由气体组成,3是个奇数。实质蕴涵却允许有这样的句子并判定其真:如果太阳由气体组成,那么3是个奇数。这相当于是说"太阳由气体组成使得3是个奇数",人们直觉上便会认为这是假的,因为这二者八竿子打不到一块儿。为了解决这一问题,逻辑学家便发展出相干逻辑等。第二条进路认为,实质蕴涵无法处理反事实条件句。因为反事实条件句前件都为假,故此类条件句按实质蕴涵来说,都为真。这显然也是人们无法接受的。为解决这一问题,逻辑学家又发展出了各种条件句逻辑和模态逻辑。第三条进路认为,像"A∧~A→B"中,无论B是什么,蕴涵式恒真。这也是很成问题的。为此逻辑学家发展出了次协调逻辑(paraconsistent logics),这种逻辑允许断言一个陈述和它的否定,而不导致谬论。此进路离本文主旨太远,下面我们不再论及。此外,还有一些学者认为,可通过暂时悬置关于自然语言"条件句"之性质,清理关于"条件命题"的逻辑语义学地基,再探究不同语境下,各类条件句"是否"或"如何"表达不同层面的蕴涵关系,最后对各种条件句给予恰当的逻辑刻画,从而走出实质蕴涵怪论的困境。[1]此思路因离本文主旨太远,下面我们亦不再论及。

---

[1] 张建军.蕴涵层级论:"实质蕴涵怪论"迷雾之廓清[J].学术月刊,2016(12):31-44,51.

一、罗素与形式蕴涵

"形式蕴涵"(formal implication)是罗素在《数学原理》中引入的称谓。他在《数理哲学导论》中,专门对该词含义作了说明。

假使我们讨论的是"一切人是有死的"这个命题,我们先从"如果苏格拉底是人,(那么)苏格拉底是有死的"开始,然后有"苏格拉底"出现的地方用一个变元 x 替换,于是得到"如果 x 是人,(那么)x 是有死的"。虽然 x 是一个变元,没有任何确定的值,但当我们断定"Φx 蕴涵 Ψx"常真时,在"Φx"中和在"Ψx"中 x 要有同一的值,这就需要我们从其值为"Φa 蕴涵 Ψa"的函项入手,而不是从两个分离的函项 Φx 和 Ψx 入手;假若我们从两个分离的函项入手,我们决不能保证这一点:一个尚未规定的 x 在两个函项中有同一的值。简单来讲,当我们的意思是"Φx 蕴涵 Ψx"恒真时,我们说"Φx 恒蕴涵 Ψx"。"Φx 恒蕴涵 Ψx"这种形式的命题称为"形式蕴涵";这名称也可用于变元不止一个的命题。❶

罗素认为蕴涵怪论是由于命题与函项的区别所致,于是他把蕴涵分为两种类型:一种即上述实质蕴涵,另一种是联系命题函项的形式蕴涵,它是谓词演算中带有量词的命题函项之间的蕴涵关系,表示为 $(x)(\Phi_x \rightarrow \Psi_x)$,Φ、Ψ 代表谓词,x 代表个体。设 p、q 代表任何简单的主宾式命题,p 分析为 Φ_x,q 分析为 Ψ_x,则"p→q"可以改写作 $\Phi_x \rightarrow \Psi_x$,如"p→q"是真的,则无论 x 代表什么事物,"$\Phi_x \rightarrow \Psi_x$"总是真的。表示为:

(1) $\Phi_x \rightarrow \Psi_x$

(2) $\Phi_x \rightarrow \Psi_x$

(3) $\Phi_x \rightarrow \Psi_x$

…………

(n) $\Phi_x \rightarrow \Psi_x$

总结(1)(2)……(n)命题有:$(x)(\Phi_x \rightarrow \Psi_x)$。

对于上面的"n"和"x"可作两种不同的解释:第一,n 无穷大,x 代表任何时空的事物;第二,n 是一有限数,x 代表限于一定时空的事物。罗素显然采用的后一

---

❶ 罗素. 数理哲学导论[M]. 晏成书, 译. 北京: 商务印书馆, 1982: 153.

种解释,因为我们无法考察完无穷的事物,第一种解释将使前件无法说真论假。

形式蕴涵的确避免了一些实质蕴涵怪论。如蕴涵怪论[(A∧B→C)→(A→C)∨(B→C)]改写成(x)[(Ax∧Bx→Cx)→(y)(Ay→Cy)∨(z)(Bz→Cz)]后,便不再是有效式;蕴涵怪论~(A→B)→(B→A)改写成~(x)(Ax→Bx)→(y)(By→Ay)后,也不再是有效式。不过我们也要注意罗素这段话:这就需要我们从其值为"Φa蕴涵Ψa"的函项入手,而不是从两个分离的函项Φx和Ψx入手。这说明,罗素的"形式蕴涵"在一定意义已经对弗雷格倍加重视的组合原则构成了挑战,而这恰恰是"形式蕴涵"希图克服实质蕴涵怪论不可避免的代价。

尽管如此,人们最后发现,"形式蕴涵"虽然小心翼翼地绕开了部分蕴涵怪论的"坑",但最后还是没逃脱其他蕴涵怪论的"坑害":形式蕴涵也有自己的蕴涵怪论。按照金岳霖先生的思想,对$(x)(\Phi_x \to \Psi_x)$有三种解读。第一,解读为"所有的Φ是Ψ"。这与传统逻辑中的SAP命题相近,但又有所不同,因为这里的Φ可以不存在。如果不存在,则$(x)(\Phi_x \to \Psi_x)$就是真的。因此,$(x)(\Phi_x \to \Psi_x)$是ΦAnΨ而不是ΦAΨ。第二,解读为"对于所有的x来说,如果x是Φ,那么它是Ψ"。不过,对于"对于所有的x来说,如果x是飞马,那么它是圆的"这样的命题,在日常思维或日常推理看来,至少是有些问题的,但形式蕴涵看来,却是真的。第三,解读为"'对于所有的x来说,如果x是Φ,那么它是Ψ是假的'是假的"。这种说法最为严格,但是这实际上已经是实质蕴涵的意思。❶归纳三种解读,都有在$(x)(\Phi_x \to \Psi_x)$中,只要令前件为假,形式蕴涵总取真值。其实,稍加分析可以发现,罗素的形式蕴涵都有一个全称量词,实际上是实质蕴涵归纳演变而来,构成了实质蕴涵的类(因为命题函项可以视为命题的类),是实质蕴涵在谓词逻辑中的应用,故其本身摆脱不了实质蕴涵的古怪味也是情理之中。

而且,用形式蕴涵处理"若,则"句有个很大的不足:它要求两个谓词的主词位置有相同的个体变元,但实际上这对许多"若,则"句是不现实的。比如,"若春来,则花开",这样的"若,则"句的子句间哪里存在什么相同的个体变元呢?当然,有时我们可以把时间、空间等作为索引词,可以让"若,则"句获得共同的时间变元、空间变元,但这已不是$(x)(\Phi_x \to \Psi_x)$中的个体变元。

---

❶ 金岳霖.逻辑[M].北京:生活·读书·新知三联书店,1982:263.

"形式蕴涵"虽然由罗素提出,但可以追溯到弗雷格身上。弗雷格指出:"从假言思想结构比较容易探索向物理学、数学和逻辑中叫作规律的东西的过渡。我们确实常常以由一个或多个条件句和一个结果句组成的假言句子结构的形式表达一条规律。然而这样做在开始时仍有某种障碍,我所探讨的假言思想结构不属于规律,因为它们缺少普遍性,而规律正是通过普遍性与我们通常譬如在历史中发现的个别事实相区别。"❶

也就是说,在弗雷格眼里,蕴涵有两种,一种是实质蕴涵,可以用p→r这样的形式来表示,但把规律性、因果律表示为用p→r这样的形式就不太适当。应该用另一种蕴涵以表示其中的普遍性。他指出,这种表达规律性、因果性要通过谓词逻辑公式(a)(P(a)→ψ(a))来表达,这实际离罗素的形式蕴涵(x)(P(x)→ψ(x))仅一步之遥。

后来,弗雷格还进一步区分了这两种蕴涵,他认为,(x)((P(x)→ψ(x))这样的形式蕴涵,是"完整的思想表达",自然有真假。但是p→r即"如果P,那么r"不是"完整思想的表达",因此真假不定,是个真值函项。如果要在谓词逻辑中表示"如果P,那么r",那么可以用P(x)形式的谓词逻辑公式(其中,P表示二元关系,x表示二元)。

于是"p→r"作为真值函项,当然也不表示推理关系。弗雷格自己也说,实质蕴涵只是表示两个有真假的句子之间的连接。"那么我以条件杠所表示的关系(即形如"p—r"的命题形式——笔者注)是一种能够在思想之间形成的关系吗?其实不是!这里只能说,这种关系的符号(条件杠)使句子联系起来。"❷这里的"一种能够在思想之间形成的关系"即指表达规律性或因果性的形式蕴涵关系。通过以上分析,我们至少明白了"形式蕴涵"用在什么地方了:它绝不是要用在真值函项语句身上。

另外,实质蕴涵怪论源于命题逻辑之中,但"形式蕴涵"的解决方案实质是用到了谓词逻辑,即使成功,也难以服众。何况(x)(Φ_x→Ψ_x)公式公认是"所有S是P"的表达,而非"若,则"句的表达,至少不是直接表达。因此,恕笔者直言,"形

---

❶ 弗雷格. 弗雷格哲学论著选辑[M]. 王路,译. 北京:商务印书馆,2006:189.
❷ 弗雷格. 弗雷格哲学论著选辑[M]. 王路,译. 北京:商务印书馆,2006:247.

式蕴涵"方案并不能解决蕴涵怪论问题。❶

二、路易斯的严格蕴涵

为了抵消实质蕴涵怪论的影响,有的逻辑学家突破了经典逻辑外延原则的限制,发展出了模态逻辑,而其基石就是比实质蕴涵更强的严格蕴涵(strict implication)。1880年英国逻辑学家麦柯尔(Henry MacColl)提出了"严格蕴涵"(符号为":"),如果在":"前面的那个命题是真的,那么,在它后面那个命题必然也是真的。而严格蕴涵更多的是与美国逻辑学家路易斯的名字联系在一起的。路易斯认为,弗雷格、罗素系统的实质蕴涵根本不符合蕴涵的直觉理解,至少与日常的蕴涵意义相去太远,并且也太弱了,应该强化。为此,他打破了弗雷格等前辈"模态问题不应该是逻辑学家的任务"的禁忌,提出了严格蕴涵理论。1912年、1918年、1932年路易斯分别出版了《蕴涵和逻辑代数》《符号逻辑概观》《符号逻辑》,提出"严格蕴涵",并构建了著名的S1~S5模态逻辑系统。其"严格蕴涵"用"<"表示并定义如下:

A<B=df ~ ◆(A∧—B)

意即"A是真的而B是假的是不可能的"。这样,严格蕴涵实际是具有逻辑必然性的实质蕴涵。即如A→B是永真式,则可记作"□(A→B)"。像"若2+2=4,则雪是白的"这样的蕴涵显然不是严格蕴涵,甚至连"如果下雨,则地湿"这样有意义联系的蕴涵也不是。因此,实质蕴涵和严格蕴涵在内容上有很大差异:按照前者,一定条件命题在不同时空相应有不同的真值,而后者则不然,"A<B",断定了B已逻辑地暗含于A之中,A真B假在逻辑上是不可能的,故而"A<B"的真不能由A、B本身的具体真假说了算(这说明,如形式蕴涵一样,严格蕴涵也不再遵守组合原则)。

例如,如果水烧到110℃不沸腾,那么水不会沸腾。

实质蕴涵将该句子表示为:水烧到110℃不沸腾→水不会沸腾。由于在实质蕴涵看来,只要前件A为假则公式A→B为真,A→B为真。而对严格蕴涵而言,

---

❶ 张绍友.“形式蕴涵”方案能解决蕴涵怪论问题吗[J].重庆理工大学学报(社会科学版),2017,31(5):10-15.

该句子应表示为:□(水烧到110℃不沸腾→水不会沸腾)。在严格蕴涵看来,这个式子的大致意思是:在每个可能世界,如果"水烧到110℃不沸腾"为真,那么"水不会沸腾"。很容易想象一个可能世界,其中水烧到了120℃才会沸腾,110℃时不会沸腾。可见,"如果水烧到110℃不沸腾,那么水不会沸腾"是假的。因此,严格蕴涵似乎更正确地译读了原"若,则"句。

路易斯的严格蕴涵理论的确消除了像"真命题被任一命题所蕴涵"之类的实质蕴涵怪论,即那些"怪论"的严格蕴涵形式如:A<(B<A)、~A<(A<B)不再是严格蕴涵系统中的定理。这样看来,严格蕴涵确实要比实质蕴涵强,然则严格蕴涵是否能完全达到引进它的目标,却是个颇富争议的问题,因为严格蕴涵系统本身又产生了不少怪论:

(1) ~◆A→(A<B)不可能命题严格蕴涵任一命题。

(2)□A→(B<A)必然命题为任一命题严格蕴涵。

(3)(A∧~A)<B逻辑矛盾严格蕴涵任一命题。

(4)B<(A∨~A)逻辑真理被任一命题严格蕴涵。

例如,下面这个句子:

如果小李毕业于医学院,那么2+2=4。

用严格蕴涵表示即有:□(小李毕业于医学院→2+2=4)。

在模态逻辑看来,这个公式意思是在每个小李毕业于医学院的可能世界里,2+2=4都是真的。所以上面这个蕴涵式也是真的。但在人们看来,情况显然并非如此:2+2=4并非要靠小李毕业于医学院才是真的(2+2=4在小李不毕业于医学院的任何可能世界也是真的)。

如果说路易斯对实质蕴涵很不满意,那么有的逻辑学家对他的严格蕴涵甚至更不满意。内尔松批判道:它们是"如此完全缺乏合理性,以至于任何包含它们的观点都归于荒谬。"邓肯·琼斯(Dunken Jones)则直接说"它们是令人不能容忍的"[1]。

原因何在?我们不难看到这一切是怎么发生的:因为一个命题严格蕴涵另一个命题当且仅当不可能前件命题真而后件命题假;尤其是如果不可能前件命

---

[1] SUSAN H. Philosophy of Logic[M]. London: Cambridge university press, 1978: 257.

题真或者如果不可能后件命题假时,前件命题严格后件命题。概言之,严格蕴涵除了反映真假关系外,还企图反映前后件之间内容上的必然联系,但在这点它做得并不很成功。牟宗三先生明确指出:"不可能,这个观念是用不着的,因着经济原则的理由把它删去了——所以所谓真值蕴涵其实即是实际的真妄蕴涵——即意义只是蕴涵上p真而q假是不存在的,即是,用不着可能不可能的观念,可是路易斯就因着这个'不可能'的加入,造就了另一系统——两个系统也没有什么严重的差别。"我们透过二值逻辑看以上严格蕴涵怪论("真"值与"必然真"的逻辑涵义一致,凡"假值"与"不可能"的逻辑涵义相通),它们与实质蕴涵怪论并无本质差别。因此,涅尔夫妇评论道:"当蕴涵者和被蕴涵者两者都是含蕴(包括严格蕴涵和推出作为特殊情形)命题的时候,严格蕴涵和实质蕴涵之间就没有什么差别,因为不论蕴涵者和被蕴涵者是什么,严格蕴涵的每一种情况与实质蕴涵的每一种情况是同样的……实质蕴涵的每一种情况(在其中蕴涵者和被蕴涵者具有所指明的一种特殊形式)也是严格蕴涵的一个情况。"❶诚如上言,如果说实质蕴涵是蕴涵的一种逻辑抽象,并没有全部反映蕴涵命题的内涵,那么路易斯强调前后件之间应当有必然的联系,以排除某些因无内在必然关系的假前件或真后件而造成的实质蕴涵怪论,这实际上只起到了心理上或语言上的强化作用,并不能完全解决问题。"罗素系统中表面上虽是用方才所提到的那样奇怪的蕴涵,而其实所用的均是路易斯所主张的蕴涵关系,路易斯谓罗素系统中的推论其所以无毛病在此。"❷后来人们发现,以严格蕴涵为基础的逻辑系统包含经典命题演算,是后者的直接扩充。

三、相干蕴涵与衍推

(一)相干蕴涵与相干逻辑R

由于严格蕴涵也无法成功避免蕴涵怪论,冯·莱特(Georg Henrik von Wright)和阿克曼等人以批判实质蕴涵和严格蕴涵为起点,提出了相干蕴涵并构建了相

---

❶ 威廉·涅尔,玛莎·涅尔.逻辑学的发展[M].张家龙,等译.北京商务印书馆,1985:702-703.
❷ 金岳霖.逻辑[M].北京:生活·读书·新知三联书店,1982:5.

干逻辑(Relevance Logic)。冯·莱特认为,"从A推出B"当且仅当,由古典逻辑规则,我们可以不知道命题A之假或命题B之真,就可以知道"从A推出B"为真。❶相干蕴涵的部分理论源于我国逻辑学家莫绍揆先生。1956年,阿克曼在莫绍揆先生的基础上构造了两个基于相干蕴涵的相干逻辑系统π'和ε',他明确指出:A相干蕴涵B就是指A和B之间的逻辑关系,使得B的内容是A的内容的一部分,而与A和B的真值毫无关系。❷1959年,安德森(Anderson Alan Ross)和贝尔纳普(Nelson Dunn Belnap)等又提出了相干逻辑R系统,其重要基石便是著名的相干原理(如果A相干蕴涵B,则A和B至少有一个共同的命题变元;或者说,A与B相干的必要条件是,A和B具有共同的命题变元)和一元定理推论(如果A是R的定理,则公式A中的每一命题变元不可能只出现一次)。他们认为,如果忽视相干性的考虑,可推演性这个概念是有缺陷的,而相干的可推演性这个概念,是人们对何谓有效论证直观的、未被误用的概念。1975年,他们用下面这段话划清相干逻辑在可推演性上同经典逻辑"正统概念"的界限。

一位数学家就马拿赫空间写了一篇文章,结果得到一个猜想。他在该猜想的注脚中写道:除了它的本身的重要性之外,这个猜想同数学相关。但如何相关,人们还没想到。例如,如果猜想为真,那么一阶函项演算是完全的;如果猜想为假,那么说明费马大定理是正确的……编辑反讥道:不管逻辑学家们怎么说我们,我们的杂志都将坚持如下规定:"如果……,那么……这样的陈述,前提和结论必须相干"。……认为相干性与有效性无关,这不但是幻想,而且是可笑的幻想。我们将试图对A与B相干的概念作出解释。❸

他们认为,B是从A可推演的,仅当推演出B真正用到了A,使B相干于A。在相干原理的作用下,R系统成功地排除了像"真命题为任一命题所蕴涵"等蕴涵怪论,排除了"不相干的谬误"。相干蕴涵似乎的确缩短了与日常推理中"如果A,那么B"的距离,但也付出了沉重的代价。为了确保相干蕴涵式"A—B"的真

---

❶ VON WRIGHT G H. Logical Studies[M]. London:Routledge and Kegan Paul,1957:181.

❷ AKERMANN W,BEGRÜNDUNG E. Strengthen Implication[J]. Symbolic Logic,1956(21):113-128.

❸ ANDERSON A R,BELNAP N D. Entailment Volume1[M]. Princeton,NJ:Princeton University Press,1975:51-52.

假与A、B本身真假无关,R系统不得不否认某些语形结构的相对独立性,排除一些公认有效的逻辑定理,如析取三段论,否则系统内会出现A∧~A→B等蕴涵怪论。[1]对析取三段论的否定实际上也就等于否认了实质蕴涵意义上的肯定前件式在R中成立,这不能不说是一大遗憾。同时,在日常推理看来,明显直观有效的演绎定理在R系统也不成立,从而使情况更是雪上加霜。

(二)衍推与相干逻辑E

后来,安德森和贝尔纳普等提出了另一个相干逻辑系统E,其最重要的概念便是衍推(entailment)。这一系统实际上是在相干蕴涵的基础上又向前迈进了一步——A→B,则A与B不但相干,而且A→B必然为真。其与相干蕴涵的区别主要通过一个定义和两条公理表现出来:

LA=df(A→A)→A

A→((B→C)→D→(B→C)→(A→D))

LALB→L(A∧B)

显然相干蕴涵与衍推的差异主要在模态上。衍推公式有两种:一类不含模态词,另一类含模态词,倘若R系统也如E系统引进必然算子L,则必导致模态错误。如系统R中有定理A→((A→A)→A)引入必然并变形后便成了A→LA。

可见,衍推实质上是在实质蕴涵基础上兼顾严格蕴涵、相干蕴涵的结果,它既考虑了蕴涵式命题前后件内容上的结果,又考虑了蕴涵式命题前后件在意义关联上的必然性。这样,衍推集真值性、相干性、模态性之优长,不但避免了蕴涵怪论、不相干谬误,还避免了模态谬误,似乎与一部分普通的"若,则"的命题很相近,不过究竟是否如此,却很难说。

首先,同相干蕴涵一样,它改变了经典逻辑对有效性的理解。经典逻辑认为,推理有效性与相干性无关,而相干蕴涵和衍推都颠覆了这一传统。多数逻辑

---

[1] "逻辑学研究表明,以下四组公式合并使用,会导致蕴涵怪论:(1)A∧B→A和A∧B→B,(2)A→(A∨B)和B→(A∨B),(3)(A→B)→((B→C)→(A→C)),(4)((A∨B)∧~A)→B)。为了避免形形色色的蕴涵怪论,相干逻辑采纳了(1)-(3),排斥了(4)。"[冯棉.相干逻辑与蕴涵怪论[J].哲学动态,2005(增刊):78.]

学家之所以倾向于避开相干性,因为很容易想到,相干性似乎很难在逻辑系统简便地形式化。而相干逻辑遇到的困难也说明了这一点。同时,众所周知,有效性是逻辑十分核心而关键的概念。对其理解的不同,即使两个逻辑的命题形式或形式证明系列一样,其意义也可能大相径庭。可以通过经典逻辑对 A∧~A→B 的形式证明,例举说明经典逻辑与相干逻辑之间在有效性理解上的差别。

A∧~A→B

(1) A∧~A

(2) A

(3) A∨B

(4) ~A

(5) B

对于经典逻辑的这个形式证明,(1)(2)(3)(4)相干逻辑都是认可的,问题是从(3)(4)得到(5),相干逻辑认为有问题。因为在这一过程中,"∨"有两种意义,一种是真值函项的,另一种是内涵的。当"∨"作真值函项理解时,(2)到(3)才是有效的;但是,从(3)A∨B(4)~A 到(5)B 时,"∨"又必须作内涵性理解,才是有效的。

其次,衍推亦存在着重大缺陷。第一,作为工具在日常推理中的适用范围过于狭小。它同系统 R 一样,在排除蕴涵怪论的同时,也拒绝了一些在日常推理中作用很大的逻辑定理,其中就包括析取三段论。第二,相干逻辑不可避免地比经典逻辑复杂甚至艰涩,语义较为复杂。这对于把自身定位于工具的逻辑而言,是个重大遗憾。人们不禁要问,抛开经典逻辑,拥抱相干逻辑的可取性何在?目前看来,经典逻辑的直观性、被接受的程度、运用广泛性,都比相干逻辑好得多。第三,同相干蕴涵一样,衍推逻辑并未充分反映和刻画它们声称要刻画的命题之间的内容或意义方面的相关性。例如,相干原理提出:A 相干蕴涵 B,则 A 与 B 之间至少有一个共同的命题变元。但问题是:变元的共同出现能否保证前提与结论之间的内容相干性?恐怕答案基本上是否定的,变元的共同出现很大程度上是过于人为的技术性规定,与人们通常理解的内容相干相去甚远。

一则,有命题变元的共同出现的蕴涵式命题,其前后件不一定存在着内容的相关性。例如:(7)如果2+2=4,那么,如果(2+2=4,则雪是白的),则雪是白的。这是相干逻辑定理A→[(A→B)→B]的代入特例,前后件中有共同的命题出现,但恐怕没几个人会认为前后件有什么内容上的关联。再如,怪论4((A∧B→C)→(A→C)∨(B→C))也满足了相干性,但直观上并不是有效的推理形式(这点后文将予说明)。

二则,没有命题变元的共同出现,前后件间不一定没有内容上的相关性。例如:(8)若春暖,则花开。(9)山无陵,江水为竭,冬雷震震,夏雨雪,天地合,乃敢与君绝!这两个命题前后件中无共同命题出现,但前后件内容相关性是毋庸置疑的。而且,如果前件或后件中有一个是复合命题,说前后件相干与否似乎还有所可能,但如果前后件都是简单命题,如何判别二者是否相干呢?可见,相干原理所刻画的内容相干性与日常推理中的内容相关性是很不相同的。

因此,尽管相干蕴涵和衍推在技术上很出色,但就其所要达到的目标而言,基本上难言成功。如果我们理解了它们同实质蕴涵的"脐带"关系,就不难明白为什么它们会走不通。因为显而易见的是,任何在相干蕴涵上为真的命题,都必须首先是在实质蕴涵上为真的命题。这说明,相干蕴涵就是"相干的实质蕴涵"。换言之,相干蕴涵并不是与实质蕴涵在同一擂台上并列竞争的另一种蕴涵,而是实质蕴涵的一个特殊子类。因此,相干蕴涵的逻辑基础之一,就是实质蕴涵,其对使用条件命题的相干性要求,并不构成对关于实质蕴涵的真正挑战。这也是相干逻辑没有受到太多重视和广泛应用的缘由之一吧。

四、"盘点"诸方案——内容之"药"根治不了形式之"病"

为何这么多智慧超群、声名显赫的逻辑学家经过深思熟虑提出的方案没有一个成功的?而且每次改进,似乎都带来了新的麻烦,甚至更大更糟糕的麻烦。罗素的形式蕴涵方案可谓是"换汤不换药",路易斯的严格蕴涵也是"前门驱虎,后门进狼",而相干蕴涵和衍推获得的胜利至多算是"皮拉斯"式胜利……问题究竟出在哪儿?是实质蕴涵怪论无解,还是研究方向可以进行调整?形式蕴涵、严格蕴涵、相干蕴涵与衍推等方案都是奔着消除蕴涵怪论而来的,❶让我们对它们作个"盘点"。

通观上述蕴涵怪论的解决方案,不难发现它们几乎不约而同地向同一方向划出了一条比较连续的轨迹:①前件后件真假值对"→"真值的影响渐弱,直至消失殆尽(经典逻辑的组合原则不再被遵循)。②前件后件内容及其相关性对"→"真假的影响逐渐强化,直至决定(经典逻辑的外延原则逐渐被放弃)。例如,实质蕴涵中,"→"的真值完全取决于前件后件的真值;严格蕴涵增加了前件后件的模态内容;在相干蕴涵和衍推蕴涵中,前件后件的真假对"→"值的影响几乎荡然无存,"→"真值决定权交到了前件后件内容的相关性和模态性手中。为什么会形成这样的发展轨迹?

首先,大家通常对"如果A,那么B"有三方面的考虑:(1)A与B真假方面的联系;(2)A与B之间的必然得出(推导)关系;(3)A与B之间意义、内容方面的推出联系。建立在真值表基础上的经典逻辑只考虑了(1),模态逻辑考虑了(1)和(2),舍弃了(3)。相干蕴涵则舍弃了(1)和(2),专注于(3),衍推则舍弃(1)兼顾(2)和(3)。

其次,人们普遍认为怪论产生的根本原因是实质蕴涵只管真值形式而不问推理内容所致。如果在实质蕴涵上增加内容,特别是很关键或相关的内容,从而补足前件与后件内容联系,则能消除蕴涵怪论的病根。

但遗憾的是,上述蕴涵理论都很难说达到了它们要追求的目标。甚至有学者这样评论:"要是把蕴涵怪论比作掺和在稻谷里的沙子,各个方案是企图把稻谷和沙子分开来的一个个筛子,我们最后发现,留在筛子里的既有稻谷又有沙子,或者漏下去的既有稻谷又有沙子,或者这两者兼而有之。"❷我们认为这恐怕源于至少三个这些方案难以消解的缺陷。

第一,各种蕴涵怪论的根本原因就出自实质蕴涵本身,只要在实质蕴涵基础

---

❶ 此外,逻辑学者们还提出了反事实蕴涵、直觉主义蕴涵、制约关系等,但它们要么只是刻画了部分"若,则"句,要么本就不是为日常推理服务的,其方案自然无法根除蕴涵怪论,让日常推理愿意"买单"。

❷ 林邦瑾.够用的无衍系统Cm[C]//中国逻辑学会.全国逻辑讨论会论文选集.北京:中国社会科学出版社,1979:29.

上建构体系,就难免不带怪论味。"任何经典逻辑的扩张及择代构成的扩充逻辑(extended logics)和变异逻辑(alternative logics),只要直接或间接地承继以实质蕴涵为基础的有效性概念,那么就会产生与经典逻辑相类似的'怪论'问题。"[1]是故,与经典逻辑关系密切的各种逻辑系统"感染"上"蕴涵怪论"的"怪味",实属情理之中。

第二,逻辑是研究推理形式的,推理形式固然与推理内容有千丝万缕的关系,然而,推理形式毕竟与推理内容有质的差异。用内容之"药"去治形式之"病",难免有隔靴搔痒甚至牛头不对马嘴之嫌。

第三,推理的内容千差万别,如何鉴定内容的哪些项是关键或相关的? 如相干蕴涵,详细说明什么时候命题之间才是相干的或有意义的联系,是存在巨大困难的,而且就算是说明清楚了,能否经得起形式化处理的考验也是令人头痛的问题。毕竟意义蕴涵与逻辑上的蕴涵是两回事,意义蕴涵揭示的是事物内在的联系性。正如前述,逻辑系统内的蕴涵,本来就没有"推出"之义和"推出"之责,即其本来就不管命题间内容的相干性。例如,合上开关,则灯亮。这是物理意义的条件关系,物理学上是个真命题,但该命题在逻辑形式上表现为:$p \rightarrow q$,在逻辑上是真假未定的真值函项。因此,从逻辑上刻画推理前提与结论内容上的相关性很难有什么出路。

"我们要记得这四种蕴涵(真值蕴涵、形式蕴涵、衍推、严格蕴涵——笔者注)关系并不能说包举无遗,恐怕还有好些蕴涵关系没有发现。"[2]这是金岳霖先生在蕴涵问题上给我们的重要忠告和提醒。请恕笔者大胆预言:如果只在前后件内容上"嘘寒问暖",而不对实质蕴涵本身"望、闻、问、切",蕴涵怪论依然会流荡在逻辑之中。摆脱蕴涵怪论的种种艰难探索似乎鼓励我们提出一种大胆的疑问:能否另辟蹊径? 让我们把目光投向问题的开始:实质蕴涵的"产床"。

---

[1] GOTO Y. A Quantitative Analysis of Implicational Paradoxes in Classical Mathematical Logic [J]. Electronic Notes in Theoretical Computer Science, 2007(6): 87.

[2] 金岳霖. 逻辑[M]. 北京:生活·读书·新知三联书店,1982:267.

第四章　实质蕴涵探源

若真论起来，人们发现和使用实质蕴涵已有2000多年了。因此，关于它的故事比较长远。它肇端于公元前5世纪的麦加拉学派学者——费罗（提出了费罗蕴涵），尔后到了近代，又由数理逻辑的奠基人——弗雷格经过独立研究，以实质蕴涵的名义再次提出，由此成为经典逻辑的基石。现在我们知道，费罗蕴涵与实质蕴涵除了名称之外，别无二致。"社会生活在本质上是实践的。凡是把理论导致神秘主义方面去的神秘东西，都能在人的实践中及对这个实践的理解中得到合理的解决。"❶请让我们跟随马克思的这句名言，走进费罗和弗雷格相隔两千多年的惊人"巧合"的思想源头，看能否揭开神秘"巧合"的面纱。

一、费罗蕴涵及费罗的主张

据说费罗蕴涵是费罗与第欧根尼争论条件命题的真值时提出的。当费罗说"一个条件陈述句是完善的，当且仅当不是开始于真而结束假"之时，以现代逻辑的眼光看来，实际上他就提供了一个"若，则"句的蕴涵真值函项定义。因为他主张，"若，则"句的真或假是完全由前件和后件的真假决定的。恩披里柯（Sextus Em Piricus）在谈到费罗的观点时说："所以按照他的观点，条件句可以有三种方式是真的，一种方式是假的。首先，一个条件句它开始于真并且结束于真，该条件句是真的，例如，'如果是白天，那么天是亮的'；其次，一个条件句如果它开始于假并且结束于假，则它也是真的，例如'如果地球飞行，那么地球有翼'；同样，如果一个条件句开始于假并且结束于真，那么这个条件句本身也是真的，例如，'如果地球飞行，那么地球存在'。一个条件句是假的，仅当它开始于真并且结束于假，例如，'如果是白天，那么就是晚上'。"❷这是我们所能找到的费罗关于自

---

❶ 中共中央马克思恩格斯列宁斯大林著作编译局. 马克思恩格斯选集：第1卷[M]. 北京：人民出版社，2012：135-136.

❷ 威廉·涅尔，玛莎·涅尔. 逻辑学的发展[M]. 张家龙，等译. 北京：商务印书馆，1985：168.

己的蕴涵最详细的说明。但这个说明除了通过断定前后件真假的各种组合中,整个条件句是真还是假之外,余下的就是对各种组合举出孤例,而没有我们希望得到的有力或深刻的论证或说明。

把费罗的话概括起来就是:一个"若,则"句是真的,当且仅当该语句没有真的前件和假的后件。如果我们用p表示前件的空位,q表示后件的空位,即可以得到费罗蕴涵真值表(表4-1)。

表4-1 费罗蕴涵真值表

行号	前件p	后件q	p→q
(1)	1	1	1
(2)	1	0	0
(3)	0	1	1
(4)	0	0	1

实即与后来的实质蕴涵真值表不差分毫。

人们不禁会问,为什么费罗会这样定义"若,则"句?这至少有两点颇为怪异。

一是费罗有些例子比较奇特,不是人们惯常想到或用到的条件陈述句。比如,"如果是白天,那么我在谈话""如果地球飞行,那么地球存在"等,而且费罗故意坚持认为这种奇特的陈述句是正确的。他究竟有什么动机?我们只能根据他的历史背景和只言片语作一些简单的猜测。显然,费罗应该是从研究"若,则"句中得到他的费罗蕴涵的。那么,他很有可能注意到这么一个事实:条件陈述句与其中前件的合取,可以有效推出后件。这可能使他产生这样的思想:一个个条件陈述句的具体内容不重要,重要的是这些条件句都有一种共同的形式结构。用现代逻辑的话来说,他这种思想,已在靠近这样的表述:一个条件命题是由两个原子命题通过"若……,则……"组成的分子命题,可记为p→q。这说明,以费罗为代表的古希腊逻辑学者,已经在下意识地把主要精力投放在思维形式本身的研究方面,逻辑学发展已显露出重形式化理论研究的势头。因此,对"如果雪是白的,那么2+2=4"这样的语句,如果不少现代人都会感到奇怪和困惑的话,

2000多年前的费罗反而不会有丝毫惊异。

二是费罗蕴涵真值表为什么第二、第三行均是一真一假,取值却迥异呢?第二行的"→"的假值是公认而无疑义的,但对第三行"→"的真,人们会忍不住疑问:对一个陈述句,不是说由于它满足了有一个假前件并且有个真后件这个要求,才定义它是条件句的。但费罗蕴涵却坚持把假前件真后件作为条件句的定义内涵之一。笔者猜想费罗可能居于以下考虑:①"→"既然有"导出"之义,故重点应在于结论(后件),只要语句中结论是真的,整个语句似乎可真;②这在人们思维习惯中似乎可信。例如,有这样一个命题:如果明天天晴,那么我们就去香山。假如明天天不晴,而我们又没去香山,那么因为天晴是去香山的充分条件,则"天不晴"使得去香山的充分理由少了一个,甚至似乎有"天不晴"是造成"不去香山"的原因的嫌疑。于是 ~p 与 ~q 在心理直觉上有了蕴涵关系,使"天不晴"与"去不去香山"联系起来了。而同时,"明天天不晴,则可去可不去香山",并不影响"如果明天天晴,我们就去香山"之真。再比如,我说:"如果我有100元钱,那么我帮你买票",但我真没有100元,人们似乎也不能说我的话是假的。可见,费罗是有一定的底气传播自己的费罗蕴涵及其用法的。

费罗真值表有三个显著特点:一是保真性,符合人们对"→"这个联结词最起码的意义要求;二是相通性,$p→q$ 可以定义为 $\sim p \vee q$,反之亦然,这使得"→"与其他二元真值联接词可以相互换算;三是简单性,这是其与其他蕴涵理论竞争的最有利条件。费罗真值表正是因为以上的优点,故在被罗素和怀特海始用于《教学原理》后,成为"数学推理的满意基础",而这种"数学推理的满意基础"的赞誉又反过来巩固了实质蕴涵的地位。

二、实质蕴涵与弗雷格的考虑

真正具有现代逻辑涵义的实质蕴涵思想始于数理逻辑奠基人、德国数学家、逻辑学家、哲学家弗雷格。在其名著《论涵义和指称》中,他分析了实质蕴涵的来龙去脉。弗雷格在文中例举了这样一个"若,则"句:"如果太阳现在已经升起,那么天空乌云密布。"显然,这个似乎前言不搭后语的句子是弗雷格精心选择,有意为之。其目的正是要引导大家深刻认识到:要把前件、后件的内容关系清除出去,而只保留真假关系。他强调:"我这里的任务是通过将这种附属物分离出去,剖析出一种称为逻辑核心的两个思想的结构,我称这种结构为假言思想结构。"他进一步分析道:"如果句与结果句的真值之间有一种关系,即不会出现如果句指称真而结果句指称假的情况。因此,不仅在太阳现在还未升起,并且天空乌云密布或不是乌云密布的条件下,而且在太阳已经升起,并且天空乌云密布的条件下,我们的句子都是真的。由于这里考虑的只是真值,因此可以把各个句子部分代之以另一个具有相同真值的句子,而并不改变整个句子的真值。"❶显然,弗雷格这些分析已透露了这样的思想:一个蕴涵命题的真假完全是由组成它的支命题的真假决定的,在前件假并且后件真或假的情况下,及在前件真并且后件真的情况下,这个蕴涵命题都是真的。这实际就是实质蕴涵的意思。但弗雷格似乎对这个例子并不十分放心,为了说明"如果太阳现在已经升起,那么天空乌云密布"的构成原因和条件联系,也为了阐述自己对"若,则"句进行逻辑抽象的依据,在文章的脚注中他写道:"也可以这样表达我们的句子的思想:'要么太阳现在还未升起,要么天空乌云密布',由此可以看出,应该如何理解这种句子的联系。"这个注脚实际就是在引出实质蕴涵的析取定义。

皮尔斯对实质蕴涵的定义也有一个简单的解释和评论:如果p是真的(赋值为1),那么q必然也赋值为1。但是如果p是假的(赋值为0),而p→q是真的,那么q可能是假的,也可能是真的。因为q的真假独立于p。在以上三种情况下,p的真值必然小于或等于q。因此,V(P)≤V(q)。这样,如果从真值的情况来看,实际p→q=max(V(~p),V(q)),而 ~(p→q)=min(V(p),V(~q))。

我们还可以为弗雷格和皮尔斯提出的实质蕴涵作进一步的说明:在真假二值的设定下,p、q的真值组合一共有16种,p→q若要求前件真后件真时为真,前件真后件假时为假的共有四种(表4-2)。

表4-2 蕴涵真值定义可选情况表

P	q	(1)	(2)	(3)	(4)
1	1	1	1	1	1

❶ 弗雷格.弗雷格哲学论著选辑[M].王路,译.北京:商务印书馆,2006:108.

续表

P	q	(1)	(2)	(3)	(4)
1	0	0	0	0	0
0	1	1	1	0	0
0	0	1	0	0	1

显然,把 p→q 定义为(1),同逻辑直觉或常识有所背离,但是,这却应该是我们最好的选择。因为余下的(2)(3)(4)分别对应于 q、p∧q、p≡q 的取值情况,与"若,则"的意义似乎差得更远。所以,把 p→q 定义为(1),似乎是我们不得不接受的结果。何以说呢?让我们再作进一步的分析。

首先,我们必须承认,自然语言中的"若,则"是十分复杂的关联词,不仅仅表示条件关系,有时候还用以表达因果等联系。再比如,即使是逻辑范围内,单是在 MP 规则中,就有"⊢""→"和"得"三个与"若,则"紧密相关的要素。因此,从学科建设的角度而言,逻辑学无法对"若,则"句作原汁原味的抽象和概括,必须舍弃其相当部分内涵,从而使之简洁化、可形式化。

其次,逻辑直觉的质疑会导致其本身也不愿意承认的结果。对实质蕴涵真值表,逻辑直觉主要会作如下质疑:p 值为 0 时,为何没有出现 p→q 值为 0 的情况?这个问题似乎简单得不需要回答:因为 p 值为 0、q 值为 0 时,p→q 值为 1,这是逻辑直觉也不会反对的;但如果 p 值为 0,q 值为 1 时,若设 p→q 值为 0,会出现什么情况呢?其蕴涵真值表如表 4-3 所示。

表 4-3　逻辑直觉下的蕴涵真值表

行号	前件 p	后件 q	p→q
(1)	1	1	1
(2)	1	0	0
(3)	0	1	0
(4)	0	0	1

结果是什么?这分明就是等值联结词的真值表,表示的是"当且仅当"的意

义,即(p→q)∧(q→p)。这不但与"p→q"意义相去太远,而且离"若,则"句的本义也相去十万八千里。

可见,在弗雷格和皮尔斯等人看来,实质蕴涵真值表似乎是逻辑定义"若,则"句唯一的、不得不采用的选择:除此之外,还能有更好的选择吗？我们不得不说,弗雷格和皮尔斯为"若,则"句选取实质蕴涵这个定义,可谓用心良苦。

但是,如果我们仔细考虑弗雷格从"如果太阳现在已经升起,那么天空乌云密布"(下称"例句")抽象出实质蕴涵,会发现其面临着不少进退失据的困难。

第一个困难:承认还是否认例句是条件句？如果承认例句是个条件句,那么其内容必然服从"如果,那么"的充分条件关系,则整个句子不能只具有真值上的意义。请注意,这里联结"太阳现在已经升起"和"天空乌云密布",为什么用的是"如果,那么",而不是"或者,或者""要么,要么"等联结词？因为正是要用"如果,那么"中的充分条件关系来表达"太阳现在已经升起"和"天空乌云密布"的关系。如果否认例句是个条件句,那么弗雷格后面"如果句与结果句的真值之间有一种关系,即不会出现如果句指称真而结果句指称假的情况"就存在问题:一方面否认整个句子不是条件句,另一方面却按照条件句的构成和意义来谈如果句与结果句的关系。这似乎有些自相矛盾。即使人们放过这个问题,也可以单凭否认例句是个条件句这一点,就可以下结论说:后面的关于这个句子的讨论根本与条件句无关。既然如此,实质蕴涵就与条件句无关,更谈不上是对条件句的抽象。但如此一来,想把实质蕴涵解释成"若,则",解释成条件关系,便没有了理据。

第二个困难:承认还是否认例句中两个子句的内容相关性？弗雷格企图将内容关系"这种附属物"从条件句中赶出去,只留下"假言思想结构"。因此,他的例句中两个子句看似没什么联系,但是他在文章中的脚注"也可以这样表达我们的句子的思想:'要么太阳现在还未升起,要么天空乌云密布',由此可以看出,应该如何理解这种句子的联系"却说出了情况的另一面。正是这个脚注使得看上去毫无条件联系的"太阳现在已经升起"与"天空乌云密布"可以用"如果,那么"连接起来。因为根据这个注脚,人们可以想象这么一个场景:一早醒来,看见窗外很黑,就可能自然产生"要么太阳现在还未升起,要么天空乌云密布"的想法。

第四章　实质蕴涵探源 | 067

有了这个想法,下面的"若,则"句就可能顺势而来:

"如果太阳现在已经升起,(但天还是黑的),那么天空乌云密布";

"如果天空不是乌云密布,(但天还是黑的),那么太阳现在还没有升起"。

于是,弗雷格例句的两个子句就不再是什么在内容上毫不相关的"若,则"句了。但如果承认例句两个子句有内容上的相关性,那么,弗雷格恐怕就难以完全抛开两个子句内容相关性的核心——充分条件关系,而只考虑句子的真假关系,而后者正是弗雷格创制实质蕴涵的奥秘所在。

第三个困难:是从子句出发推算句子真值还是相反?弗雷格在分析出"假言思想结构"后,进一步分析道:如果句与结果句的真值之间有一种关系,即不会出现如果句指称真而结果句指称假的情况。注意,在这里,"如果句与结果句的真值之间有一种关系"是什么意思?即指"若,则"句真。而"不会出现如果句指称真而结果句指称假的情况"是说"若"子句与"则"子句的真假。在这里,弗雷格不自觉地把整个"若,则"句真作为考虑其两个子句真假的出发点。但后面,他来了一个180度大转弯,以子句的真假作为出发点考虑整个句子的真假。后文我们将看到,日常思维恰恰如弗雷格最初的想法一样,会自觉或不自觉地把整个"若,则"句真作为出发点考察某个子句的真假。

可见,弗雷格从"若,则"句中抽象出实质蕴涵,努力满足组合原则,不但一路艰难曲折,而且还有不少"难言之隐"。不过,提出实质蕴涵后,他又觉得组合思想在复合命题领域中也不能"包打天下",意识到自然语言里有些复合命题的真假就不是由支命题决定的。他举了一个这样的例子:

"由于冰比水轻得多,所以它漂在水上。"

他分析说,在从句的意义除包括一个思想外还包括另一个思想的一部分时,尽管从句指称一个真值,却不限于这个真值。

上面例句包含如下三个思想:①冰比水轻得多;②如果某物比水轻得多,则它漂在水上;③冰漂在水上。❶

这里,"由于冰比水轻得多"这个简单句不仅有思想(1),还有思想(2)的一部分。因此,我们不能把这个从句简单地代之以另一个具有相同真值的从句。因

---

❶ 弗雷格. 弗雷格哲学论著选辑[M]. 王路,译. 北京:商务印书馆,2006:111.

为从句"冰比水轻得多"尽管指称一个真值,但是它却不限于这个真值。

弗雷格这个例子也说明,把一个复合语句理解为其子句的真值函项并不具有普遍意义,所以弗雷格的"组合原则"与其说是对复合语句的研究结果,倒不如更确切地说,是居于某种需要的技术性规定或约定。"由于受到社会发展的局限,弗雷格逻辑思想里面也存在一些令人们费解的东西。"❶这恐怕也是前述许多解决"蕴涵怪论"的方案对"组合原则"多无顾忌的重要原因吧。

问题是,把"若,则"句抽象成实质蕴涵(虽然抽象过程似乎既不太自然,又不顺理成章),效果如何呢?罗素的回答是:还不错。罗素把实质蕴涵的思想明确地贯穿在其逻辑体系中,并且表示实质蕴涵的"→"符号只是为了构造逻辑体系而创造的一个人为规定的符号。这样,实质蕴涵彻底与"若,则"句断了瓜葛。"在罗素的体系中,表示实质蕴涵的符号'→'只是他为了构造他的逻辑体系而创造的一个人为规定了其意义的符号。可以说现代逻辑的实质蕴涵已经完全忽略了弗雷格最初在论证这个问题时的依据。这种蕴涵……已经与自然语言假言命题联结词'如果,则'的意义有了根本的区别。"❷可是,罗素没有逃脱实质蕴涵的一个宿命:他最后还是想把实质蕴涵对译为"若,则"关系,不过结果可想而知。然而,对"若,则"句的背离和各种怪论,并没有阻挡实质蕴涵占据现代逻辑中心位置的脚步,而现代逻辑为了构造形式化的逻辑系统,也毫不犹豫地拥抱住了实质蕴涵思想。

三、实质蕴涵探源的启示

对实质蕴涵的探源至少说明:实质蕴涵的确是企图对意如"若,则"等条件命题的概括和抽象,是日常推理的"产儿"。然而,对于"若,则"句,两千多年前的古人在当时的历史条件下,竟然能把其抽象得同两千多年后的逻辑学家和数学家不差毫厘(只不过一个叫"费罗蕴涵",一个叫"实质蕴涵"罢了),这不能不说是个令人怀疑的奇迹——用实质蕴涵辩护者的话来说:实质蕴涵是对条件命题

---

❶ 胡怀亮,杨晓军.弗雷格逻辑思想的来源、内容及面临的困境[J].重庆理工大学学报(社会科学版),2011,25(5):6.

❷ 王健平.弗雷格的实质蕴涵思想与现代逻辑的选择[J].学术研究,2008(1):72.

最普通、最弱的高度的概括。而在笔者看来,透过费罗对费罗蕴涵的说明,和弗雷格关于实质蕴涵的分析,这种概括不排除有约定或技术性构造的因素,并且存在着难以克服的困难。"但在经典逻辑中,只从真假关系角度处理'若,则'句,并规定:只有在前件真后件假的情况下,'若,则'句才是假的。"[1]其中"规定"二字,就史实而论,非常符合实质蕴涵的诞生过程。

但麦加拉学派和斯多噶学派关于费罗蕴涵的争议及第欧根尼蕴涵式、克律西波斯(Chrysippus)蕴涵式等与费罗蕴涵的分庭抗礼,也似乎诉说着事情的另一方面:费罗蕴涵一开始便难以服众。"费罗的定义对于麦加拉学派的哲学家甚至比对于大多数现代读者还更为奇怪,因为麦加拉学派的哲学家习惯于在表述归谬法中使用条件句……他不能单纯根据他的条件句满足费罗的要求而断定他的条件句。"[2]正如前述,诗人卡利马科斯曾这样描述当时人们辩论的情形:"即使是屋顶上的乌鸦,也都在叽叽喳喳地讨论哪些条件句是真的。"而在弗雷格的实质蕴涵被人们熟知之后,大量的质疑及希图改造、替代实质蕴涵等情况,也说明实质蕴涵并不如其部分拥护者想象的那么完美。如果实质蕴涵真的足够完美,为什么这么多普通民众、逻辑学者,包括大量的逻辑学家会对其如此不满并前赴后继地对它进行改造?

问题的核心在于:实质蕴涵对"若,则"句的抽象适度吗?它当如何解释自己与日常思维和推理过大的差异性?作为经典逻辑的基石,它是否会对经典逻辑用于日常推理产生不良后果?如果会产生,有多严重?

---

[1] 陈波.逻辑哲学导论[M].北京:中国人民大学出版社,2000:91.
[2] 威廉·涅尔,玛莎·涅尔.逻辑学的发展[M].张家龙,等译.北京商务印书馆,1985:169.

第五章　经典逻辑难以符合日常推理需要

正如前述，费罗蕴涵的确是从"若，则"句里抽象出来的，而弗雷格的实质蕴涵，也是从"如果太阳现在已经升起，那么天空乌云密布"这样的普通"若，则"句中抽象概括而来，并不是从数学领域得来的（虽然他研究的主要目的是把数学问题化归为逻辑问题，为数学打好"满意的基础"）。所以，实质蕴涵的"母体"及"产床"就是"若，则"句和日常推理。

一、为什么叫它们"实质蕴涵怪论"

正常的思想有其内在的秩序性和关联性，这种秩序和关联构成了思维，思维是思想的架构和维度（如果康德说对于自然界"人的知性为自然立法"，在道德范畴"人为自己立法"，那么顺着康德的说法，思维是人为自己的思想秩序立法）。这种架构在人类思想进化过程中慢慢沉淀、发展而固化下来，并逐渐为人们所认同：在思想中，思维具有巨大的稳定性，并且更需要得到大众的认同；私人思维是存在的，但如果发觉与大众认同的思维相悖时，正常情况下主体会通过自省和调整来达到与大众同步，或者通过对外的影响修正大众的思维以求大众与其思维保持一致性，否则思想交流将遇到技术性障碍。所以，不同民族、不同国别、不同世界观，甚至不同时代的人都可以通过认同这些刚性而稳定的思维模式，让思想得以交流。而逻辑，正是对这部分刚性而稳定的思维模式最感兴趣的学问。

思想和思维都是私人的和内在的，必须通过外化（主要是语言）才能表现出来，语言是思想的外化（符号化）。所以，我们必须始终认识到，就其本质而言，任何对语言的研究都不是就语言本身的研究，而是通过语言研究所表示的思想、思维，因为语言说到底，终究是一种符号，本身没有任何思想或思维意义。语言只是因为作为思想、思维的外化载体，才获得意义。简言之，思想的外化成就语言，对语言的解读成就意义。

"语言和意识具有同样长久的历史；语言是一种实践的、既为别人存在因而也为我自身而存在的、现实的意识。"❶语言这种社会性、共识性、共通性的存在，必然要求人们的思想，特别是思维具有相应的刚性和稳定性。而思想与思维的刚性和稳定性也造就了相应的语言模式的刚性和稳定性(在语文研究的角度上，构成语法)。这种刚性和稳定性越强，越受到人们的认同，人们就越偏好于对其语言形式的研究。由于逻辑最初企图研究的目标对象正是思维中最刚性和稳定的模式部分(这也是亚里士多德以来逻辑学的重要任务和课题)，所以研究相应语言模式，对逻辑来说意义重大。

总的说来，人类语言大体分为三类：自然语言、半形式语言(如数学语言，即自然语言加特定符号)和形式语言(只有特定的符号及其组合，如形式逻辑语言)。在理论上，三种语言应是互通的，即彼此可以相互翻译成另一种语言并且始终保持与思想内容相一致。因为，对人们而言，从根本上来说，什么样的语言形式并不重要，重要的是这一语言形式后面的思想及这一语言形式是否适度地反映了这些思想。

三种语言中，自然语言有时可能有如下缺陷：①表达式的层次结构不够清晰；②个体化认知模式体现不够明确；③量词管辖的范围不太确切；④句子成分的语序不固定；⑤语形和语义不对应等。鉴于此，半形式语言和形式语言开始出现。所以，从某种意义上来说，半形式语言和形式语言是自然语言的补充和发展。对同一思想，人们可以用自然语言予以外化，也可能运用(半)形式语言来外化。但如果某种思想出现了两种语言表达形式，而它们彼此间的意义相去甚远甚至相悖时，人们如何判断孰是孰非，如何取舍？最根本的标准恐怕还是在于谁的意义更真实而适度地反映这一思想。显然，与形式语言比较，自然语言历史悠久得多，使用范围和认同范围也远比形式语言广泛。更为重要的是，其对表示简单的基本的思维模式经验明显占优，并且已经被人们广为接受和认可(否则人们形成的逻辑直觉也不会如此惊人相同或相似)。因此，对于较简单而直观的思维模式，人们宁愿相信自然语言所表示的意义更加贴近所要表达的思想。

在传统的逻辑思想中，人们认为"若 A，则 B"是"A 是 B 的充分条件"的表达

---

❶ 中共中央马克思恩格斯列宁斯大林著作编译局.马克思恩格斯选集：第1卷[M].北京：人民出版社，2012：533.

(称为"充分条件假言命题"),并发展出了肯定前件式和否定后件式两种关于充分条件假言命题的推理形式。没听说哪个民族、哪种文化的普通民众因为"若,则"句的使用、交流苦恼不已、痛苦不堪。同时,不同的文化、民族在相互交流、表达"若,则"句时,似乎也没出现你的"若,则"句与我的"若,则"句意思难以匹配,你的"若,则"句实在太奇怪了等情况。所以,我们推断,"若,则"句所表示的思想应归属于简单而直观的思维模式,其意义、用法在人们思维模式中已根深蒂固。而且,几千年的使用历史,也足以使人们有理由对"若,则"句的日常意义和用法高度自信。

但在经典逻辑中,由于"若,则"被解释成一种真值函项,结果"A→B"命题与"A是B的充分条件"无法保持人们企望的一致性:当"A→B"为真时,A却未必是B的充分条件。这种差别和差距已经远远超过人们认定它们是同一个意思的程度。然而,实质蕴涵却认为自己是"若,则"句的刻画——显然,费罗提出实质蕴涵,是想刻画日常思维中的"若,则"句,而绝非是为了给数学提供"满意的基础"。极力倡导现代逻辑的学者也认为:根据现代逻辑的观点,假言命题的基本形式"p→q",它是对自然语言中"如果p,那么q"这种句子的抽象。❶如果事情只是到这一步,并没有什么不可接受的。但问题是,经典逻辑把"A→B"对译成自然语言时,企图把其解读成:"若A,则B"(好像这也是经典逻辑不得已的选择❷)。到了这一步,"A→B"也只是同传统的逻辑思想中的"若A,则B"发生"冠名权"的纠纷。但是,经典逻辑并没有止于这一步,它还声称自己的、只是真值函项的"A→B"既然是对"若,则"句的刻画,那么,译回自然语言,意思也是"若,则"句的意思。因此,人们自然看见,传统逻辑思想碰到"A→B"有时就会喊:你是个怪物。于是,这场关于传统充分条件句与实质蕴涵的认知官司,自然就免不了。这也是人们说实质蕴涵存在怪论的直接动因。

在这里,有必要明确一个问题:逻辑的形式语言是如何"对译"回自然语言界

---

❶ 王路.逻辑的观念[M].北京:商务印书馆,2001:93.

❷ 正如莫绍揆先生所说:"数理逻辑所研究的问题中,数学的推理(及各种推理)占着一个很重要的地位。在推理过程中,免不了使用'如果,则'这样的语句,这叫'蕴涵词'。"(莫绍揆.数理逻辑初步[M].上海:上海人民出版社,1980:72.)

的？如果说纯形式是形式化逻辑的天堂,那么对真假的判断和对其逻辑词在自然语言中的理解或解释,便是其回到自然语言人间的"天梯"。逻辑可以舍弃自然语言中的种种内容,却永远无法背弃这一"天梯",否则它只能成为一种自我的游戏,自然同自然语言成为老死不相往来的两个世界,也没有人会提出所谓的"蕴涵怪论"。

应该看到,把 p→q 对译成"若天大雨,则地湿"诸类的自然语言"若,则"句,"天梯"先后有两段:一是真假,二是内容。前者是逻辑更感兴趣而且通常通过赋值这一手段实现,而后者,更为丰富而流变,与自然语言人间直接相连。前者,正是形式类蕴涵怪论发生的场所。当假命题蕴涵真命题时,人们自然想追问:不具备真性质的假命题(前件)如何将真这一性质传递、赋予真命题(后件)的?作为后件的真命题的真,真的是由身为假命题的前件蕴涵而来的吗?显然,如果回答是肯定的,就直接有悖于思维直观,人们难免用怀疑的眼光看待它。如果作为后件的真命题的真与作为前件的假命题无关,那么假前件对真后件的蕴涵便是假的或者说不成立的。至于内容型蕴涵怪论主要发生在"天梯"的第二段,严格意义上而言,是伪"怪论",形式语言完全可以不负责任。对此前文已予以说明。

二、析取定义无法"庇护"实质蕴涵

苏珊·哈克直接点明了实质蕴涵与"若,则"句的差异和关系:"'若,则'是真的,那么,α→β 是真的,但反过来就引起争议,这种不符合是一个严重的问题。"[1]那么,把"若 A,则 B"等价为"或者非 A,或者 B"又如何呢?实质蕴涵的析取定义正是这么做的,即 α→β=df ~α∨β。考察"α→β"和"~α∨β"的真值表(表5-1),即可知这一定义是实质蕴涵的必然选择和必然结果。

表5-1 α→β 与 ~α∨β 真值比较表

行号	α	β	α→β	~α∨β
(1)	1	1	1	1
(2)	1	0	0	0

---

[1] SUSAN H. Philosophy of Logic[M]. London:Cambridge University Press,1978:36.

续表

行号	α	β	α→β	~α∨β
(3)	0	1	1	1
(4)	0	0	1	1

其实,关于蕴涵式的析取定义,可以追溯到公元前250多年的古希腊斯多噶学派,他们发现命题联结词可以相互定义。❶当时,克里吕波提出,条件命题"如果有人生在天狼星下,那么他将不会掉在海中淹死"可以表达为一个否定的合取命题"并非有人生在天狼星下并且必将掉在海中淹死"。用现代逻辑的符号表示:A→B=df~(A∧~B)。而与克里吕波同时代的另一位学者盖伦则举出如下的例子:析取命题"或者是白天,或者是黑夜"和条件命题"如果不是白天,那么是黑夜"意思是同一的。用现代逻辑的符号表示即是有:A∨B=df(~A→B)。这和经典逻辑关于实质蕴涵的析取定义如出一辙。波爱修斯(Anicius Manlius Severinus Boethius)是古希腊罗马逻辑与中世纪逻辑的联系人,他也认为,假言命题可以用选言命题来表示:"A不存在或者B不存在"等值于"如果A存在,那么B不存在"并且"如果B存在,则A不存在"。最早清晰明白提出蕴涵析取定义的,可能是阿拉伯的逻辑学者阿维森,他提出用析取和否定表达蕴涵公式。这一公式的现代形式就是我们常见的下式:

$$A→B=~A∨B$$

而真正直接把实质蕴涵析取定义说得清楚详细的,是怀特海和罗素。他们在《数学原理》中,解释了如何从一个析取式出发,引入"蕴涵"这个概念。

蕴涵函数是带有两个变项p和q的命题函项:命题(非p是真的或者q是真的),也即命题~p∨q。由于如果p真,~p就假,所以,在这种情况下使~p∨q为真的唯一选项是q为真。换言之,如果p和~p∨q都为真,那么q也是真的。正是在这个意义上,命题~p∨q可以被援引来说明p蕴涵q。包含在这个命题函项中的这个思想很重要,有必要采取一个简单的记号直接来联结p和q,而免去~p的

---

❶ 蕴涵式、析取式、合取式等能相互定义,这一思想十分重要。在某种意义上这就是纯真值逻辑系统的萌芽。经典逻辑正是秉承和发展了这一思想,才得以真正创立。

干扰。但是这里所说的"蕴涵"所表达的p和q之间的关系正是析取"非p或者q"所表达的关系。用来表示"p蕴涵q"(也就是"~p∨q")的符号是"p→q"。它可以读作"如果p,那么q"。❶

因此,我们似乎可以通过α→β=df ~α∨β这一实质蕴涵的析取定义,为实质蕴涵的合理性和合法性作最后的辩护:如果辩护成功,那么蕴涵怪论的问题也就迎刃而解了。

但是很遗憾,实质蕴涵最后寄予希望以"藏身坚守"的"堡垒"——析取定义,在应用于日常推理有效性的质疑声中,很快就会土崩瓦解了:非但不能"拯救"实质蕴涵这个"主子",反而让日常推理有效性之手,进一步把这个"主子"推向更深的深渊。

这一过程,是怎么完成的呢?我们通过证明题G具体"观摩"。

证明题G:(1)(p→r)→s　　　　　　　(2)~p　/∴s

证:(3)~p∨r　　　　　　　　　　　　(2)∨₊

(4)p→r　　　　　　　　　　　　　(3)RP

(5)s　　　　　　　　　　　　　　(1)(4)MP

但以"3X=12""X=4""X/2=2"分别代入上题中p、r、s,(p→r)→s是数学真命题。但并非"3X=12",那么"X/2=2"还能真吗? 显然,形式证明的结果与直观的有效推理不相符合。

问题出在哪儿? 在(3)至(4)中RP规则上:~q∨r≡p→r。

那么为什么还要让A→B≡ ~A∨B呢? 除了怀特海和罗素在《数学原理》中从析取式引入"蕴涵"的解释外,有学者为A→B≡ ~A∨B如何能从日常推理中抽象出来,作了如下颇具代表性的解说:完全可以等义地理解为"A或者B",又理解为"如果并非A(即不是A)则B",这就是说A∨B与 ~A→B应该真假相同的。❷

但如果我们对自然语言中"不是A就是B"的真实涵义作一更加仔细的分析,就会发现"不是A,就是B"等值于"A或者B",这个说法很成问题。例如,"罗素是数学家,或者罗素是逻辑学家",根据历史事实,这句话两个析取支命题都是

---

❶ WHITEHEAD A N, RUSSELL B. Principia Mathematica:Volume 7[M]. Cambridge:Cambridge University Press,1910-1913:7.

❷ 宋文淦.符号逻辑基础[M].北京:北京师范大学出版社,1993:46.

真的，而且完全可以相容。但是如果按照"A 或者 B"等值于"不是 A，就是 B"的说法，我们将得到：如果罗素不是数学家，那么罗素是逻辑学家。这显然令人费解：罗素是数学家与他是逻辑学家矛盾吗？"罗素不是数学家"怎么蕴涵"罗素是逻辑学家"的？我们继续生造一个析取命题："罗素是逻辑学家，或者罗素是逻辑学家。"人们只觉得两个析取支重复了，没必要，可以简写成：罗素是逻辑学家。但是，如果按照"A 或者 B"等值于"不是 A，就是 B"的说法，我们将得到：如果罗素不是逻辑学家，那么罗素是逻辑学家。放下这句话里的矛盾性不论，人们只要追问："如果罗素不是逻辑学家，那么罗素是逻辑学家"还能简写成"罗素是逻辑学家"吗？对此，该如何作答呢？可见，"A 或者 B"等值于"不是 A，就是 B"的说法站不住脚。

其实无论在英语还是汉语中，"不是，就是"都是属于不相容析取的表达方式类。不相容析取在汉语中通常用"要么，要么""不是，就是"等来表示，传统逻辑课本和语言教材在谈到不相容析取时，都会把诸如"要么……，要么……""不是……就是……"等列入不相容选言命题联结词。查询汉英词典，"不是……就是……"的对译词为"either…or"，而后者正是要表达二者择一或"要么……，要么……"的意思。可见，要对"不是 A，就是 B"归类的话，也应是不相容析取而非相容析取。即"不是 A，就是 B"的逻辑表达式似乎应为 A∨(不相容)B=(～A∧B)∨(A∧～B)，与"A 或者 B"的逻辑表达式"A∨B"大相径庭。

另外，如果我们换个角度，令有～(α→β)，据实质蕴涵析取定义等值于～(～α∨β)，即(α∧～β)，能否拯救实质蕴涵呢？也很遗憾，这也不是实质蕴涵能"藏身避难"之所。"实质蕴涵的另一个主要问题是否定'若 A 则 C'似乎很少等值于断言'A 并且非 C'"；"说'如果 p 那么 q'是假的，并不总是听起来与日常英语语言所说的'p 并且非 q'相等，但是逻辑却认为它们是相等的。"[1]不单是英语，汉语中恐怕也脱不了这种嫌疑。例如，"并非若甲有作案时间，则甲是凶手"这句话是可信的，并且并没有排除甲不是凶手，但实质蕴涵的析取定义会让这句话等值于"甲有作案时间并且甲不是凶手"，将有作案时间的甲排除在凶手之列。因

---

[1] Oxford Dictionary of Philosophy［EB/OL］.（2015-10-16）［2023-12-10］. https://en.wikipedia.org/wiki/Material_implication.

此,把 $\alpha\to\beta$ 定义为 $\sim\alpha\vee\beta$,虽然简洁、优美,但并不完美,很难让日常思维和日常推理放心踏实地接受。

实质蕴涵与"若,则"间的认知"官司"和实质蕴涵析取定义的破产,让人不由得心生疑惑:以实质蕴涵为基础的经典逻辑真的能够满足日常推理的需要吗?

三、经典逻辑难以胜任日常推理

(一)相对日常推理,经典逻辑有"推导过多"的问题

第一,经典逻辑上永真不是日常推理形式有效的充分条件。

经典逻辑是如何看待自己与日常推理之间的关系的呢?"对推理有效性的判定最后就被归结为对该蕴涵式永真性的判定,对于蕴涵怎么看,对于推理的有效性就会怎么看,这两者本质上是相通和一致的……一个推理可以化归为蕴涵式,推理有效性的判定最后被归结为相应蕴涵式永真性的判定,这一点却是现代逻辑学家的共识。"❶诚如陈波先生所言,在实践中,我们是按照如下思路和方式处理逻辑上永真与日常推理形式有效之间的关系。

推理有效式的一般定义是:设命题序列 $\Gamma=<p_1,p_2,\cdots,p_n,q>$ 是一个推理形式,其中 $p_1,p_2,\cdots,p_n$ 是前提,q 是结论。Γ 是一个有效的推理式,当且仅当,Γ 的每一代换实例都使得:如果 $p_1,p_2,\cdots,p_n$ 真那么 q 真。Γ 是无效推理式,如果至少有一个 Γ 的代换实例使得:$p_1,p_2,\cdots,p_n$ 真但 q 假。

然而,Γ 的代换实例可能是无穷的,谁来保证"每一代换实例都使得:如果 $p_1,p_2,\cdots,p_n$ 真,那么 q 真"呢?显然,只有靠逻辑,特别地,靠逻辑系统中的永真式。在一般的逻辑学教材中,我们都能找到类似的表达:在命题演算系统中对推理形式有效性的证明称作形式证明。这实际上就是有:

(※)逻辑上永真→日常推理形式有效。❷

---

❶ 陈波. 逻辑哲学导论[M]. 北京:中国人民大学出版社,2000:91-92.

❷ "一个永真式的复合句,无论构成其的简单句如何相互替换,复合句的真值不变",类似的表述屡见不鲜。在大量的教学内容或习题中,我们要证明一段论证或推理是否有效,首先是将其形式化,然后通过形式证明,看是否能从形式化了的前提逻辑推演出同样形式化了的结论。如果可以推演出来,我们说这段推理是有效的。

然而,(※)式真的成立吗？下面,我们考察两个例子,一个是代换实例的,一个是形式证明的。

代换实例我们采用((A∧B→C)→(A→C)∨(B→C))这个现成的蕴涵怪论。按照(※)式的说法,对这样的永真式,任何合适的代换实例都将构成推理有效式。然而：

(1)令A:天气晴朗;B:阳光灿烂;C:不用穿雨靴。

(2)令A:第一题对得5分;B:第二题对得5分;C:共得10分。

(3)令A:a不大于b;B:a不小于b;C:a等于b。其中a、b为任意实数。

分别代入((A∧B→C)→(A→C)∨(B→C)),显然有(1)真(2)可假(3)假。具体分析(3)如下:前件的意思是:如果"a不大于b并且a不小于b",那么"a等于b"。这是个数学意义上的真命题。显然,"a不大于b""a不小于b"两个条件少了任中一个,都推不出"a等于b"。因为,后件"如果a不大于b,那么a等于b"或者"如果a不小于b,那么a等于b"都不是数学意义上的真命题。对(2)来说,完全可能只有一道题对,所以也可假。

我们再考察某教材的一道证明题H的形式证明过程。

证明题H:(1)p∧q→r　(2)(q→r)→s　(3)p　/∴s

证:(4) ~S　　　　　　　　　　　H1
　　(5) ~(q→r)　　　　　　　　 (1)(2)MT
　　(6) ~(~q∨r)　　　　　　　　 (5)RP
　　(7) q∧~r　　　　　　　　　　(6)DeM
　　(8) ~r　　　　　　　　　　　(7)∧_
　　(9) ~(p∧q)　　　　　　　　　(1)(8)MT
　　(10) ~q∨~p　　　　　　　　　(9)DeM
　　(11) q　　　　　　　　　　　(7)∧_
　　(12) ~p　　　　　　　　　　 (10)∨_
　　(13) P∧~p　　　　　　　　　 (3)(12)∧₊
　　(14) S　　　　　　　　　　　(4)(13)~ ~

形式证明告诉我们,(1)(2)(3)为前提,是能确定无疑地得到结论S的。但对上述论证代入两实例予以考察。

代入一。前提:(1)如果一个人既有才华(p)又有机遇(q),那么他前程似锦(r)。(2)如果一个只有机遇(q)便能前程似锦(r),那么他很有福气(s)。(3)马先生才华横溢(p)。结论:马先生很有福气(s)。

毫无疑义,一个人即使才华出众,但命运多舛的话,前程便未必似锦了。机遇很差,前程暗淡,哪里还谈得上福气好呢?

代入二。前提:(1)如果货币供应量保持不变(p),而货币需求量增加(q),则银行利率就会上升(r);(2)如果货币需求量增加(q),那么致银行利率上升(r),则在银行存款更被看好(s);(3)现在货币供应总量保持不变(p)。结论:在银行存款更被看好(s)。

人们完全有理由反驳说:货币供应总量保持不变时,货币需求量有三种可能。(1)增加(q),(2)不变(~q),(3)减少(~q)。当货币需求量不变或减少(~q)时,银行利率还会上升(r)吗?如果货币需求量锐减,银行利率下降,存款还会被看好(s)吗?

上述代换实例和形式证明的例子都充分说明:

"(※)逻辑上永真→日常推理形式有效"是不成立的,即经典逻辑上永真不是日常推理形式有效的充分条件。

第二,把"若,则"句抽象为实质蕴涵确有离谱之嫌。

为什么上述(※)式不能成立?只要我们仔细考察"或,则"句如何变换成实质蕴涵的过程,其间端倪便会清晰起来。

对"若,则"句,大家一般都肯定:

(1)如果"若,则"句真,那么不能"若"子句真而"则"子句假。

(1)可改写成:

(2)"若,则"句真→~("若"子句真而"则"子句假)。

(2)可改写成:

(3)蕴涵式真→~"前件真并且后件假"。

问题是,能否合法地把(3)改写成:

(4)蕴涵式真=~"前件真并且后件假"。

人们一定会反对将(3)改成(4),因为"→"与"="两者的意思差别实在太大:这实质上就是把充分条件强行"偷天换日"为充要条件。但是根据德摩根律,(4)完全可以合法地改写为:

(5)实质蕴涵式真="前件假或者后件真"。

(4)和(5)的差别仅仅在于"蕴涵"名称改成"实质蕴涵"。而(5)即是实质蕴涵的析取定义。

显然,(3)和(4)的差别也就是(1)和(5)的差别。如果说实质蕴涵是对"若,则"句"最弱的"概括和抽象,但从以上分析看,这"弱度"弱得实在有些离谱。❶ ~"前件真并且后件假"本来只是"蕴涵式真"的必要条件,现在却成了"实质蕴涵式真"的充要(等值)条件!"认为实质蕴涵的真值函项解释是判定充分条件假言命题真假的标准(翻一翻身边的逻辑教科书'一个充分条件假言命题只有在前件真,而后件假的情况下才是假的,在其余的情况下都是真的',这样的说法随处可见),这本身就是一个怪论。"❷所以,苏珊·哈克不无忧虑地写道:似乎大家都同意,"若 A 则 B"是真的,那么"A→B"是真的;但是,如果"A→B"是真的,"若 A 则 B"是不是真的,争议就大了。❸"真值函项理论把假言命题断定的条件关系解释为真值函项关系,完全背离了假言命题的直观含义。用实质蕴涵来解释充分条件假言命题……会把假命题判定为真的。"❹

第三,相对日常推理,经典逻辑有"推导过多"的问题。

实质蕴涵把(3)蕴涵式真→~"前件真并且后件假"中的"→"变为"=",这一"偷梁换柱",影响巨大。

①实质蕴涵永真式只可能成为相应推理形式有效的必要条件。

由于~"前件真并且后件假"只是"若,则"句真的必要条件,而实质蕴涵式

---

❶ 可以这样理解这里的"离谱"。人是哺乳动物,但仅凭"X 是哺乳动物"这一表达,判断不出 X 是不是人。同理,仅凭真值性这一特征,判断不出实质蕴涵是不是"若,则"句的表达。

❷ 吴坚.真值函项理论与怪论[J].重庆理工大学学报(社会科学版),2010(6):13.

❸ SUSAN H. Philosophy of Logic[M]. London:Cambridge University Press,1978:52.

❹ 吴坚.真值函项理论与怪论[J].重庆理工大学学报(社会科学版),2010(6):12.

真=～"前件真并且后件假",因此很容易得到:"实质蕴涵式真"只是"若,则"句真的必要条件,即:

"若,则"句真→实质蕴涵式真。

这里的"若,则"句真即是说其相应于实质蕴涵式的推理形式是有效的。于是我们得到实质蕴涵式真与其相应的推理形式有效的关系,如图5-1所示。

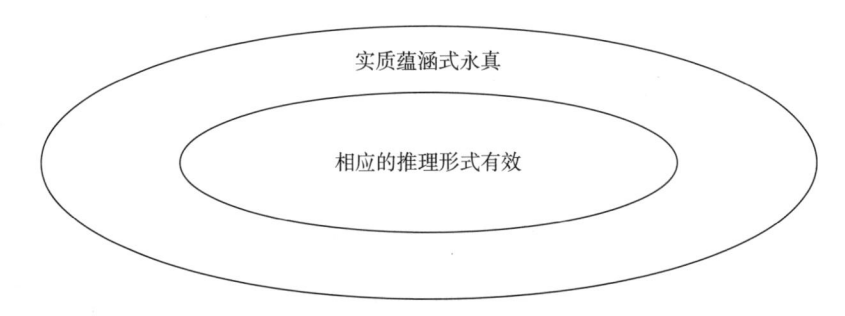

图5-1 实质蕴涵式真与推理形式有效关系

这就是我们常说的"逻辑上真的,其推理形式未必有效,逻辑上假的,其推理形式必定无效"的源头。

②直接危及经典逻辑作为推理工具的地位。

"实质蕴涵式只能成为相应推理有效式的必要条件而非充分条件"的逻辑结果就是:经典逻辑上永真只可能是日常推理形式有效的必要条件。这即是说:

(∷)日常推理形式有效→逻辑上永真。

但只要把(※)(∷)两式简单对比,我们就不得不承认:在理论上,经典逻辑上永真充其量是推理形式有效的必要条件;然而,在实际应用中,却普遍存在一种倾向,即将经典逻辑上永真作为推理形式有效的充分条件加以运用。

显然,对于日常推理来说,这是个严重的问题:以实质蕴涵为基石的经典逻辑相对日常推理,必然存在着"推导过多"的问题。

(二)相对日常推理,经典逻辑有"推导过少"的问题

我们注意到,以实质蕴涵为基础的经典逻辑除了"推导过多"[1]的问题外,恐怕还有"推导太少"的麻烦。例如,经典命题逻辑遗漏了一些符合直观的推理形式。(A→B)→~(A→~B)、(A→~B)→~(A→B)[2]并不是经典逻辑的永真式,即按照实质蕴涵理解,都不是有效的推理形式,但联结逻辑(connexive logics)认为它们都是有效式,亚里士多德和欧洲中世纪哲学家波爱修斯也认为它们都是正确的推理形式(后文在探讨日常蕴涵真值性时,我们将更具体地说明这一思想)。[3]很明显,日常推理也会认为,如果A命题推导出了B命题,那么不会同时出现A命题推导出了B命题的否定的情况。如果这种情况出现,那说明A命题本身是矛盾的或者至少是假的(这恰恰也是经典逻辑承认并广泛应用的反证法思想)。对此,我们可以给出一个具体解释:"如果(如果天下大雨,那么地面是湿的),那么并非(如果天下大雨,那么地面不是湿的)",它显然是古今中外常用的有效推理形式。但很遗憾,以实质蕴涵为基础的经典逻辑将其驱除出了自己的定理集之外。倘若经典逻辑断定(A→B)→~(A→~B)不是永真式,那么它们相应的推理形式是不是应该打入非有效之列呢?如果打入了,亚里士多德和波爱修斯们会怎么想?人们的逻辑直觉会怎么看?

(三)相对传统逻辑,经典逻辑存在脱节冲突的问题

传统逻辑可以说是亚里士多德等人用直观而质朴的方法,根据日常思维尤其是日常推理研究思维形式的成果。传统逻辑存在着视野狭窄、内容贫乏、不成系统等缺陷,但总的说来,日常思维和日常推理对传统逻辑的服务质量还是信得

---

[1] 里德.对逻辑的思考[M].李小五,译.沈阳:辽宁教育出版社,1998:65-66。里德认为(p∧~p)→q犯了"以假得全"的错误,对此笔者虽然不赞成,但支持他对实质蕴涵怪论是"推出过多"的毛病这一总体判断。

[2] 19世纪末布尔和弗雷格肇始逻辑学的数学转向,使真值函项逻辑成为经典逻辑后,逻辑学界便很少关注这类有效推理形式了,虽然它们在日常推理中较为常用,而且作用较大。

[3] WANSING H. Connexive Logic[EB/OL].(2018-09-26)[2023-12-10]. http://plato.Stanford.Edu/entries/logic-connexive/.

过的(虽然对服务范围和服务精细性颇有微词)。因为传统逻辑有一个显著优势:一心为日常思维和日常推理服务,尽力贴近日常思维和日常推理。因此,经典逻辑相悖于日常推理,自然就会与传统逻辑相脱节、冲突。

首先,二者对充分条件关系的理解出现严重分歧。正如前述,多种逻辑学教材都已倾向于用实质蕴涵理解充分条件关系。但是,在阐明充分条件关系推理时,却往往只是按照传统逻辑说法,只是采用肯定前件式和否定后件式两种推理形式,而对于前件假后件真这种实质蕴涵式为真的情况,却没把它当作有效的推理形式或者视而不见。人们自然要问:为什么同是真蕴涵式,这种情况却不能作为有效的推理形式呢? 怎么解释? 如果肯定这种前件假后件真的蕴涵式为有效的推理形式,那么逻辑上真的,推理形式上有效就站不住脚。这是传统逻辑和经典逻辑矛盾的地方之一,也是经典逻辑的困惑和软肋之一,更是人们怀疑经典逻辑的用途与权威的地方。

其次,实质蕴涵使经典逻辑不得不破坏全称命题和特称命题本来在自然语言和传统逻辑一致的逻辑结构。例如,在传统逻辑中,"所有的S是P""有些S是P"分别表示为SAP、SIP,不但与自然语言逻辑结构上保持了良好的一致性,而且使全称命题与特称命题的表示式逻辑结构也是一致的(从而才有换质位法等传统直言命题推理)。但在经典逻辑中,为什么"所有的S是P"表示为$\forall x(Sx \to Px)$,但"有些S是P"却不能表示为$\exists x(Sx \to Px)$呢? 因为在经典逻辑中,"有些S是P"这样表示是要出问题的:$\exists x(Sx \to Px)$等值于$\exists x(\sim Sx \vee Px)$——显然,这意思同"有些S是P"的意思差得太远了。因此,经典逻辑采取强制的手段,规定"有些S是P"不能表示为$\exists x(Sx \to Px)$,只能转弯表示成$\exists x(Sx \wedge Px)$[1]。人们想追问的是,做这样的"技术性"强制规定的根本理据何在? 显然,以"会引发灾害性的后果"这种归谬式的间接回答不构成根本理据。经典逻辑这种"技术性"规定使得经典逻辑中,关涉这方面的合式公式解读显得很不自然,让人费解。例如,

---

[1] 但是,这种表示与原意还是有出入。因为"有些S是P"强调的是有些S属P,直观的理解应该同"所有S是P"相类似,即存在x,如果x属于S,那么x属于P。但$\exists x(S(x) \wedge P(x))$的直接意思却是:存在x,x属于S并且x属于P。二者在自然语言意义中还是有所差异,其差异之处将在后文一阶谓词逻辑W中予以明确揭示。

∃x(Sx→Px)这样的合式公式,如果解读为"存在x,如果x是S,那么x是P",这会不会让日常思维产生"有些S是P"之意之嫌?——把∃x(Sx∧Px)解读为"有些S是P"倒是有些曲折而奇怪:对∃x(Sx∧Px)一般直接读作"存在x,x是S,并且x是P"。另外,∃x(Sx→Px)与∃x(Sx∧Px)到底是什么关系?

最后,实质蕴涵使得部分传统逻辑中有效的直言命题推理、三段论推理无效。经典逻辑中,传统逻辑的命题对当关系变得不成立或者不能直接成立(只有矛盾关系成立)。例如,我们从(1)"所有牛是动物"得到(2)"有些牛是动物"。在传统逻辑看来,推理完全有效,但在经典逻辑看来,显然不是有效的:对"∀x(Sx→Px)与∃x(Sx∧Px),应用存在及全称量词消去规则后,令Sx=0,Px=1,就会得到Sx→Px真而Sx∧Px假的结果。"前件假后件真,蕴涵式为真",还会连累三段论有效性问题。三段论四格24个有效式中,在经典逻辑看来,其中5个全称命题推出特称命题式,以及第三格和第四格的AAI、EAO,第四格的EAO和AAI,这9个式都是无效的。❶

四、应从"若,则"句中抽象新蕴涵

由上可见,经典逻辑正面临着重大困境:不但与千百年人们常用而信赖的传统逻辑冲突脱节,而且相对于日常推理的有效推理形式,既有"推导过多"的问题,还有"推导太少"的麻烦。以前还敢说,逻辑上假的,推理形式无效,现在恐怕只能够说:逻辑上真的,推理形式上可能有效,逻辑上假的,推理形式上可能无效。这段话可直观地如图5-2所示。

让我们重温一下苏珊·哈克在其颇具影响的《逻辑哲学》里的开篇之言吧:"逻辑的一个中心任务是分清有效论证和无效论证。形式逻辑系统,如人们所熟悉的语句和谓词演算,旨在提供有效性的精确规则和纯粹形式的标准。"❷而在国

---

❶ 这似乎可以解释张寅生先生描述的这一现象:"数理逻辑的教科书往往对亚里士多德三段论一笔带过甚至不讲。"(张寅生. 传统逻辑协调化、经典化和自动化的实现[J]. 济南大学学报(自然科学版),2016(1):42.)但三段论对逻辑学来说,实在是非常重要而且非常有分量的内容——这是亚里士多德逻辑学的核心思想,也是莱布尼兹大部分逻辑工作的内容(虽然他力图构建更有力的"广义的演算")。

❷ SUSAN H. Philosophy of Logic[M]. London:Cambridge University Press,1978:3.

内颇有影响、陈波先生所著的《逻辑哲学导论》在《推理的有效性和蕴涵》一节开篇也说道:"众所周知,逻辑是研究推理及其有效性的。它的主要兴趣在于提供鉴别推理有效与否的标准,以便把有效的推理和无效的推理区别开来。"[1]显然,以上的分析论证表明,经典逻辑不是这样的逻辑,或者至少可以说,经典逻辑不是判别日常推理形式有效性的逻辑——而这一切,实质蕴涵是脱不了干系的。

图5-2 经典逻辑永真与推理形式有效关系

所以,若视实质蕴涵是对"若,则"句的抽象概括,那么这种抽象概括太过于宽松或简单化了。这不但使怪论得以发生,导致经典逻辑无法保证系统中永真式就是日常推理的有效式,而且还会让经典逻辑无法成为日常推理可以完全依赖和信任的工具。这不能不说是经典逻辑的尴尬,也是日常推理巨大的遗憾。这也让我们相信,在"若,则"句中,必有很核心、很根本、很关键的逻辑特征被实质蕴涵在抽象和概括过程中遗漏了,必须把它(们)找寻回来!

---

[1] 陈波.逻辑哲学导论[M].北京:中国人民大学出版社,2000:89.

第六章　几项理论准备工作

要把实质蕴涵对"若,则"句抽象概括过程中遗漏的很核心、很根本、很关键的逻辑特征找寻出来,并非易事——但我们又必须找寻。一般思路是,直接对"若,则"句进行逻辑分析。然而,笔者以为,这种策略固然简捷,但效果未必良好。在深入探索"若,则"句之前,还要远见地瞄准我们最重要的目标:构建适合日常推理的逻辑系统。因此,先行清理好它们外围的障碍,铺平前进的道路,不失为比较可取的做法。

这些障碍主要包括:第一,形式语言系统可以拒斥任何经验性内涵的东西吗?如果不是,那么它会接纳何种内涵性的东西?第二,命题真值与命题形式真值是什么关系?逻辑上的真是从哪里来的?第三,逻辑系统常用到的与蕴涵密切相关的两个符号"⊢""→"和一个词"得"之间是什么关系?第四,日常推理对蕴涵究竟有哪些基本要求?

一、形式系统拒斥不了经验性内涵

在逻辑学界,似乎有一种认识,经典逻辑系统的推演,用的是纯粹形式化了的语言,完全可以机械化地按照既定的规则进行下去就成了,不用理会这些公式、规则、符号的内涵或意义。而形式语言最大优势之一,就是抽象掉命题的内涵,使它们成为简明统一的形式符号。❶换言之,形式语言系统就是要拒斥那些内涵性的东西,所以经典逻辑有个必须遵循的著名的原则:外延原则——除了真假外,对别的经验性内涵之类的东西,咱们不"约"。通俗的说法就是:逻辑只管"推理"形式,不管推理内容。

但是,形式语言系统真的能完全拒斥经验性内涵的东西吗?

---

❶ 虽然怀特海、罗素注意到了类似"苏格拉底相信他的灵魂是不朽的"这样的内涵陈述句,但无论是弗雷格,还是怀特海、罗素,都主要致力于研究外延性陈述句。这可能由于他们认为,表述数学不需要内涵性语言。

逻辑学,特别是经典逻辑与数学的关系实在太密切了,以致弗雷格说"逻辑是数学的儿童时期,而数学是逻辑的成年时期"。因此,现代逻辑被深深地种进了数学的基因。而其拒斥经验性内涵的思想很有可能来源于数学。数学堪称形式语言系统拒斥经验性内涵最突出的领域之一,并且也常常被认为是形式语言系统的杰出代表。自古希腊以来,广为接受的一种观点是:数学是一门先验科学,即一门可以不诉诸关于特殊对象知识的经验而能确立起来的科学。不过,数学拒斥经验性内涵的思想,恐怕更直接而深刻地与西方哲学丰碑式人物——康德(Immanuel Kant)密切相关。在康德看来,时空是我们一切经验的前提。"我们可以想象没有事物存在的空间,但却无法想象没有空间的事物;……时间的单向度也不是从我们的经验中得来的,而是我们想象经验事件前提。……如果从物体的经验的直观和物体的变化(运动)中去掉一切经验的东西,即去掉属于感觉的东西,剩下来的还有空间和时间,因为空间和时间是纯直观,它们是先天地给经验的东西做基础的,所以它们永远是去不掉的。……几何学是根据空间的纯直观的;算学是在时间里把单位一个又一个地加起来,用这一办法做成数的概念。"接着,康德总结道:"一切数学知识必须首先在直观里提供它的概念,而这种直观是先天的,也就是说,它不是经验的直观,而是纯粹的直观。"❶最后,康德得出结论,纯形式和纯结构是纯粹数学的根本特性,这一点毋庸置疑。这样,在数学领域,已没有了经验性内涵的位置。而经典逻辑鉴于本身与数学的关系,也应该获得与数学无二的纯形式和纯结构的本质。"德国的理性主义由此将逻辑奉为哲学的核心,取代早先的形而上学的地位;康德也表明不要在未认清逻辑的本质前,过于混杂地描述逻辑规则及其应用。作为比经验更本质、用来安排经验的逻辑,不应该被杂入经验的内容。因此,我们可以发现,弗雷格的基本立足点基于康德。"❷所以,肇始于弗雷格的经典逻辑及其基础上建立起来的外延性逻辑,秉承拒斥经验性内涵的观点就不足为奇了。

但是,我们可以追问康德主义者,是什么给了他们时间和空间这一直观形式

---

❶ 康德.未来形而上学导论[M].北京:中国人民大学出版社,2013:39-42.

❷ 胡怀亮,杨晓军.弗雷格逻辑思想的来源、内容及面临的困境[J].重庆理工大学学报(社会科学版),2011(5):7.

的概念呢？哪怕时间和空间本身是先天的、先验的，但是我们认知它们，也诚如康德所言，必须有人的逻辑先在，包括人的感性、情感、理性、意志等基础性存在。这种存在不能是虚无的存在，是必须与外界的质料作用才会证明自身的存在。所以，即使康德先天的时空形式，也逃脱不了经验的"地心引力"。如果是这样，最纯粹的形式不也沾染上了经验的分子吗？"所以弗雷格花了更多的篇幅证明，数学本来不能看成无意思的符号游戏……弗雷格注意到以下事实：在某些关节点上，形式主义者不自觉地对他们假定为无意思的符号偷偷地赋予了意思。"[1]其实，时空观念的形成、数和形的概念是从现实世界中得来的。纯数学也是以非常现实的材料为对象的，是对现实世界空间形式和数量关系的抽象和概括。为了能够从它们的纯粹状态研究这些形式和关系，必须使它们完全脱离自己的内容，丢掉那些无关紧要的内涵。"这样就得到没有长宽高的点，没有厚度和宽度的线，a 和 b 与 x 和 y，常数和变数；只是在最后才得到知性自身的自由创造物和想象物，即虚数。甚至数学上各种数量的表面上的相互导出，也并不证明它们的先验的来源，而只是证明它们的合理的联系。"[2]数的概念，点、线、面等几何图形的概念属于最原始的数学概念。在原始概念的基础上又形成有理数、无理数、复数、函数、微分、积分、n 维空间以至无穷维空间这样一些抽象程度更高的概念。这种极度的抽象和概括发展到一定程度或阶段，就好像和经验世界脱离开来，成为某种独立的东西，甚至作为经验世界必须遵循的外来的规律，同经验世界相对立。但是，无论这种抽象达到何种极致的高度，也只能在表面上掩盖它起源于经验世界。罗素把所有知识分为两类：亲知（acquaintance）和摹状（description），而且坦承"在对包含摹状词的命题分析中，一条基本的原则是：任何一个我们能理解的命题，必须是由我们亲知的成分组成的"[3]。马克思和海德格尔已雄辩地说明：连本体论问题都从来不是超验的存在，而是感性活动的存在——自然离不开感性主体的经验。如果我们承认"语言是存在的家"，那么，下面这句话自然成立：语言是文化的家，也是思维范式的家。可见，任何思维范式，自然也逃脱不了

---

[1] 威廉·涅尔，玛莎·涅尔. 逻辑学的发展[M]. 张家龙，等译. 北京商务印书馆，1985：569-571.
[2] 恩格斯. 反杜林论[M]. 北京：人民出版社，1999：52.
[3] 罗素. 哲学问题[M]. 何兆武，译. 北京商务印书馆，2000：46.

产生它的语言,而语言的灵魂,是其文化,是其思想,是其内涵。

以上的分析也适用于形式化的逻辑系统。与数学一样,应该看到,如果我们拘泥于具体内容,而没有按逻辑的内在规定对这些内容进行抽象和形式化,那么我们的逻辑学就很难有什么成果和突破,至多是自发性的逻辑观念的集合。因此,逻辑学在表现形式上应该是形式化的,只有形式化,逻辑才可能成为一门学科。一般说来,逻辑对推理的内容并不感兴趣,它想要考察的是:一类推理,或者说具有这种形式的推理是如何推演、是否有效等问题。换言之,逻辑并不研究一个个具体的推理过程,而是通过舍弃一个个具体推理中丰富的内容与意义,对这一过程的类举抽象。与这些一个个具体推理相比,类举抽象本身就形成了一个构造(模型)。这个构造(模型)可以衍生出同构的其他具体推理,并且形成构造(模型)的那些推理在逻辑上具有什么样的性质(如保真度),衍生出来的具体推理也具有同样的性质,逻辑的工具性正源于此。所以,亚里士多德把自己创建的演绎逻辑看作认识和论证的工具,其逻辑著作合称《工具论》。培根是归纳逻辑的创始人,他把自己关于归纳法的著作叫作《新工具论》。可见,逻辑脱胎于一个个具体的带着内涵的推理(包括日常推理),它无法拒斥自己基因中的经验性内涵。而实际上,以经典逻辑为例,逻辑还没抽象到可以独立离开内涵而存在的程度。例如:

(1)条件关系:"如果下大雨,那么地会湿";

(2)因果联系:"如果感冒,那么可能发烧";

(3)推理关系:"如果所有金子都是闪光的,那么有些闪光的东西是金子";

(4)词义关系:"如果张三比李四胖,那么李四比张三瘦";

(5)假设关系:"假如你不那么贪吃,你的身材也会很好";

(6)时序关系:"如果冬天到了,则春天不会遥远";

(7)允诺、威胁、打赌:"如果你好好完成作业,那么我就给你买巧克力"。

从上面7个具体的"如果,那么"语句中,经过命题逻辑的抽象,我们得到这样一个式子:A→B。这不但舍弃了各个句子的具体内容,而且连各个句子中隐含的关系的差异性都舍弃了。问题是,"A→B"中的A、B用任何语句代入,都是合法的。但"→"的情况却大不一样。首先,"→"不能用任何语句代入,因为它表示一个关系;其次,它作为一个关系,也不是任何关系所能代替的。比如,如果这里用并非、合取、析取等关系代换,人们立即会反对。为什么要分析如此简浅的道理?就是要提醒我们,逻辑对具体内容的抽象和舍弃,是有一定限度的,特别是对逻辑联结词的抽象。又如,对逻辑联结词"∨",我们只能理解为该联结词联结的两个命题之间是析取关系,而不能理解为并非、合取、蕴涵等关系。所以,对于具有简明性、稳定性、概约性的逻辑词的基本内涵,经典逻辑也没有因为命题的形式化而完全"赶尽杀绝"。"所谓公理和定理就是用形式语言表达的句子,表面上看它们是没有意义的符号串,但是实际上它们含有我们所要研究的命题联结词和量词,还含有与这些词相关的东西,如命题变元、个体变元和谓词,等等。"❶

对条件句的形式化过程其实也粗略地揭示了构造形式系统(当然包括逻辑系统)的一般程序。"形式化系统总按如下顺序形成:先确定有意义的符号,然后从符号中抽象掉意义,并用形式化方法构成系统,最后对这个所构成的系统作一种新的诠释。"❷苏珊·哈克这段话很有见地而且深刻:"一个未经解释的形式系统只是符号的集合,不能看作形式逻辑……判定一个形式系统是不是逻辑,这取决于该系统是否有一种解释。"❸所以,构造形式系统并不是有的人认为的那样,是纯粹的符号游戏。"我们要直言不讳地承认,我们的演算规则不是任意的选择,而是依赖于我们选定符号的意思。"❹真正有价值的形式系统,在构成之前其解释就已经(虽然不是全部,但是至少)部分地存在构造者的观念之中了。而且,构造者也正是将这些预备的解释,作为重要依据来着手构造系统的。

故而不难理解,在形式化后的经典逻辑中,尤其是公理化的逻辑系统中,我们似乎看不到内涵的东西出现,但我们必须记得,每一次演算中,都有内涵的影子。并且对于公理化的逻辑系统,在语法研究完成后,我们必须探讨其语义,甚至作出意义解释,这又将回到内涵的怀抱。因此,我们说,逻辑在根本上是逃脱

---

❶ 王路.论必然得出[J].哲学研究,1999(10):17.

❷ 波亨斯基.当代思维方法[M].童世骏,等译.上海:上海人民出版社,1987:44.

❸ SUSAN H. Philosophy of Logic[M]. London:Cambridge University Press,1978:12

❹ 威廉·涅尔,玛莎·涅尔.逻辑学的发展[M].张家龙,等译.北京商务印书馆,1985:570.

不了内涵的东西。

可见,经典逻辑的外延原则和语言形式化并没有完全排斥经验性的内涵进入系统之中。但是在一个逻辑词的诸多内涵中,究竟是什么样的内涵,才会被逻辑采纳呢?有没有一个清晰的标准?弗雷格在其《概念文字》中为我们间接地解决了这个问题。在该书的序言中,他对自己最重要的一个概念——函项,作了如下说明:

假定一个简单的或者复杂的符号出现在表达式的一个或多个地方(表达式的内容不必是可能的判断内容)。如果我们设想一个符号在它出现的一个或多个地方可以用另一个符号替代(每次是同一个),那么在这样的替换之下自身没有显出变化的一部分表达式就称为函项;可替换部分被称函项的变目。❶

例如,我们考虑一下以下命题:(1)四川在西藏的东边。(2)湖北在四川的东边。(3)江西在湖北的东边。(4)江苏在江西的东边。(5)东海在江苏的东边。

在弗雷格看来,以上命题中,"四川、湖北、江西、江苏、东海……"所在的位置都是这组表达式中可替换的部分,而"……在……的东边"却是这组表达式中没有变化的部分。按照弗雷格的思想,"……在……的东边"就是这组表达式的函项,而"四川、湖北、江西、江苏、东海……"就是这组表达式的变目。而逻辑学主要就是研究具有逻辑特征的变目和函项,特别是函项问题。如析取、合取、蕴涵、并非等都是相关表达式组的函项。

后文我们将看到,有了以上分析,新提出的日常蕴涵及建立新的日常(推理)逻辑系统要引进的设定真符"/",才能堂堂正正地经过外延原则和形式语言经验性内涵这一关,拿到进入形式化的逻辑系统的"钥匙",从而才能获得进入后面要构建的形式化逻辑系统的合法性。

二、命题真值与命题形式的真值

逻辑到最后是要讲真假的,而蕴涵怪论的出现主要是由于命题形式的真假与对译成自然语言命题后的真假之间有所出入引发的。显然,"若下大雨,则地湿"与"p→q"谈真论假的情况是不同的。

---

❶ 弗雷格.弗雷格哲学论著选辑[M].王路,译.北京:商务印书馆,2006:59.

(一)存在与命题真

现实世界由事件构成。事件按时间大体可分为三类:过去的事件、正在发生的事件、将来发生的事件。对于前两者,我们称为"事实"。不同的事件内容虽然大相径庭,却可以指向一个共同的东西:存在与否。事件具有拟存在的性质,而事实则进一步具有存在的性质。维特根斯坦在《逻辑哲学论》开篇第一句就是:世界是如是情况的总和(The world is everything that is the case)。笔者以为这话还可以说得更加开阔一些:现实世界是一切事件的总和,或者说世界可以分解为事件。事件还可以按结构分为两类:一类是不用再予细分的原子事件,另一类是以原子事件为基础的关系性事件。相应的,原子事实具有存在性质(如"英国人罗素是名逻辑学家""秦始皇统一了中国"等),但关系性事件中的原子事件可以只具备拟存在性质,虽然关系性事件可能具有存在性质(如"作用力与反作用力是相等的""水可分解出氢气和氧气"),这有点类似于一个永真式命题的值是真的,但其支命题的值却可真可假,真假未定。

思想源于主体对现实世界事件的认知及研究。其中的陈述性思想构成命题。对应原子事件和关系性事件产生了原子命题和关系性命题。各个命题的内涵是丰富多变的,但均可以指向一个东西:真与假。因此,在事件的存在与命题的真之间存在某种对应,似乎可以在它们之间建立映射关系,即命题反映的事件是(拟)存在的,那么这个命题就是(拟)真的,反之就是假的。

但是主体的思想并不仅仅停留在对现实世界的摹本阶段。通过主观想象,人们可以在思想中创造与现实世界相类的主观情景世界。与现实世界由事件构成相类似,主观情景世界由事情构成。事件与事情是如何关联的呢? 我们可以引用维特根斯坦的论述:"尽管我们主观想象中的世界和现实的客观世界是不同的,但是它们之间显然有些东西——一种模式——是相同的。这种固定不变的模式由对象组成。"[1]刘易斯也说,"我和我周围的环境"构成现实世界,其他的可能世界也是同一类型的东西。[2]刘壮虎先生说得更干脆:一个命题的内涵就是所

---

[1] WITTGENSTEIN L. Tractatus Logico-Philosophicus[M]. London: Routledge, 1999: 2.022.

[2] LEWIS D. Counterfactuals[M]. Cambridge MA: Harvard University Press, 1973: 86.

有使它为真的可能世界的集合。❶当然,他这里的"内涵"是站在逻辑角度上来说的。因此,事情似乎是在模式相同的前提下,对事件的仿造和衍生的结果,这一仿造与衍生需要一个主观情景世界(我们可以想象没有事情的情景,却无法想象一个无情景的事情,称事件在主观情景世界中的相应物为事情,原因之一正在于此)。与事件相对应,事情应该也可以谈论"存在与否"的问题。不过这种"存在"只是相类似但并不等同于事件的存在性质,我们不妨称为"仿存在"。显然,与事情的仿存在性质相对应,严格意义上,事情命题的真只是一种仿真。❷另外,以事件命题和事情命题为基础,主体的思想可仿造或衍生出其他命题,包括假命题。

事件、命题与事情的关系如图6-1所示。

(现实世界)事件【(拟)存在】→被描述→事件命题【(拟)真】
固定↓模式　　　　　　　　　　仿造衍生│其他命题
(主观情景世界)事情(仿存在)→被描述→ 事情命题(仿真)

图6-1　事件、命题与事情关系

那么对于各种命题,我们如何谈真论假呢?
首先考察对应现实世界的命题真的情形:
(1)1895年,清朝政府被迫和日本政府签订《马关条约》。
(2)珠峰现在是世界最高峰。
(3)在不久的将来,中国人将登上月球。
(4)当物体受外力作用,其运动状态将发生变化。
(5)A 等于 A。
(6)2050年3月21日江门将艳阳高照。
(7)荆轲刺杀秦王嬴政成功。
(8)汉朝的都城是长安。

---

❶ 刘壮虎.领域语义学[M]//中国逻辑学会.逻辑今探.北京:社会科学文献出版社,1999:60.

❷ 这可能要遭到弗雷格的反对,因为他在《论涵义和指称》指出:在一篇史诗或一本小说中的命题具有意义,但是它们通常不分成真或假,因为它们被认为不具有所指。

(1)—(5)均是描述事件的命题。(1)对应着一个历史事实,故真。(2)对应着现实存在的事实,亦真。(3)对应着一个将来发生的事件,是拟真的。(4)描述了规律性的关系性事件,是真。(5)是一分析真命题,无论 A 是什么,有着何种内涵,均真。(6)描述的是将来可能发生的情形,具有拟事件性质。如果它成为事实,则是真的。但如果没能成为事实,则是假的。(7)与史实相悖,故假。(8)似乎描述一件历史事实,但我们知道,汉朝的都城有两个:先是长安,后是洛阳。因此(8)是否对应着历史事实还须先确定时间的维度。

其次考察对应主观情景世界的命题仿真的情形:

(9)贾宝玉最终还是未能和林黛玉成婚。

(10)孙悟空一金箍棒打死了唐僧。

(11)如果物体不受任何外力作用,则保持匀速直线运动。

(12)如果物体不受任何外力作用,则作变速运动。

(9)对应文学著作《红楼梦》创造的一主观情景世界,并且能映射其中的事情,故真。(10)对应文学著作《西游记》创造的一主观情景世界,但无法映射其中的事情,故假。(11)(12)对应着一个想象的理想物理世界,(11)能映射其中关系性事情,故真,(12)与其中的关系性事情相悖,故假。

最后考察跨世界的命题(仿)真的情形:

(13)有些小孩很喜欢孙悟空,常学着孙悟空的样子舞棍弄棒。

(14)在当时的历史条件下,如果荆轲刺秦成功,秦仍将统一中国。

(15)唐僧受命于唐太宗,前往西天取经。

对于跨世界的命题,似乎可以映射所跨的每个世界中的事件或事情。应当映射哪个世界呢?为了解决这个问题,我们不妨借助维特根斯坦的三句话:"对象形成了世界的基础""这种固定不变的模式由对象组成""只有存在对象,才能有一个固定模式的世界的存在"。[1]可见,对象是我们选择和考察世界的关键和核心所在。(13)中"有些小孩""棍棒"都是现实世界的对象,而"孙悟空"却是一主观情景世界的对象,不难判断,现实世界的对象是(13)映射的主要对象。从而,判定(13)的真假应当考察其是否能映射到事件的存在。同理,(14)(15)虽

---

[1] WITTGENSTEIN L. Tractatus Logico-Philosophicus[M]. London:Routledge,1999:2.021,2.023,2.026.

然跨现实世界和一主观情景世界,但其真假却取决于其映射的主要对象所在的主观情景世界[关于一个命题何以能(映射性)包含多世界的对象可以参考可能世界理论]。

由上讨论可得:

①命题映射的主要对象决定了据以为考察命题真假的世界,我们称为"本基世界"(用 W_0 表示)。

②命题真假取决于其反映的事件(事情)在本基世界是否(仿)存在。

这让我们很自然地想起塔尔斯基的"T约定":

X 是真的当且仅当 P。

若视"T约定"是真理符合论的技术改造,那么我们可对其作如下改动:

X 是 W 真的当且仅当 X 能映射 P。

其中 X 是命题,W 是世界,P 是该世界事件(事情)的存在(仿存在)。

但命题(从宽泛的意义上)是否只限真假二值?

我们容易发现,事件(事情)与命题的映射并非一一对应关系。如果投影到一个层面上,则二者是相交关系。有些命题既不描述事件,也不描述事情,其根本原因在于,事件(情)均有拟(仿)存在属性,但命题并不当然地具备拟真属性,有一些命题既不能是真的也不是能仿真的,而是假的或没有真假的。例如:

(16)燕王朱棣攻陷京师时,建文帝朱允炆由地道出逃,改换僧装,自称应文,流浪各地。

(17)我明年的12月21日中午出现在华沙。

(16)是民间传说的一种说法,也有史书说建文帝在南京城破时于宫中自焚而亡,孰是孰非,不得而知,因而(16)的真假目前尚不能断定。(17)是卢卡西维茨建构多值逻辑时所用的一个名例。其 W_0 是明年12月21日中午所指的那个世界,但(17)能否在那个世界成真还未可知,目前还是真假不定,(15)(16)共同说明了命题还有第三种值:有真假,但目前由于种种原因未能断定。

(18)这仓麦子能分成几堆?

(19)这个城市有几个秃子?

对(18)(19)的回答自然构成命题,但恐怕没人敢说某些回答是真还是假。

(18)中一粒麦子自然不能构成麦堆,但多少粒麦子才能构成麦堆？这是谁也无法判断的事情,因为麦堆是个模糊概念。(19)实际是"秃子怪论"的变种,罗素在其名作《论模糊性》中说:"假定一个人原来不是秃子,他的头发一根一根地脱落。于是有人争辩说:一定有一根头发,由于这根头发的脱落,便使他变成秃子。这种说法显然是荒唐的,秃头是一个模糊概念,有一些人肯定是秃子,有些人肯定不是秃子,而处于这两者之间的一些人,说他们要么是秃子,要么不是秃子,都是不对的。"❶再如海森堡的测不准原理表明,获得严格精确的初值在原理上是不可能的。这意味着,不确定性是客观世界中的一种真实存在,是存在于宇宙间的基本要素,与人类是否无知没有关系,这说明命题真假的不确定性也是存在的。实际上,这种命题大量存在,如一些关于思辨、道德与艺术的事情命题。对此,维特根斯坦说:"因而也就没有什么伦理学命题。"❷弗雷格也认为存在这样的命题,在《论涵义和指称》中他指出:"一个语句如果包含了有涵义而无指称的语词,那么这个语句就是无意义的。"对于无意义的语句,人们不会说它是真的或假的。

因此命题还有第四种值:无真假。

综上所述,命题有真、假、有真假但真假不定、无真假四值(分别用1,0,2,3表示,下文同),对于无真假的命题,借用维特根斯坦的话,我们将保持沉默。

(二)赋值与命题形式真

如果把命题变元p、q、r、……视为无意义的符号,"命题形式是否有效或永真从其本身不能得到说明",则其无真值可言。设S为命题逻辑演算中任一变元,则S由里到外有三层意义:(1)在符号系统中的变元意义;(2)在赋值中的真假意义;(3)解释成原子命题后的意义。可见,变元的真值似乎有两个来源:一是代表的原子命题的真假,但很容易发现,这实在是对命题形式真的误会;二是由赋值而来,如二值逻辑中即有$V(s)=0$或$V(s)=1$,而三值逻辑中有$V(s)=0$或$V(s)=1$或$V(s)=1/2$。赋值才是变元获得真值的唯一源泉。S之所以为真是因为赋其值为真。这种赋值的独断性与原子命题真自然有天渊之别。为了表达和确定变

---

❶ 罗素.论模糊性[J].模糊系统与数学,1990(1):17.

❷ WITTGENSTEIN L. Tractatus Logico-Philosophicus[M]. London:Routledge,1999:6.42.

元间的关系,逻辑学家构造了"∧""~""∨""→"等符号,并称它们为"逻辑算子",变元(们)有了某一算子就构成复杂度为1的新的命题形式,而新命题形式的真值又等同于该命题形式算子的真值。算子的真值从何而来？很明显,是对其支命题形式(变元)计算而来,因此该算子实质上是变元(间)的真值函数,其真自然为关系真。在复杂度为1的命题形式的基础上,可以递归地得到复杂度为2,3,…n的命题形式的真值。可见,变元的真假与复杂度大于0的命题形式的真假大不相同：前者是赋值而来,是赋值真；后者是计算而来,是关系真(虽然逻辑演算中并不十分在意区分这两种真)。例如,P与P∧P真值相同,但真的理由却差别甚大。[1]

(三)命题真与命题形式真的关系

(1)相通性。一个有真假的命题总可以抽象为相应的命题形式；一个命题形式总可以解释为一具体的命题。由于二者均有真假值,不妨使二者同真或同假,即命题抽象形式之时把自身真假值赋予其命题形式,命题形式解释成命题时也把自身真假值"传递"给对应命题。这种共通性使命题和命题形式间的代换和交流成为可能。同时,对于原子命题,我们常以真假论之,但对于复合命题(关系命题),我们却常说成立与否,这一点与命题形式中的赋值与计算似乎也是相通的。例如,对于"如果冬天已经来了,那么春天就会不远"表示为"A→B"中,我们就可以对"→"和A赋真值,使命题"如果冬天已经来了,那么春天就会不远"和其命题形式"A→B"的真值情况保持一致。因为命题"如果冬天已经来了,那么春天就会不远"的真假是不自由的,取决于其是否映射其本基世界的事件(事情)(仿)存在与否,而对命题形式的赋值却往往可以进行选择。这也是我们能将"A→B"作为命题推理形式的依据的重要原因,因为我们可以将"冬天已经来了"的真赋予"A→B"中的"A"作为推理的前提。

(2)相异性。倘若我们忽略二者并非一一对应关系,也要看到,它们据以为真的依据迥异。命题形式的真是赋值真、假设真,而命题的真却取决于其能否映射到相应本基世界事件(事情)的(仿)存在。而且,在命题形式中,即使在模态逻

---

[1] 张绍友,谢元春,夏梦等.论命题逻辑中"真"的判定[J].白城师范高等专科学校学报,2002(1):8-10.

辑等逻辑系统中,似乎不再有真或仿真的区分,甚至没有仿真之说。另外,在经典逻辑中,命题形式一般只有0、1二值,而命题却有0、1、2、3四值,说明并非所有命题均可抽象为二值逻辑的命题形式。

我们要注意到:命题形式是命题的形式,本质上二者还是形式和内容之间的关系,所以命题形式应当为命题服务。这意味着,第一,命题形式的真假未定性与命题的真假可定性之间有着互通对应的桥梁——这就解释了弗雷格何以说"A→B"这个真值函项,由于有了"A"命题真的代入,从而从"不饱和"状态转为"饱和"状态(即有了真假);第二,我们对命题形式谈真论假时,应尽量在理论上与命题的真假情况保持一致。

从上面的讨论我们得到一个十分重要的结论:逻辑上的真,是假设真(无论通过赋值还是通过计算),或者说,是设定真。因此,在本质上,逻辑上的真假,虽然既可以映射到主观情景世界的事情命题,也可以映射到现实世界的事实命题,但与现实世界的命题真假不直接相关。

三、从MP规则的逻辑解读看"⊢""→"和"得"

"⊢""→"和"得"是经典逻辑中三个关于推演的十分重要的概念,在某种意义上,它们不但有天然的"亲缘"关系,而且"聚会"于分离规则中并各担角色,相互作用。鉴于此,我们打算通过对MP规则的逻辑哲学解读,进一步剖析三者的关系,并检讨其中存在的问题和困难。

一般的非形式化推理的基本结构是:如果X,那么Y,断定X(是真的),得到断定Y(是真)。在逻辑中,与这个基本结构相对应的,显然是MP规则。MP规则一般表述为:

⊢A→B和⊢A,得⊢B。

如果说逻辑是关于推理的学问,那么显然逻辑都是在围绕MP规则在下功夫,其主要任务就是保证能正确应用MP规则。但是,要深刻理解和应用MP规则却要解决两个问题:一是"⊢"究竟是什么意思?二是"→"似乎也有推导意味,与MP规则中的"得"有什么关联和分别?这两个问题看似平凡,却直接关系逻辑系统之全身。

(一)"⊢"的解读及其影响

1. 对"⊢"的解读

"⊢"是弗雷格在其第一部著作《概念文字》中引进的第一个符号,用于表达判断或断定。他认为,"⊢"等价于一切判断的共同谓词,即"……是一个事实"。但此种理解与逻辑学的性质是有冲突的:正如前述,逻辑命题形式的真来源于赋值真,而非事实判断或断定。因此,许多学者把"⊢"一般解读为可证,或者把其解读为断定却不与可证相互区分。笔者认为这种理解亦欠妥,没有把握到"⊢"最真实的内涵。我们知道,在逻辑系统中,"⊢"主要用在两种场合:一是定理之前形如⊢A,表示在系统中A可证,二是在形如A⊢B表示由A可证B。值得注意的是,由于公理都没有证明的过程,有些逻辑教材在其前面没有加上"⊢"。❶但是,若以性质论,公理似乎也可以归为定理范畴(在等价的定理组之间,可以任选一组作公理,其他组也是可证的),为什么偏偏公理不加"⊢"呢?定理是可证的,在语义上其真是有依据的,那么公理的真又是从何而来?也许有人觉得这是个不成问题的问题:公理是自明的,无须证明就是真的。但下面的追问就会让"公理自明"难以自明,必须作一个更加强有力的解释:为什么不同的逻辑系统的定理不尽相同,有些甚至相悖(这显然源自其公理之异)?例如,排中律是经典逻辑的定理,却不是多值逻辑的定理;析取三段论是经典逻辑的定理,却被相干逻辑驱逐于定理门外。

其实,如果我们联系到公理的另一个名称,答案就呼之欲出了:公设。的确如此,公理是主体的设定!之所以称为"公",就在于其具有直观性,其真能够获得大众普遍确信。但这并不能在根本上改变其本为设定的性质。说一个命题或命题形式是公理是什么意思呢?就是主体设定它(们)是普遍有效(永真)的。在对公理设定的情况下,可以进一步证明其他衍生的定理。所以,与其说这些定理是可证明的,倒不如说是在设定公理的基础上,这些定理也是(同理)可设定的,

---

❶ 有的逻辑学家干脆忽略"⊢"的功能,比如蒯因就认为"断定记号唯一的作用就是,在全称量词前头无自由变元时,断定记号后面的表达式就是一个定理的缩写"。(QUINE W V. Mathematical Logic [M]. Cambridge Mass:Harvard University Press, 1951:16.)如果照此理解,"⊢"在谓词逻辑里还有些作用,但在命题逻辑里似乎作用甚微。

只不过这种设定显得不那么直接罢了。证明过程只是说明了这种间接设定是如何实现的。实际上,关于定理的设定性在系统的赋值上显现得更加清楚:我们关于系统语义赋值就是一种假定。而正是赋值,决定了这一系统中定理的体系和范畴。近似的分析也适用于形如 A⊢B 的情况。因此,"⊢"在根本的意义上不是可证,而是可设定。简言之,对公理的设定是对逻辑系统的直接设定,对定理的设定是对逻辑系统的间接设定,即 A⊢B 是指由在对系统设定了 A 真的基础上,可得系统设定 B 真。这也说明,在设定逻辑系统公理的一刹那间,关于设定这个逻辑系统外的,有着内涵性的东西就已经渗透其中了。在经典逻辑中,~A∨A 之所以是永真式,除了由公理可证外,还有一个重要原因:把"小王去或者不去"作逻辑形式抽象为 ~A∨A 后,其核心内涵"析取"并没有丧失掉,而正是这一核心内涵使"小王去或者不去"永真。这说明,纯粹形式的逻辑系统是不存在的,只要这个逻辑系统进行语义赋值,就会有内涵的东西在形式之中隐含着。所以,"⊢"有着设定的意思不足为怪。

如果我们把"⊢"从系统中某些地方拿掉又如何呢?的确,有时为了表述简洁起见,我们是这样做的。例如,对"A⊢B"中对"A"的设定我们就没加"⊢";对于 MP 规则,可表述为"A→B 和 A,得 B",不用使用"⊢"。但是,这种去除并不能改变"A→B"和"A"的设定性质,也就是说,设定依然是存在的。应当注意到,"设定"是针对系统而言的概念,是站在系统外对系统的讨论,是元逻辑的问题。而可证,显然,是系统内的概念。如果忽视这一点,就难以理解涅尔夫妇如下很重要的一段话:

根据他(指弗雷格)的新观点,判断短线(即"⊢")显然不是函项记号,因为它不再解释为"……是一个事实"这个谓词的缩写,然而我们可以说它也具有逻辑外的一种意义,因为它的目的只是要表明作者本人断定了什么;逻辑却与断定无关,只与可断定的东西有关。[1]

把"⊢"理解为可证还会引起一些不必要的麻烦。2008 年,北京市逻辑学青

---

[1] 威廉·涅尔,玛莎·涅尔.逻辑学的发展[M].张家龙,等译.北京:商务印书馆,1985:629.

年论坛举办了"谁之错——陈慕泽 vs 周北海"辩论会,❶主要围绕陈慕泽先生的论文《全称概括规则和受限制的演绎定理》❷展开辩论。争论的焦点之一是:MP规则使用可证符⊢,是否错的。认为其错的理由如下:一是"证明"的严格定义基于规则,因此在表述规则时不能使用"可证";二是依据加断定符的MP规则无法定义推演。如果把"⊢"理解为可证,这些分析是鞭辟入里的。但是,诚如上言,"⊢"的真实意思是对系统的设定,是元逻辑而非逻辑系统内部的事。显然,既然是对系统层面的设定,那么"证明"的严格定义用到它,或者推理规则中用到它,都不会引起什么矛盾:界说"⊢"不是二者的范畴。

同时,把"⊢"解读为设定,推演才是可定义的。根据演绎定理,由 A⊢B 可得 ⊢A→B。这说明什么呢?设定 A 的基础上对 B 的设定不是随意的,而是必须以设定 A→B(是系统定理)为必要条件。因此,A⊢B 中的设定根子上还是对系统的设定而不是别的。所以,我们可以把 A⊢B 变形为⊢A→B,从而自然可以运用推理规则并定义推演。

2."⊢"与逻辑系统的可取性

显然,对设定本身的研究是逻辑形式系统之外的事。对公理的设定是系统的起点,也决定了逻辑系统的根本特征和性质。无论如何,设定在实质上只是一种假定,尽管其中可能带着强烈而深厚的确信色彩或者甚至就是真的。在宽泛的意义上,设定并不是要保证其对象一定是真值,但任何设定似乎都必须考虑其可取性。不同的人可以作很不相同的设定,孰舍孰取呢?笔者以为这种取舍至少有两个标准:一是其中立水平,中立性决定了逻辑普适程度或应用范围;二是具体对某一领域的竞争力谁高谁低。无论逻辑如何界说,有一点是公认甚至是不变的:逻辑是工具学科。对于一个逻辑系统来说,不能直接指出自己的应用领域,尤其是对现实世界或各门学科有何工具性意义,是件很让人遗憾的事。一个

---

❶ 活动报道·陈慕泽 vs 周北海·全称概括规则和受限制的演绎定理[EB/OL].(2009-02-24)[2023-01-01]. http://hi.baidu.com/koboldragon/blog/item/765358ecf41bcfd62e2e2106.html.陈晓平先生也撰文论述了该问题.[陈晓平.关于推理规则的表述[J].华南师范大学学报(社会科学版),2002(6):130-131.]

❷ 陈慕泽.全称概括规则和受限制的演绎定理——国内数理逻辑教材中的一个问题[J].浙江社会科学,2001(2):23-29.

逻辑系统,无论构建得多么精致,如果在现实世界里找不到用武之地或者用武之地极其偏狭,人们就有理由怀疑这是个可以束之高阁的"工具"。所以,可取性是我们建构逻辑系统必须考虑的事,而且应该是要重点考虑的事。理论联系实际,这句话,对工具性学科的逻辑更是重要。逻辑系统可取性是元逻辑研究的范畴。目前,我们许多逻辑系统都采用亨金(Henkin)集的方法证明其完全性。该方法是非构造性的,可以证明系统模型的存在性,但通常并不会找出这个(些)模型❶,并由此造成如下可能:进一步深入研究这个(些)模型的性质和特点是怎么样的,已成为被规避或难以操作的工作。笔者认为,对一个逻辑系统的元逻辑研究,不但要研究其一致性、完全性,还要研究其可取性。塔尔斯基由数理逻辑的观点给出了逻辑的定义,他认为由一定的公理加上推理规则建立的系统就是逻辑。受塔尔斯基的影响,很多人认为逻辑就是逻辑系统。这是很值得商榷的,因为按此观念,不少游戏(如下棋、打牌等)也可以算得上逻辑。金岳霖先生很早就注意到逻辑与逻辑系统的不同。笔者认为,我们有必要把逻辑与逻辑系统区分开来,而区分它们的标志之一,就是可取性。因为任何理论脱离了应用,脱离了实践,就只能是僵化的教条,就没有活力和生命力。

(二)"→"与"得"

1."→"与"得"的逻辑哲学解读及二者关系

我们看到,在MP规则"⊢A→B和⊢A,得⊢B"中,"⊢"是系统初始要解决的问题,其可取性也是在元逻辑层次解决。那么逻辑内部应当处理些什么呢?就MP规则表述而言,笔者认为逻辑要处理的是保证A→B是可设定的,或者说,保证A→B是系统的定理。逻辑内部的绝大部分(如果不是所有)工作都是在做一个事:把定理找出来,或者说,把定理与非定理区分开来,找到哪些是系统肯定的推理模式。实际上,这也是逻辑作为工具的基本思想决定的。非形式化的有效推理主要构成如下:

如果X,那么Y;现在X,所以Y(X、Y是任意命题)。

---

❶ 这一点也是深受数学存在性定理的影响。例如,假设一个方程组无解,推导出了矛盾,则说明该方程组有解。但是,至于这个解是什么,具体是什么样,就超出了存在性定理探讨的范围。

在这一构成中,前提部分是关键,显然,X的真或者确信,是主体应用这一推理结构时自己要解决的问题,无须逻辑多言。但对"如果X,那么Y"而言,却需要逻辑进一步说得清楚明白(纵观MP规则可废止之说均是对此存在异议)。❶要使"如果X,那么Y"成立有两种途径。第一种是意义蕴涵(可分为涵义蕴涵和知识蕴涵),如"若他去过法国,则他就一定去过欧洲""若他说过这棵树最高,则说明村子还有其他树"等就属于涵义蕴涵,而"若摩擦,则生热""若春来,则花开"等属知识蕴涵。这类蕴涵作形式化抽象后,其核心意义也将消失,构成形如"p→q"这样不可从形式上分析出真假的式子。第二种是结构(形式)蕴涵,如"若小王和小李来了,则小王来了""若你去,则并非你不去"。这类蕴涵作形式化抽象后,其核心意义可以保留,构成"p∧q→q""q→～～q"这样可以从形式上分析出真假的式子。显然,意义蕴涵的有效性是具体科学等要解决的问题,而结构蕴涵的有效性是逻辑要解决的问题。而逻辑主要是通过A→B(A、B分别是X、Y的命题形式)是定理来保证结构(推演形式)的有效性,通过MP规则实现其有效性。

那么"得"是什么意思呢?其直接的意思似乎与充足理由律相契合,指结论得自它的前提。"得⊢B"可以解读为"必然得出⊢B""所以⊢B"。关于"蕴涵"和"所以",金岳霖先生曾说:能说所以的时候总有蕴涵关系……问题是有蕴涵的时候是否能说"所以"。❷实际上,A→B描述了一个定理,一个逻辑状态,这种逻辑状态还未实现,其中的A可真可假,因而其中的B也可真可假,并不是必然得出,"→B"也不能读为"所以B"。可见,"得"与"→"有着显著区别。但同时,"得"与"→"又有着天然的一致性。"此处所说的'所以',是演绎方面的所以……这种'所以'是演绎方面的'Inference'它根据于蕴涵。"❸"'Inference'根据于蕴涵"表明:"→"潜含着"得"之义旨。这点可以从"得"的过程看到:如果前提,那么结论(蕴涵式表述了形式有效性);现在前提真,那么结论真(推出结论)。如果没有"→"隐含的"Inference"性质,那么"得"则无从可得,所以"→"必须也必然有"得"之根

---

❶ 熊明辉. 自然语言论证评价的逻辑分析[J]. 哲学研究,2006(10):102-108.

❷ 金岳霖. 逻辑[M]. 北京:生活·读书·新知三联书店,1982:267-268.

❸ 金岳霖. 逻辑[M]. 北京:生活·读书·新知三联书店,1982:267.

本规定性。"得"实质上是蕴涵式中"→"功能的实现化。

2."→"若仅作为真值函项,会使逻辑系统内部出现矛盾

如果"→"仅作为真值函项,那么实质蕴涵说的"'若,则'句真不可能前件真而后件假"中的"不可能"、经典逻辑分离规则的运用及"必然推出、必然得出"等重要理论都没有生根之地。例如,若把A→B中的"→"处理成单纯的真值函项,那么对A→B施用分离规则时,就自然潜藏着一个无法克服的内在矛盾:⊢A何以能得到⊢B?为什么不可以对A∨B直接施用分离规则(⊢A,或者得到⊢B,或者得到⊢~B,或者得到⊢~B∨B等)?可见,在"⊢A→B,⊢A,得⊢B"中,实际上已经要求也赋予了"→"承担推导功能,虽然此时只是潜藏的,但是一旦用到MP规则,这种功能就暴露无遗了。因为从⊢A得到⊢B,其逻辑的支撑点显然只能在A→B中的"→"——这时必须赋予"→"推导方面的意义,否则分离规则利用"→"进行变形就没有依据,就失去了合法性。在这里,经典逻辑自己出现了"逻辑问题":实质蕴涵的定义中并没有推导的内涵,却又必须承担推导的功能。这意味着实质蕴涵存在定义内涵过少的问题。

从另一个角度来说,蕴涵式A→B如果不通过使用MP规则,无论如何也"得"不到B。但正如前述,"得"的过程要求前提为真(哪怕是假定为真),这实际上就是要求蕴涵式的前件必须设定(为真),从而才能实现"→"中潜隐的推导功能。如果蕴涵式的前件不设定(为真),将引发经典逻辑内部出现系列麻烦。前述辩论会和陈慕泽先生的论文均提到了演绎定理的问题。演绎定理及其逆定理一般可表述为:

⊢A→B当且仅当,A⊢B。

张尚水先生的《数理逻辑导引》认为,演绎定理及其逆定理表述了可证明性与可推演性的关系:如果一个蕴涵式是可证明的,那么以这个蕴涵式的前件作前提可以推演蕴涵式的后件;如果从某些前提可以推演一个蕴涵式,那么从这同一些前提加上那个蕴涵式的前件可以推演它的后件。❶笔者认为,演绎定理是成立的,但其逆定理似乎有点难说。⊢A→B是说设定A蕴涵B,但对A、B的真假并不作考虑。若以实质蕴涵论,只要不是A真B假的情况,⊢A→B都是设定为真

---

❶ 张尚水.数理逻辑导引[M].北京:中国社会科学出版社,1990:126.

的。而 A⊢B 是说设定 A 为真（其前的设定符是省略了的），则设定 B 为真。换言之，由 A⊢B 我们可以得到⊢A→B，反之却未必。

演绎定理逆定理证明思路大体是：

由自推性得{A}⊢A，由⊢A→B 和单调性得{A}⊢A→B。再由{A,A→B}⊢B 和传递性得，A⊢B。

可见证明过程中，暗含着一个预设和假定：{A}被设定为真，即 A 设定为真。但在⊢A→B 中，依照实质蕴涵理解，A→B 中的 A 可假，A→B 仍然是真。这里实质暗含了一个矛盾：{A}中 A 确定是真值，但 A→B 中 A 可能是假值。若强行假设 A→B 中 A 只能取真值，又没有合法的依据！

关于"⊢""→"和"得"的讨论，让我们意识到，"→"不能被简单地认为仅仅是真值联结词，它除了真值性似乎还有别的东西，如与"得"相似的东西。实质蕴涵定义只刻画了"→"真值方面的意义，也许这正是其引发怪论的重要原因。

四、适合日常推理的蕴涵的基本要求

经典逻辑有两个基本特征，一是外延性，二是二值。下面我们将紧扣这两个特征寻求更为适合日常推理的蕴涵（以下称"日常蕴涵"）。这一蕴涵既要满足逻辑演算的要求，又要满足人们在日常生活中关于"若,则"句的一般性认识。具体说来，它应当符合以下基本要求。

（一）形式性

这种蕴涵必须是与人工语言系统相匹配的符号，必须是反映一类理性思维共通的、基础性的推演范式，这实际是其对逻辑结构性归属的要求——否则无以成逻辑系统（形式化是逻辑的基本精神之一）。作为逻辑符号，在未约定俗成前表示为"→"是可以的，表示成"É"或"Þ"等也未尝不可，因为在这个时候它可以没有任何意义（除却符号的意义）。但其相对于逻辑系统却是有意义的，这可在系统定义上体现出来：(1)能使其与其他逻辑符号在形式和系统意义上区分开来；(2)其提示或隐含的属性足以使系统能在涉及其方面自足而无害碍。例如，在 PC 系统上，形如 α→β 的公式中，对其我们只知道：α、β 是两合式公式；"→"是系统一运算符,该公式或真或假,其值是赋值或演算而来;当且仅当α真β假时α→β取假值。至于"α""β""→"及"α→β"在PC系统外有何意义,在未得相应解释前,我们总无从知晓[1]。有学者指出,想要完整地把握条件句的真值,不能仅停留在真值层面,必须上升到涵义甚至语力层面。[2]笔者认为,无论这条道路是否成功,但在其基础上发展起来的蕴涵理论,一方面很难形式化,另一方面即使形式化,也相对复杂,较难为普通人学习和操作。

(二)保值性

保值性是蕴涵区别于其他逻辑符号最根本的特征(没有哪个逻辑符号能如蕴涵一样与推理联系得如此密切),也是人们为了保证推理有效性对蕴涵最起码的要求——从真前提出发进行有效推理,只能也只会得到真结论,"有之必然",从而才能保证这种推理工具的安全性。"一个推理可以化归为蕴涵式,推理有效性的判定最后被归结为相应蕴涵式永真性的判定,这一点却是现代逻辑学家的共识。"[3]保值性本质上是一个代入标准。考虑一个推理形式S,我们对其进行各种合法解释,观察每一个合法解释Sn是否有真前提和假结论的情形,有则说明S不能保证从真前提只能得到真结论,因此S不是有效推理形式,不符合人们对蕴涵式起码的逻辑要求,也不应该是一个适合日常推理的逻辑系统的永真式(经典逻辑恰恰是因为不能满足这点而备受诟病)。例如,对三段论AEE—1式有

解释一:所有人都是动物　　解释二:所有人都是动物
　　　　所有石头都不是人　　　　所有牛都不是人
　　　　所有石头都不是动物　　　所有牛都不是动物

显然,虽然解释一前提真结论亦真,但解释二前提真结论却假,说明AEE—1式为无效式,未满足保值性要求。

---

[1] 可见,实质蕴涵只要不与其所在系统内部相悖,悖论或怪论之说对于该系统是不能成立的。

[2] 余俊伟.条件句:一种意义理论研究[J].逻辑学研究,2020(2):1-13.余俊伟先生在该文提出,条件句的语义解释是一个三元组:〈语力,涵义,所指〉。语力解释下获得的是条件句的类型,主要有断定、疑问、命令、承诺、感叹等。涵义解释下得到条件句所依据的理及理的内容与表现。所指是理的效用或结果,包括真值、实施状况及空三种类型。

[3] 陈波.逻辑哲学导论[M].北京:中国人民大学出版社,2000:92.

(三)无悖性(解释相对日常推理)

不可否认,逻辑中的蕴涵同日常推理"若,则"句是大有渊源的。但一旦其符号化后,便断了与"若,则"句的一切干系,只承认自己仅仅在所在符号系统中有意义(尽管人们在意识中或多或少地把它同其渊源处联系起来)。当它在符号系统中找到自己的位置,处理好各种关系,使整个系统成熟化后,逻辑的工具性质又必须也必然地要求赋予系统中各符号系统外的意义。这实际上就是要在一定论域中对符号系统进行模型解释,只要解释是合法的,解释后的意义就应该同该论域的意义规则有效性保持一致(至少相容),否则该符号系统将不适合于该论域。而实质蕴涵在日常推理中的某些合法解释却有悖于日常推理,故有"怪论"之说。

(四)中立性

诚如陈波先生所言,中立性和普适性应该是逻辑学的一个本质特征,我们通过一套蕴涵理论提供一套推理理论时,也应该确保它具有这种中立性和普适性。[1]因此,对于蕴涵的中立性,我们可以通过对逻辑本身的中立性来认识。逻辑学是探讨思维推演范式的学问。"现在也清楚了,逻辑为何被称为形式和推导的理论。"[2]但思维推演范式似乎有多种,怎么将逻辑方面的推演范式与其他学科内容方面的推演范式区分开来呢?这一区分的标准应当是:逻辑的推演范式相对其他学科是基础性且共通性的。这种基础性和共通性主要体现在:如果把各门学科看作一个个极大一致集,那么逻辑追求的推演范式正好是这些学科中有效推理(论证)形式的交集。逻辑要做的工作之一是,尽量接近或寻找这一特定的交集。由此,我们可以给逻辑一个描述性界定:逻辑是理性思维研究各门学科共通的、基础性的推演范式的学问,这些范式是这些学科中有效推理(论证)形式的交集,即令 T_1、T_2、T_3……是一个个学科推演范式的极大一致集,$T=\cup\{T_1$、T_2、T_3……$\}$,如果 $Th(S)=\cap\{T\}$,则称 S 是关于 T 的逻辑。一个逻辑系统 S 中立性越强、越好,其有效式集似乎就越能回答罗素下面这个问题:不论其题材是什么,

---

[1] 陈波.逻辑哲学导论[M].北京:中国人民大学出版社,2000:93-94.

[2] WITTGENSTEIN L. Tractatus Logico-Philosophicus[M]. London:Routledge,1999:6.1224.

不论其是通过什么语言来表达,有些论证是有效的,有些论证则是无效的;——是什么使得它们成为有效的,这个问题本身无论如何都是不依赖于语言和文化的。对于中立性,我们还可以用苏珊·哈克这段话作为注脚:"形式逻辑系统力图把非形式论证形式化,力图用精确、严格和可概括的名称来表达它们;并且一个可接受的形式逻辑系统应该是这样的:如果一个给定的非形式论证,通过某种形式的论证在这个系统中得到表达,那么形式论证在系统中是有效的,仅当非形式论证是在系统外的意义上有效的。"❶

(五)简便性

虽然这不是蕴涵的必然属性或本质要求,而只是蕴涵理论形式上便利、操作上简易的副产品,但是作为服务于日常推理的蕴涵,应该符合人们对"若,则"句的直观理解,如果有悖于这种理解,人们很难认同并采用、推广。而且,既然服务于日常推理,也就可能经常地、大量地用到,如果蕴涵意义和用法太过繁杂,让人们难以掌握,使用起来很费神费力,恐怕也只能束之高阁。

有学者对蕴涵提出了内容相关性的要求❷,笔者认为这直接与蕴涵的形式性、简单性相悖,而且与逻辑的本来相悖。总的来说,逻辑关系是一种结构形式关系,只管形式,不管内容。内容的相关性和意义应该是人们应用逻辑形式并添加内容时自动处理的事情。

---

❶ SUSAN H. Philosophy of Logic[M]. London:Cambridge University Press,1978:52.
❷ 陈波. 逻辑哲学导论[M]. 北京:中国人民大学出版社,2000:93.

第七章 "若,则"的逻辑特征

正如前述,蕴涵怪论的发生,经典逻辑对日常推理、传统逻辑的背离,主要原因就在于从"若,则"句抽象出来的实质蕴涵,与"若,则"句表达的思想差异较大。而要探寻、提炼更适合日常推理的新的蕴涵(即日常蕴涵),就必须重新更翔实深入地考察"若,则"句本身。"蕴涵是日常语言中语词'如果,那么'的逻辑抽象,蕴涵命题在日常语言中是用条件句'如果A,那么B'或'A蕴涵B'表示的。条件句是蕴涵命题的语言载体,蕴涵命题是条件句的思想内容。"[1]这段话清楚地说明了"蕴涵""若,则"条件句之间的关系。

首先我们要解决一个问题:刻画"若,则"句的蕴涵是一个本体论问题吗?这个看似简单的问题,却隐藏着探寻蕴涵之路的秘密。在严格意义上,世界上本不存在什么"若,则"句,"若,则"句只是属于与认知主体行为密切相关的一个认识论概念,只是人们在思维领域中对信息整理过程中的发明创造:以便信息在我们思想中秩序化。正因为"若,则"的非本体论性,所以没有符合不符合客观世界中原像的问题;正因为"若,则"关系是认识论问题,所以它完全可以"约定俗成"。但一旦"约定俗成",其意义也就"约定俗成"下来,对"若,则"的解释,若非强悍无比的理由,在"俗"的领域内,都得服从其"约定俗成"的意义,而不是企图叫"约定俗成"去"削足适履",适应新的解释(部分实质蕴涵的辩护者的想法就是这样)。[2]这也告诉我们,应是逻辑上的蕴涵迁就"若,则",而不是相反。维特根斯坦应该会赞成我们的观点。他认为,言语的意义是通过使用确定的规则而建立的,我们在交流过程中其实是在参与各种各样的"语言游戏"。每个语言游戏有自己的规则和语境,人们在其中根据约定俗成的规则进行交流。举例来说,当我

---

[1] 张家龙.蕴涵[M]//张清宇.逻辑哲学九章.南京:江苏人民出版社,2004:162.

[2] 例如,千百年来,汉语中的"救火",实际上是灭火。现在非要改叫"灭火"有必要吗?可行吗?人们会因为要"救火"而"火上浇油"吗?

们在一个科学讨论中使用术语和公式时,我们按照科学界的规则表达和理解概念,因为理解语言的意义是在理解语言游戏的规则和语境。因此,我们要寻找刻画"若,则"句的日常蕴涵,不能采用纯粹技术构造的方法,更不能采取闭门造车的手段,而是要深入我们的日常思维或日常推理中,学习、模仿、总结人们如何使用"若,则"句。❶正如前述,日常思维和日常推理中,人们如此使用"若,则"句至少已有几千年历史了,其意义、用法在人们思维模式中早已根深蒂固,并为众多民族和文化所认同,表现出了高度的一致性和稳定性。这也使人们有理由对"若,则"句的日常意义和用法保持信任。

此外,我们还要探析一系列非常有趣的问题。"若,则"句可以表示充分条件关系,又可以表示因果关系,还可以表示各种虚拟语气。为什么人们能统一使用"若,则"表达这么多复杂的关系?把它们统一起来的基础是什么?这一基础又是如何使这些表达统一起来而不引起混乱的呢?换句话说,如此多义的"若,则"关系,除了形式上都表现为"若,则"句外,必定还有什么重要的共性机理使它们能共处于同一个"若,则"构块式的大家族里。而这个共性机理一定与逻辑息息相关。

一、"若,则"句研究概述

由于"若,则"句在语言和推理中的特殊地位,无论是语言学、哲学和逻辑学甚至心理学都把其作为重点研究对象,甚至"跨学科证据互鉴态势正在形成"❷,也产生了不少理论,不过这些研究主要集中于当代。2007年,荷瑞克尔(Horacio Arlo-Costa)在其《条件句逻辑》开篇指出:"确切地讲,尽管'若,则'句的研究集中在最近的50年,但是这个论题却有着悠久的研究历史,最早可以追溯到古希腊

---

❶ 郭世铭先生曾疾呼:需要发展出一种将认识主体的推理、证明活动包括在内(哪怕是元理论层次)的逻辑理论。我们觉得应该也可能有这样的逻辑,因为逻辑研究的是推理,而推理是人的行为,只有将人的推理行为刻画出来,才是真正意义上的逻辑。(郭世铭.关于充分条件[M]//中国逻辑学会.逻辑今探.北京:社会科学文献出版社,1999:70.)

❷ 张媛.国内外条件句研究现状及展望[J].外国语文研究,2021(2):30.

的斯多噶学派"❶。当代对"若,则"句的研究大致可以分为两个阶段。第一阶段在20世纪40—60年代,代表人物有古德曼(Nelson Goodman)等人,主要围绕"若,则"句的可保持性理论(retainability theories)展开。其基本思想是:如果"若,则"句的前件(加上适合的前提)衍推它的后件,这个"若,则"句就是可断定的。第二阶段从20世纪70年代至今,主要研究"若,则"句何以成立(为真),从而形成了四种研究思路。(1)纯真值道路。认为实质"若,则"句逻辑等价于~A∨B,即等值于A→B,把"若,则"句等值于实质蕴涵。(2)内涵道路。主要利用"可能世界"考察"若,则"句真假,代表人物有斯塔内克尔和路易斯。斯塔内克尔为此提出一个"挑选函数"F。F为任何命题A和任何世界w选择一个世界w′[w′是最近似(nearest)于A真的w世界]。"若A则B"在w中真,当且仅当B在w中真。"若A则B"绝对地真,当且仅当B在与事实世界最近的A世界(A在其中真的世界)中真。可见,"可能世界"进路的思路主要是:判断A→B的真假上,不必要求A在现实世界一定真,而是考虑A真的可能世界里,B的真假情况。斯塔内克尔还构建了一个以他的名字命名的模型<I R S ð>,用以刻画反事实条件句的真值,并在其基础上构造了一个公理化的条件句逻辑系统,即极小条件句逻辑C2。❷(3)概率道路。这条道路代表人物有亚当斯(Ernest Adams)等人,他们认为"若,则"句不是真值承担者,但是"若,则"句有确切的可接受性条件,因此其重点研究"若,则"句的接受(或然的)理论,而不是真的理论。❸伊丁顿认为,当前件为假时,需要能够把可信的条件句与不可信的条件句区分开来,而真值蕴涵却做不到这一点。❹该道路产生了拉姆塞(Aaron Ramsey)测验等理论。"如果A,那么B"的信念的度等于给定A时,对B的信念的度用概率公式表示为:P(如果A,那么B)=PA

---

❶ ARLO-COSTA H. The Logic of Conditionals [EB/OL]. (2010-05-03)[2023-12-01]. http://stanford.library.usyd.edu.au/entries/.

❷ STALNAKER A. Theory of Conditionals[J]. American Philosophical Quarterly,1968(2):98-112.

❸ ADAMS E. the Logic of Conditionals[M]. Dordrencht:Reidel,1975:126.

❹ EDGINGTON D. Conditionals[M]//GOBLE L. The Blackwell Guide to Philosophical Logic. Oxford:Blackwell Publishers Ltd,2001:235-329.

(B)=P(A∪B)/P(A)[如果P(A)不是0]。❶(4)认知道路。代表人物有格瑞登弗尔斯(Peter Grdenfors)等。该道路坚持一个语句并没有从某些对应世界得到它的意义,语句的意义仅仅在涉及一个信念系统才被决定。显然,"若,则"句的真假也必须置于主体认知系统才可能得以确定。❷但是,对于以上进路,长期活跃于条件句研究领域的都文(Igor Douven)在其《Continuum哲学逻辑指南》中作了如下评论:"无论在日常的还是科学的话语与推理中,条件句所发挥的重要作用都是不容忽视的。……然而令人惊奇的是,尽管这些领域的许多学者花费了大量的时间和精力,迄今仍然没有人敢说关于条件句研究已不是莫衷一是的。甚至关于条件句的一些最基本的问题,诸如:条件句是否有真值条件？如果有,它们是什么？什么是条件句的可接受性和可断定性条件？凡此种种,都没有获得一致的解答,甚至也没有人能够指出关于这些问题有某种获得了多数认同的解答。"❸

以上研究思路中,有些思想和结果,特别是都文提出的问题,对我们剖析"若,则"句是相当有益的。

二、"若,则"句的真值性逻辑特征与"前件真承诺"

(一)"若,则"句的真假与"前件真承诺"

1. 日常思维视阈下的"若,则"句

首先我们追问:人们用"若,则"的目的是什么？希望它发挥什么样的功能？表达什么样的意思？比如,老板说"如果你做好这些工作,那么我就给你加薪"。显然,这时老板并没有用实际行动给予"你做好这些工作"和"给你加薪"一种必然联系。当然,你事实上做好了这些工作,老板也守约给你加了薪,那么老板说的"如果你做好这些工作,那么我就给你加薪"这句话就实现了,就是真的。如果

---

❶ 里德.对逻辑的思考[M].李小五,译.沈阳:辽宁教育出版社,1998:93.

❷ GRDENFORS P. Knowledge in Flux[M]. Cambridge Mass:MIT Press,1988:72.

❸ DOUVEN I. Indicative Conditionals[M]//PETTIGREW R,HORSTEN L. The Continuum Companion to Philosophical Logic. London:Continuum International Publishing Group,2011:384.

由于种种原因,你没做好这些工作,老板还是给你加了薪水,人们能认为"如果你做好这些工作,那么我就给你加薪"这句话是真的吗?思维正常的人绝不会认为你没做好工作,是你加薪的条件,只是会认为,你工作没干好,竟然还加了薪,肯定有其他原由。

"如果你做好这些工作,那么我就给你加薪"这种对"若,则"句的用法,显然是"若,则"比较原初的用法。因此我们似乎能有把握地说,"若,则"句中,"若"这个子句最初目的就是要在事物发展的可能空间中,挑一种可能性以引起注意,而这种可能性后来能否实现,说话人是不确定的。而"则"这个子句,是针对挑选出来的可能性的后果来说的。从这里,我们很容易理解弗雷格坚持认为"若,则"句是真值函项(只是描述了一种真假未定的状态)的缘由。但只要"若"子句描述的可能性变为现实,那么整个"若,则"句将把这一现实代入前件,这样前件便取得真值,从而整个"若,则"句不再是真值函项,而是成了可以确定真假的命题。

实际上,上述这种对"若,则"句初步的举例式分析也适合于自然语言中的其他"若,则"句。汉语"若,则"句形式很多,涵义各异,主要有以下几种。

(1)条件关系:"如果大雨,那么地湿"。这里,前件是后件的充分条件。

(2)因果联系:"如果感冒,那么可能发烧"。这里,前件是后件的原因。

(3)推理关系:"如果所有金子都是闪光的,那么有些闪光的东西是金子"。这里,后件是由前件推出的结论。

(4)词义关系:"如果张三比李四胖,则李四比张三瘦"。这里,后件是根据"胖""瘦"的词义从前件推出的。

(5)假设关系:"假如你不那么贪吃,身材现在好得很"。这里,前件是一种反事实假设,后件则是由此发出的猜测。

(6)时序关系:"如果冬天到了,则春天不会遥远"。这里,就字面含义而言,前件是时间上的先行事件,后件则是它的后继事件。

(7)允诺、威胁、打赌:"如果你好好完成作业,我就给你买巧克力";"如果不还我的钱,我就天天到你家来吃饭";"如果你能跳过这深沟,我把我的车给你"。

日常英语中的"若,则"句与汉语基本类似,其大致可以分为两大类:现实"若,则"句和虚拟"若,则"句(前者条件部分陈述与事实在现实世界中可能存在,后者条件部分陈述与现实世界相反或不太可能存在)。如果再进行细分,又可分为五种类型,见表7-1。

表7-1 英语"若,则"句类型

Probability	Conditional	Example	Time
Certain	zero conditional	If you heat water to 100 degrees celsius, it boils.	any time
Likely	first conditional	If it rains, I will stay in.	future
Unlikely	second conditional	If I won the lottery, I would retire.	future
Impossible	second conditional	If I had the money, I would lend it to you.	present
Impossible	third conditional	If I had seen him, I would have given him the message.	past

可见,在日常英语里,"若,则"句也是针对可能性而言的,即将一种可能性作为"若"子句,然后考察在"若"子句真的情况下,"则"子句的真假情况或可能性情况。这就是说,在日常英语中,没有将"若,则"句处理成真值函项,而是处理成可以确定真假的命题。

2."若,则"的日常用法与"前件真承诺"

现在的问题是,正如弗雷格所言,"若,则"句本身的确是真值函项,是真假未定的。但在日常思维中,人们却会在"若"子句描述的可能性还没有实现的情况下,认为一些"若,则"是真的,另一些是假的。是弗雷格错了还是日常思维错了?

我们以同一素材举例考察如下:

(1)如果物体受外力作用,那么其运动状态将发生变化。

(2)如果物体不受任何外力作用,则保持匀速直线运动。

(3)如果物体不受任何外力作用,则作变速运动。

我们都知道(1)真。但(2)和(3)真假如何呢?若以现实世界角度论,根据实质蕴涵(2)和(3)因前件假而均真。但稍具物理知识的人都知道,(2)真(3)假。当说(2)真时,人们实际假想了一个主观情景世界作为本基世界,在该世界里前件为真时,后件亦真,故判定命题真。(3)之后件虽然在现实世界中为真,但在使前件为真的本基世界中为假,故判定为假。

可见,虽然在严格意义上,"若,则"句本身是真值函项,但在日常思维看来,它完全可以是真值命题。因为日常思维并不会等到"若"子句描述的这个可能性实现后,才去考察"则"子句是否实现,从而最后才能或才会判断"若,则"句的真假。人们总是会想象:在"若"子句描述的可能性实现了的主观情景世界里,"则"子句描述的状态会成真吗?并以此来判断该"若,则"句的真假。因此,弗雷格的确没有错,因为说到底,"若,则"句描述的只是一个二元关系状态,是个真值函项,其真假值是悬置的。但日常思维也没错,的确我们不用等到"若"子句兑现后才来确定整个"若,则"句的真假,因为日常思维会主动为"若"子句添加主观情景世界,使之在该世界中为真。❶

再看生活中的例子:

小王早晨睡过了头,上班迟到了两分钟,受到批评,他后悔地说道:

(4)如果我早起床十分钟,就不会迟到了。

这无疑是一句真话,但要是小王说:

(5)如果我早起床十分钟,那么还是会迟到。

小王自己和人们都会认为这是假话。

根据何在呢?在实际生活中,人们的思维过程是这样的:首先假定(或设想)前件为真(尽管事实上可能是假),在此前提下,再来考察后件真假情况。借助主观情景世界理论,可以作如下解释:事实是小王起床晚了,即在现实世界中"我早起床十分钟"是假命题,但是小王在说(4)和(5)时,他假想了一个主观情景世界作为本基世界(这个世界除小王早起床了十分钟外,其他与现实世界无异)。在该本基世界中,小王起床早了十分钟,可以映射到该世界的事情的仿存在,因此(4)和(5)前件都为仿真。在前件为仿真的条件下,会发生什么情况呢?只能是"不会迟到",而不是"还会迟到",即(4)真(5)假。而小王的思维过程也是人们对(4)和(5)的思维过程,因此,才会有"小王自己和人们都会认为这是假话"这一结论。在这里,每一个个体的思维方式、过程和结果都是统一的!

---

❶ 在第六章讨论"命题真与命题形式真的关系"时,我们论证"命题形式的真假未定性与命题的真假可定性之间有着互通对应的桥梁",说明这在逻辑上是允许的。

可见,人们在日常推理中碰到一个前件为假(准确而言是在现实世界中为假或尚未实现)的条件命题时,会主动设想一个前件在其中为真的主观情景世界作为本基世界,如果在这个世界中由前件仿真可推知后件仿真,则条件性命题仿真,反之为假。对这一思想,其实国内外均有类似的分析论述(只不过处理的具体方式和细节过程不一致,但方向基本统一)。❶皮尔斯对"如果魔鬼当选为美国总统,那么这将对美国人民的精神福利极为有益"为真的这个例子感到不安,就是因为对于这个例子,人们自然会去设想一个主观情景世界作为本基世界(这个世界除了"魔鬼当选为美国总统"为真之外,其他与现实世界无异),然后在这个本基世界里考察后件"对美国人民的精神福利极为有益"的真假情况。这说明人们在谈论到前件为假的"若,则"句的真值时,其本基世界是使前件为真的那个(假想的)主观情景世界。如果本基世界还满足无矛盾性的话,那么就构成一个可能世界。在某种意义上,现实世界只是一个特殊的可能世界,其特殊之处就在于其已实现,并以切肤之感,深刻地影响着人们的现实状况(包括意识和思想)。

这很容易使人联想到蒯因的"本体论承诺"。蒯因对本体论(what is there)区分了两类问题:一是事实问题,二是承诺问题。"当我探究某个学说或理论的本体论承诺时,我所问的是,按照那个理论有什么东西存在。"❷所以,本体论承诺与实际有什么存在无关,而只与我们说有什么东西存在有关,归根结底只与语言有关。"存在是约束变元的值",这样,我们就可以避开实际有什么东西存在的问题,而专注于语言上要求有什么东西存在的问题。"什么东西存在不依赖于人们对语言的使用,但说什么东西存在却依赖于语言的使用。"❸与此类似,人们在关于前提和结论的日常推理中,也要区分出两类问题:一类是前提在事实上为真,二是

---

❶ 除 Stalnaker 外,Kratzer 和 Lycan 认为:假想的世界(The world as it would be)极似于现实世界,只是在其中前件是真的,而且在前件真的每个这样的假想世界中,后件都是真的。国内冯棉先生等对此也有类似的论述:"判断一个条件句的真值必须先确定或假定其前件为真,前件的真又是相对于可能世界而言的。"[冯棉.条件句与相干蕴涵[J].华东师范大学学报(社会科学版),1999(1):19.]

❷ QUINE W V. The Way of Paradox and Other Essays [M]. Cambridge, MA: Harvard University Press, 1976:203.

❸ 蒯因.从逻辑的观点看[M].江天骥,译.上海:上海译文出版社,1987:95.

前提经承诺为真。后者只与语言有关,与现实或事实状态无关。因此,前提的真假也完全可以避开其在现实世界中是真是假的问题,而只与其所在语言的使用相关——这种语言的使用必须承诺前提为真后,才能考虑结论的真假问题。金岳霖先生也有类似的说法:"设有以下命题:'如果你进城,请你把李后主的词带给我。'若你果进城,你可以把那本书带给我,也可以不把那本书带给我。但是如果你决定不进城了,则根本谈不上带与不带。这种命题以主词的存在为条件,条件满足之后才有真假可说;条件未满足,谈不到真假。"❶换言之,我们要对"若,则"句谈真论假,前提必须有"若"子句为真,否则没法对其谈真论假(而众所周知,对一个无法谈真论假的命题,二值逻辑是无法管辖的)。因此,金岳霖先生这段话已隐含了这样的思想:对一个"若,则"句谈真论假,必须以"若"子句的真为前提条件。我们对此不妨称这一思想为"前件真承诺"。实际上,前面我们对 MP 规则的逻辑解读,特别是"⊢"的解读就暗含这种承诺(逻辑地设定为真)的合法性——它内在地生长于逻辑的基因之中。

(二)"前件真承诺"的佐证

无论从语文研究、科研思维、逻辑本身,还是从心理测验、日常推理的角度,"前件真承诺"都能找到大量佐证。

1. 语文研究

中国语言学家、近代汉语学的拓荒者和奠基人吕叔湘先生在《中国文法要略》中对"若,则"句作了如下说明:"假设句也就是条件句……假设的句法,第一小句提出一个假设,第二小句说明假设的后果。后者是否成为事实,视前者为转移。也可说以前者为条件,所以这种句法可以称为条件句……把假设之辞称之为条件,假设的后果称为后果,两者之间的关系称为条件关系……因为条件和假设可以有这种种不同的区分方法,我们索性不去分别,把这种种句子总称为假设句。"❷黎锦熙的《新著国语文法》也认为:"假设句,即假定的原因句:或是本来确定的因果律,或是虚拟的条件,或是推想的预言,乃至浪漫的假想,都可以用假设

---

❶ 金岳霖. 逻辑[M]. 北京:生活·读书·新知三联书店,1982:70.
❷ 吕叔湘. 中国文法要略[M]. 北京:商务印书馆,1982:407.

的语气表出来,成一个从句。"❶陈昌来在《现代汉语句子》中指出,假设复句中提出假设的偏句,实际上是提出一种假设的条件,所以,也可以将假设复句放在条件复句中,列出"假设条件"一类。❷在英文中,条件句的表述同汉语的表述具有很强的一致性:在前件表述实际情况或假设情形,在后件表述前件的结果。前件是从句,后件是主句,但整个句子的性质主要决定于前件的时态和真实性。可见,在语文研究看来,"若,则"句的一个重要特征就是前件为真,或者假设前件为真,再来考察后件真假情况。对于语文这些研究成果,我们应该予以高度重视,因为它们更直接而原味地反映和描述了"若,则"句在自然语言中的意义和用法。同时,通过这些研究成果,不难看出传统逻辑中把"若,则"句归类为假言命题是很有道理的。

2. 科学思维

任何学问,绝不是无中生有,必须也必然以一定的真命题作为前提,然后才能推导建设出学科的其他部分。当我们这样说的时候,其实,就把学问看成了两部分,一部分作为前提的真命题,另一部分作为结论的其他真命题。那么,这作为前提的命题的真从哪里来的呢?金岳霖先生在其《发现于中国的哲学》中交代得十分明白:"哲学一定要有所'见',这个道理冯先生(即冯友兰——笔者注)已经说过,但何以又要成见呢?哲学中的见,其理论上最根本的部分,或者是假设,或者是信仰;严格地说来,大都是永远或暂时不能证明或反证的思想。如果一个思想家一定要等这一部分思想证明之后,才承认它成立,他就不能有哲学。这不是哲学的特殊情形,无论甚么学问,什么思想都有。"❸可见,作为学问建设,无论是假设还是信仰,都必须承诺一定的前提为真后才能进行,而各个学问中,作为前提的命题的真,来源于设定或者说主体的承诺。其实,各种公理化系统的构建,何尝不是这样的思路呢?

3. 日常推理

前件真承诺实际上也广泛应用于日常推理中。例如,甲、乙两人争论"如果

---

❶ 黎锦熙.新著国语文法[M].北京:商务印书馆,2001:292.

❷ 陈昌来.现代汉语句子[M].上海:华东师范大学出版社,2000:285.

❸ 杨书澜.金岳霖学术文化随笔[M].北京:中国青年出版社,2000:3.

明天天放晴,那么彩虹就会出现"这一命题是否为真。但他们并不知道"明天天放晴"是真是假。显然,他们的争论必然是在共同假设"明天天放晴"这个"若"子句真的条件下进行。如果其中一个不同意"明天天放晴"这一假设,那么他们将转而讨论能不能假设"明天天放晴"真的问题。在这个问题讨论清楚之前,或者说在能共同假设"明天天放晴"真之前,他们是不会讨论"彩虹就会出现"这个"若"子句真的真假。再如,我们知道,有时人们愿意假设历史的另一面来考察一些问题。比如对"荆轲刺秦",现在有人提出"如若荆轲刺秦成功,秦还会统一六国吗?"显然,参与讨论的人都在假设"荆轲刺秦成功"真(实质上是仿真)的情况下,讨论"秦统一六国"是否为真。因此,对于"若p,则q?"的讨论,日常推理总是把"p"作为真(不管它是不是真的)作为前提,再来讨论"q"的真假。这也说明了前件真承诺有其日常推理的客观基础。

4. 拉姆塞(Ramsey)测验

1929年,拉姆塞在《普通命题和因果关系》中提出了一种用主观概率解释条件句的思想——即著名的Ramsey测验:如果有两个人在争论"如果p那么会q吗"且他们对p是有怀疑的,那么他们是以p为假设,将该假设添加到他们的知识储备中并以此为基础来讨论q;在某种意义上"如果p,q"和"如果p,非q"是矛盾的。我们可以说他们是在已知p的情况下确定他们对q的信念度。[1]Ramsey测验进一步佐证了日常推理对"若,则"句的处理方法:的确会主动设定前件真。在"如果p那么会q吗"的测验中,人们关心的是假设p真时能否得q真的问题,此时反而p本身的真假不那么重要了。人们会主动把p添加到自己的知识集或信念集中,考察我们设定p真时q的真假情况。这里需要特别注意的是,即使人们本来"对p是有怀疑的",但仍然可以假定它为真前件来讨论是否接受这个"如果p,那么会q"条件句的后件。

5. 谓词逻辑

"前件真承诺"的另一佐证是:在一阶谓词逻辑中,"存在x有B性质"是直接用存在量词命题以合取式表示,"所有的有A性质的x有B性质"中全称量词命题

---

[1] RAMSEY F P. General Propositions and Easualty [M]//Foundations of Mathematics and Other Logical Essays. London: Routledge & Kegan Paul, 1931: 237-257.

却没有直接用合取或析取表示,而表示成了形若"所有x(如果x有性质A,那么x有性质B)"这种形式。其中一个重要原因应是,存在量词直接承认了个体的存在,而全称量词无法做到和确认这一点。虽然形式语言并不涉及本体论问题,但只要对该形式语言进行解释,就必须把本体论承诺引入其中,使x的确在解释语言的可能世界中存在,并且在这一可能世界中,所有的x有性质A,从而完成了"前件真承诺"后,才能进一步考察后件"x有性质B"的真假问题。因此,一阶谓词逻辑有一个重要特征:个体域非空。而金岳霖先生在谈到传统逻辑中A、E、I、O四种命题的主词存在问题时,也鲜明地指出:"所谓主词存在问题不是事实上主词所代表的东西究竟存在与否,而是这些命题对于这些东西的存在与不存在的态度……我们提出一命题大约不至于肯定主词不存在,或假设主词不存在。"❶言下之意,主词指称对象存在与否,在逻辑上并不那么重要,重要的是说话人(命题使用者)的认知与态度,是否承认主词是真的或可以真的。这与"前件真承诺"思想是一致的。

6. 逻辑历史

斯多噶学派代表了古希腊研究"若,则"命题逻辑的最高成就。其学者普遍认为,论证是由前提和结论组成,其中,前提是为了确立结论而假定的命题,而结论则是由前提确立起来的命题。这实际上就是把推理的有效性同命题的真实性(注意,这里的"真实性"是假定的!)联系了起来。在前面我们专门指出,中世纪逻辑学者在对"绝对推论"(相当于形式蕴涵)与"当下推论"(相当于实质蕴涵)的定义中,都有"不可能"三个字。但在"绝对的推论"中"不可能"对前件和后件都施加了——不可能前件真后件假;而"当下的推论"中,"不可能"只施加于后件——前件真不可能后件假。对"当下的推论"如此认识,实质上首先承认了前件真之后再考虑后件真假的问题。如果我们再考虑一下中世纪逻辑学者常举的这个例子:不但"每个人是动物,一个人在跑,所以,一个动物在跑"是真的,而且"每个人是植物,一个人在跑,所以,一个植物在跑"也是真的。应该注意到,这个例子在日常思维或日常言说中,几乎不可能出现或用到。显然,中世纪逻辑学者们生造出这样的例子(他们当然知道,人不是植物),一定是别有用心。略为思考

❶ 金岳霖.逻辑[M].北京:生活·读书·新知三联书店,1982:69.

上例中表面上用语矛盾的两句话,为何都被判定为真,再联系到他们"不可能"和"可能"诸类用语的意思,其用心几乎昭然若揭。而实质蕴涵的支持者罗素也曾这样说明 p→q 的用法:

为了使从 p 得出 q 这个推论是正确无误的,只需 p 为真和命题"~p 或 q"为真。无论何时只要有这样的情形,显然 q 必真。事实上,只有当我们不是通过有关~p 的知识或有关 q 的知识而知道命题"~p 或 q"时,推论才会发生。无论何时只要 p 假而"~p 或 q"即真,但是这对于推论没有什么用处,推论要求的是 p 真。无论何时如已知 q 真,"~p 或 q"自必也是真,但是这对于推论也没有用处,因为既然 q 已知,根本不需要推论。在"~p 或 q"可知而使这析取命题为真的"~p 或 q"这二者中哪一个为真不知道的时候,才有推论。❶

整理罗素这段话即有:p→q 成立,只需 p∧(~p∨q)真。而 q 是结论,q 真时上式用不着,而只有 p 这个前件真时上式才用得着。

(三)"前件真承诺"的逻辑意义

前面我们看到,"前件真承诺"对"若你来,我就去"这类普通的、一般的"若,则"句,是适用的。但是,对"如果是白天,那么是白天"和"如果苏格拉底在跑,那么有个动物在跑"这样的"若,则"句,上述分析还适用吗?受西方中世纪关于形式推论和实质推论分类及弗雷格讨论实质蕴涵和"普遍性"的启发,我们先把"若,则"句分为三类。

第一类,根据形式结构就可以认定为真的"若,则"句,我们称为永真"若,则"句。例如,分析命题"如果是白天,那么是白天"。显然这类"若,则"句的真是建立在不矛盾律基础之上。当然,与之相对应的是永假"若,则"句,如"如果你是对的,那么你是错的"这样前件与后件矛盾的"若,则"句。

第二类,根据所涉经验知识或意义可以认定为真的"若,则"句,我们称为意义真"若,则"句。例如,"如果苏格拉底在跑,那么有个动物在跑"。而与之相对应的是意义假"若,则"句,如"如果苏格拉底在跑,那么没有动物在跑"。

第三类,把前件化归或设定为真,再行考察后件真的可能性的"若,则"句。

---

❶ 罗素. 数理哲学导论[M]. 晏成书,译. 北京:商务印书馆,1982:144.

即我们前面分析的,可以施用"前件真承诺"的普通"若,则"句。例如,"若你离开,我会难过"。

我们很容易发现,对这三类"若,则"句,日常思维都会用一个同一的方法判断其真假:通过可能世界,设定前件为真。例如,对永真"若,则"句,日常思维会设想前件真的所有可能世界,然后考察后件真的情况,会发现不可能前件真而后件不真。我们可以设想在所有前件"如果是白天"真的可能世界中,后件"那么是白天"都是真的。于是,我们判断"如果是白天,那么是白天"是永真的。对于意义真"若,则"句,日常思维也会设想"若"子句成真的所有可能世界中,后件"则"子句真假情况。对前面"苏格拉底在跑"这个例子,日常思维会想象这么一个可能世界,在这个世界里,苏格拉底的确在跑,通过这个可能世界,前件"苏格拉底在跑"被设定为真,然后人们再来考察后件"有个动物在跑"是不是真的。而如果在每个可能世界里,前件"苏格拉底在跑"被设定为真,后件"有个动物在跑"是真的,那么,整个"如果苏格拉底在跑,那么有个动物在跑"命题就是真的。当然,这里的真与永真"若,则"句的真还是不同的,后者只依靠不矛盾律就足够了。而"如果苏格拉底在跑,那么有个动物在跑"这类"若,则"句真不但要建立在不矛盾律基础上,而且还得建立在该类"若,则"句自带的潜藏着的知识、意义或信念等命题的基础上,只不过主体可以自动将这些知识、意义或信念等命题显性化,补充进"若,则"句中,使之为真。如"如果苏格拉底在跑,那么有个动物在跑"这一例句中,主体会自动补充如下命题:苏格拉底是个人,人是动物。这样,整个"若,则"句不再是弗雷格所说的是"空位的、不饱和的",而是获得真值。但是,如果日常思维的主体不知道苏格拉底是个人,或者不知道人是动物,那么这个主体将无从把"如果苏格拉底在跑,那么有个动物在跑"归为其意义真"若,则"句类。

通过以上简要分析,我们可以得出结论,对一切条件性"若,则"句(无论它是哪种类型),日常思维都可以并且都将施用"前件真承诺"。❶

---

❶ 西方中世纪的拉弗·斯特罗德和理查德·弗里布里奇在研究形式推论(相当于严格蕴涵)和实质推论(相当于实质蕴涵)的区别后,得出一个重要结论,即每一个形式推论都是实质推论,虽然并非每一个实质推论都是形式推论。(威廉·涅尔,玛莎·涅尔.逻辑学的发展[M].张家龙,等译.北京:商务印书馆,1985:376-377.)

"前件真承诺"将带来两个逻辑后果。一是命题的(拟)真与仿真可以完全整合成不再区分的概念,人们不必再关心"若,则"句中"若"子句事实上的真假,而只需关心其逻辑上设定的真假;二是日常推理实际上只用到实质蕴涵真值表前件为真的那两行。对于前件假时,日常推理往往会放弃通过它考察后件的企图,换言之,此时日常推理会对这种"若,则"句保持沉默。

为什么人们一开始似乎并不反对前件假的蕴涵式真呢?似乎有这么一层原因:人们对非形式论证有效的直观主张是结论得自它的前提,亦即不可能前提真而结论假。这种主张暗含了这样一个前提:除了这个论证的形式有效外,其前提还得是真的!也就是说,非形式论证中的有效,不会考虑前提假的情况,因为日常推理从不会指望从假前提得到真结论。

三、"若,则"句的推演性逻辑特征与"必然得出理论"

(一)"若,则"句的非真值性逻辑特征

为了进一步明晰"若,则"的逻辑性质,一种较好的途径是把其与逻辑同样需要刻画的"或""且"进行比较。从逻辑的角度看,"若,则"与"或""且"一样,属于二元关系词。从集合论的观点看,R是一个二元关系,当且仅当$(x)(x \in R \rightarrow \exists_a \exists_b (x=(a,b)))$,即关系总是以序偶为元素,可记作aRb。由于"或""且"句逻辑性质基本相同,可以相互定义,为简便起见,下面主要拿"且"句与"若,则"句作比较。❶

在关系的复合上,显然,A且C成立,则可存在B使得A且B成立而且B且C成立;同样,若A则C成立,则可存在B使得若A则B成立且若B则C成立;可见二者可进行关系的复合,这说明二者也满足结合律。

但在是否满足吸取律和分配律上,二者差别明显。显然地,A且A(真)等值A(真),而若A则A(真)却一般不等值于A(真)。此外,"且"句可按分配律进行推演。而"若,则"句似乎没有分配律之说。与此相类似,"且"句满足交换律,"A并且B"中,A、B的位置可以互换,并不影响该"且"句的真值。但很显然的是,"若A,则B"中,A、B的位置一般不能互换,否则可能使该"若,则"句的真值发生

---

❶ 张绍友,何向东.论"若,则"句的逻辑刻画及蕴涵怪论的消解[J].哲学动态,2011(7):79-83.

否定性变化。

而二者最大的差别是满足等价关系还是偏序关系上。对"且"句来说,满足自返性("若A,则A且A"成立)、满足传递性(若"A且B,B且C",则"A且C"成立),但不满足反对称性("若A且B,则B且A"成立)。故"且"句满足等价关系。对"若,则"句而言,满足自返性("若A,则A"是成立的)、满足传递性(若"A则B且B则C",则"若A则C"成立)、满足反对称性("若A则B,则若B则A"一般不成立),故"若,则"句具备偏序性。

我们知道,与等价关系相较,偏序关系最重要的特征就是其反对称性。这一特性决定了偏序具有以下三个性质:(1)最多有一种秩序关系;(2)可以比较相互关系和变项素大小;(3)内部不产生循环。这将直接造成一个结果:"若,则"句与"且"句论真假情况及推演性质明显不同。

第一,论真假的复杂性不同。在"A_1且A_2且A_3……且A_n"中,任$A_i(1≤i≤n)$假,则整句假。而对"若A_1则若A_2则若A_3则若……则A_n"论真假值似乎不那么简单。

第二,变项的真假相互影响情况不同。若视作二元算子,"且"所联结的一变项的真并不影响另一变项的真假值,即其中一变项真时并不能断定或计算另一变项的真假值,而"若,则"中,前件为真时直接决定后件真。另外,若视"或""且"为算子,其演算性单凭自身无法体现。例如,在"α或β"中,知α假,则演算出β真。但这一演算却要通过一个桥梁——"或"算子性质(若α假,则β真)。换言之,"或""且"等作为算子,本身的推演性,必须通过"若,则"实现。

第三,对变项的真假及之间的关系要求不同。对"p且q"成立,人们往往要求p真且q真,而对"若p则q"成立,人们并不要求p、q的确是真的,这也是为什么人们常常把"若,则"句称为假言命题的主要原因。同时,"若,则"比"且"联系的变项间关系显然密切得多。对"雪是白的"与"罗素是哲学家"两个命题,用"且"联结人们会觉得只是"但说无妨"、可以容忍,但对"若雪是白的,则罗素是哲学家"人们就难免会认为"此处有妨",难以接受:"罗素是哲学家"能是"雪是白的"结果吗?"雪是白的"真,能使"罗素是哲学家"真吗?而这里的"结果""使"恰恰是人们对用"若,则"联系起来的两个子句关系的直观理解。

第四,对"若,则"句而言,变项的位置十分重要。实数集上的大于关系也是一个典型的偏序关系。X＞Y意味着X不能小于Y,如果按照大小关系排序的话,X必须排在Y的前面。如果只是给定X、Y,要求用"＞"将二者连接,我们无法得知这一连接是否正确,因为完全可能有"Y＞X"这样的连接结果。与此类似,"若,则"句也要首先分清哪个变项是"若"句,哪个变项是"则"句,才能说整个"若,则"句的真假。这种变项的位置区分,实际上也隐含着同一变项为"若"句或"则"句时,其属性可能不同。例如,"如果天气晴好,那么稻谷容易晒干"和"如果稻谷容易晒干,那么丰收年就有保障了"这两个句子中,"稻谷容易晒干"同样是作为子句,但属性和作用显然很不一样。而对具备等价关系的"且"句而言,变项的位置似乎并不那么重要,谁前谁后并不影响推演。例如,"我去并且你也去"和"你去并且我也去",除去语气等的差别外,在逻辑上没什么差异。

其实,在语文研究上,我们也能感受到"若,则"句与"或"或"且"句的差别:前者两子句之间是主从关系,后者却是并列关系。"若A则B"更多地说明了A、B关系状态,它的真不会直接断定A、B的真假,"A且B"却断定了A、B均真,而"A或B"断定了A、B其一为真。

以上说明,"若,则"作为关系词,与"或""且"有质的差别:"或""且"等逻辑联结词的元可构成无序集合,可使"∧""∨"等获得单纯的真值意义,因此我们只需从真值角度,就可能概括"或""且"的根本逻辑特征;"若,则"句则不然,单从真值角度,不足以概括其最根本的逻辑特征——"若,则"绝不单纯是真值联结词。"因此,合取命题等与条件命题是有区别的,因为合取命题直观上是真值函项,而条件命题不是,把条件命题处理为真值函项有问题……"❶

(二)"若,则"句与"必然得出理论"

下面,我们从内涵的角度,进一步分析"若,则"与"或""且"何以有质的差别。

---

❶ JOSANG A, ELOUDI Z. Redefining Material Implication in the Framework of Subjective Logic: International Conference on Information Fusion[EB/OL]. [2015-11-18]. http://xueshu.baidu.com/s?wd=paperuri%3A(5bfd988a065fab59162c891e9397e89f)&filter=sc_long_sign&tn=SE_baiduxueshu_c1gjeupa&ie=utf-8&sc_ks_para=q%3DRedefining%20material%20implication%20with%20subjective%20logic:54.

在一个"且"链中,即"A且B且C且D……"中,A、B、C、D……内涵彼此间可以是相交(指部分内涵相同)、相离(内涵完全不同)、子集(一元的内涵包含在另一元之中)等关系,而且没有顺序。而在"若,则"链中,即"若A则B,若B则C,若C则D……"中,内涵关系只能是子集关系,即后元的内涵不得多于前元的内涵(后件的意思必然要包含于前件的意思之中,相类于"结论包含于前提之中"),否则不能成演绎关系,"若,则"句将有不成立的危险。这样,根据内涵和外延的反变关系,前件的外延包含于后件外延之中。即从集合的观点看,前件外延是后件外延的子集(不知罗素发明和使用马蹄形的"⊂"来表示蕴涵时,是否想到或潜意识里有这种子集关系):前件⊂后件。也就是说,"若A,则B"句是真的,即从外延上,A⊂B真。这意味着"A→B"的真,是必然真,而"→"本身就是必然蕴涵。但是,这立即会遇到反驳:普通"若,则"句的真,怎么会是必然真呢?如下列句子:

(1)若春暖,则花开。这是关于自然现象的"若,则"句。

(2)如果你触摸高压电线,那么你会被电击伤。这是关于物理的"若,则"句。

(3)若明天出太阳,则我们去爬山。这是关于生活中的"若,则"句。

显然,这里面的"若"子句真的时候,"则"子句可能假,因此,这些句子的真绝不会与"若是白天,则是白天"的真是一回事。上述反驳的确有其道理。

不过,这种反驳犯了小小的逻辑错误:当我们说"A→B的真,是必然真"时,讨论的前提是:"A→B(若A,则B)"句是真的。但如果"若"子句真而"则"子句假,那么整个"若,则"句已经为假,和讨论的前提直接矛盾。下面,我们紧扣上面三个例句,来具体看看为什么普通的"若A,则B"的真会是必然真。

第一,从日常思维角度看,"若A,则B"真即A必然得出B。

"若A,则B"真中的"A"就是A本身吗?比如(1)句里,单独的"春暖"这个"A"命题即使是真,它能使"花开"这个"B"命题成真吗?"花开"要有"花种",但"春暖"里显然没有包含"花的种子"意思;"花"的生长需要土地,但"春暖"里显然也没有包含"土地"的意思。也就是说,在这种情况下,"春暖"的意思包含不住"花开"的意思。"若春暖,则花开"怎么可能是真的呢?换言之,以逻辑而论,这样的"若,则"句永远为假。但是,人们却往往认为,"若春暖,则花开"是真的。那么,人们以什么理由认为它是真的?

显然,如果要"花开",除了"春暖"这个条件外,还有其他的,如土地、雨水、花的种子有生命力等条件。但人们在说"若春暖,则花开"时,刚才说的那些条件都是已默认为真的前提,否则就没有"春暖"必然得出"花开"。因此,我们在说"若春暖,则花开"真的时候,实际的意思是:

"土地好、雨水足、花的种子有生命力……"+若"春暖",则必然得到"花开"。

也就是说,"花开"这个结果必然包括于"土地好、雨水足、花的种子有生命力……+春暖"之中了。

将上面的例子概括起来,即是有:已知的真命题集T(推理规则、规律、其他真命题)+若A,则必然得到B。❶

为什么人们会主动为"春暖"补足"土地好、雨水足、花的种子有生命力……"等真命题集呢?这里涉及一个语言的显性表述与隐性表达理论的问题。显性表述是指话语字面表达。隐性表述(或称"含意")为字面表达所蕴含的内容。含意本体论认为,话语的字面表达通常存在着语义空缺,蕴含着隐性表述,即不完备表述。这是话语的一种基本特征、一种本性。因此,对话语的理解常常需要有隐性表述来阐释或补足语义空缺,使不完备表述成为完备表述,才能理解字面话语真实、完整的意思。例如,"我在高铁上写论文",就是一个不完备的表述,通常至少要补足为"我坐在高铁的座位上,我有笔记本,我在小桌板(或大腿)上打开笔记本,把论文的内容写在笔记本上……"等真命题,而不是去补充诸如"我骑在高铁的车身上,把论文写在高铁的车身上……"之类的命题,因为人们根据对"论文"的常规的理解,一般是不会误解为把论文写在高铁的车身上的。这表明,人们理解话语时都会自觉或不自觉地根据一定的常规把隐性表述补充到显性表述中,使之完备化。格赖斯隐涵理论也认为,在人们谈话中,说话者的话语所传达的意义可分为两部分,一部分是话语的言说内容,另一部分是话语的隐涵内容。其实,任何话语,都是一定语境下的语言。这就注定了单独的句子,往往不仅仅只有该句子本身字面的意义,还必然而且必须附带着语境赋予其的隐涵意义,无

---

❶ 实际上,20世纪40~60年代古德曼、齐索姆、雷舍尔等人针对如何处理虚拟条件句,曾提出了类似的思想,并发展出了共同支撑理论。其主要想法是:虚拟条件句A>B为真,当且仅当A和某个真语句的集合S及一些规则共同蕴涵B。

论这种隐涵意义是约定的,还是非约定的。比如,在饭桌上,甲对乙说:你能把那瓶醋递给我吗?乙的反应应该是把醋瓶递给甲,而不是说"我能够"。因为,甲的真实意思是:请你把那醋瓶递给我。

所以,我们说"若A,则B"真,实际上是说在如此这般的系统或背景之下存在着真命题集T,使有了A,必然有B。不过,这样的表述实在太冗长,而且没有必要,于是我们说话时就把真命题集T省略了,得到:"若A,则B"。换言之,"若A,则B"是"T,若A,则B"的省略形式。❶

对此,我们还可以通过化解"三段论悖论"予以进一步说明。"三段论悖论"中,"滑雪悖论"是较著名的:

前提1:如果昨天发生了雪崩,那么山谷里有雪。

前提2:如果山谷里有雪,那么我会去滑雪。

结论:如果昨天发生了雪崩,那么我会去滑雪。

"滑雪悖论"的提出者克里斯平·赖特(Crispin Wringht)及其支持者分析说,在前提1和2是真的情况下,结论却是假的:依常理而言,人们怎么可能去山谷雪崩的第二天滑雪呢?问题出在哪儿呢?就在于他们误解了前提2的意思:"若A,则B"是"T,若A,则B"的省略形式。其实,前提2的真实意思是:真命题集T(我有时间、身体好、滑板行、山谷满足滑雪的条件……)+A(如果山谷有雪),那么B(我会去滑雪)。显然,"昨天发生了雪崩",使得意想中的真命题集T中的"山谷满足滑雪的条件"变成事实上的假命题,从根本上否定了"我会去滑雪"的前提条件,在这种情况下,自然不能得到"我会去滑雪"的结论。

明白了"若A则B"中的"A"真实的内涵不仅仅是"A"本身,还包括前在的真命题集T,我们才能真正理解,普通"若,则"句(非规则性或规律性的"若,则"句)何以成立,何以能够有"必然得出"。例如前文提到的"若明天出太阳,则我们去

---

❶ 陈波先生也提出了类似的思想。他指出,交流的双方的大脑承载着许多共同的信息,从而构成共同的背景知识,因为这些知识不为双方提供任何新信息,所以不必明确说出,于是推理表现为省略形式。这就是说,本来是"A和C一起蕴涵B",结果由于C属于背景知识,故被省略,从而表现出来的只是:A蕴涵B。他还说:"说话人说出一句话,便使自己默然承诺了许多命题的真实性。"(陈波.逻辑哲学导论[M].北京:中国人民大学出版社,2000:111-116.)

爬山",如果说话人把这句话当作真话来说(一般情况都是真话),那么在说话人看来,"明天出太阳"对"我们去爬山"来说,就只是"万事俱备,只欠东风"里的"东风"。不过,与规则性或规律性的"若,则"句(它们的T只包含系统定理或规律,如"如果动物会死,那么作为动物的人,也会死")不同的是,"若明天出太阳,则我们去爬山"中"明天出太阳"所带有真命题除了规律或系统定理之外,还有其他偶然真命题(如山有路,有心情等),而这些偶然真的命题是不稳定的(如发生事故,山路没了,到了第二天,没心情了),可能导致"若明天出太阳",而"我们没去爬山"的情况。但显然,这个"则我们没去爬山"子句的假,不是"明天出太阳"这个"若"子句引起的,而是因为"万事俱备"中的"万事"出现了与原来意想不一致的情况:原来T中的设定为真的命题变成了事实上的假命题。同时,如果已知"发生事故,山路没了"这个情况,谁还说"若明天出太阳,则我们去爬山"这样的话,不但他自己,而且大家都会马上判断这句话是假话。因为这时"万事俱备,只欠东风"中的"万事俱备"已经为假,就算有了"东风",也不会有"马到功成"。要是说话人知道明天不会出太阳,他还说"如果明天出太阳,那么我们去爬山",那么他或者是以虚拟"若,则"句表达心愿,或者,是在撒谎说假话。

如果不承认条件句里存在这种对前件的隐性表述补充,那么即使前件真后件真的蕴涵式也难说是真的,而前件真后件假的蕴涵式也难说是假的。例如,医生对病人老王家属说:"如果老王放弃手术,那么他将在一年内死亡。"我们来分析两种情况。①老王放弃了手术,两个月后,他在横穿公路时被车撞身亡。这样,医生的话前件、后件都为真。但谁能说这证明了医生"如果老王放弃手术,那么他将在一年内死亡"逻辑上是真的呢?显然不能。因为当医生说这句话时,前件"老王放弃了手术"还含有"不出车祸等其他意外"等"万事俱备"的隐性表达。但是,正是因为"万事俱备"中的"万事"出现实质性变化,可以抛开前件"老王放弃了手术"这个"东风",而直接导致后件"在一年内死亡"发生。这实质上就导致了"老王放弃了手术"这个前件隐含的真命题集T中,有真命题变成了假命题。②老王放弃了手术,但三个月后,他的病有了特效药,老王没动手术,通过服药,十年后还健康地活着。这样,医生的话前件真,后件假。但是,人们会不会说医生的话逻辑上是假话呢?医生会不会承认自己说了假话呢?显然不会。原因何在？和刚才①的分析一样，前件"老王放弃了手术"还含有"不出医学奇迹或特效药等其他意外"等"万事俱备"的隐性表达。而与"万事"矛盾的"有了特效药"这个命题出现，实质上就导致了"老王放弃了手术"这个前件隐含的真命题集T中，有真命题变成了假命题。所以，不承认前件必然天然隐含着作为"万事俱备"的"万事"的真命题集T，连前件真后件真的蕴涵命题都可能不真，而前件真后件假的蕴涵命题也可能不假。

我们再分析一下前文（2）句"如果你触摸高压电线，那么你会被电击伤"这个物理性的"若，则"句。显然，认知主体要认为这句话是真话的话，那么除了假定"你触摸电线"为真之外，还得有"电线是电线、你就是你"等看似平庸不堪的永真性命题，还得有"人是电的导体、高压电能击伤人……"等物理规律命题，还得有"电线带电而且电压足够高、你触摸得到电线、你触摸时没有绝缘……"等一系列不是任何时间都是真的但其时为真的命题，从而构成了一个真命题前提集T。并且，这一系列的命题已进入主体信念集，然后主体才会作出"此话为真"的判断。如果这一系列命题中，任中一个没进入主体信念集里，比如，如果某一主体认为"高压电不能伤人"，那么他就不会认为"如果你触摸高压电线，那么你会被电击伤"为真。这样的分析适合于每一个对"如果你触摸电线，你会受到电击"判别真假的主体。

可见，人们说普通"若，则"句的三种情况——作为真的说，作为假的说，作为虚拟句说——都有这么一个结论："若A则B"真，就是指即A必然得出B。

综上可见，日常思维判断"若，则"句真的根据是：
已知的真命题集T（推理规则、规律、偶真命题）+若A，则必然得到B。
从上式可以看到"若A，则必然得到B"真的三种情形：

①当真命题集T中只有推理规则时，"若A，则必然得到B"真，则说明"若A，则B"也是推理规则。这时，"若，则"句真的根据是T中的推理规则。

②当真命题集T中只有推理规则和规律时，"若A，则必然得到B"真，说明"若A，则B"是规律。这时，"若，则"句真的根据是T中的推理规则和规律。

③当真命题集T中有推理规则和其他真命题，或有规律时，"若A，则必然得到B"真，说明"若A，则B"是普通的"若，则"句。这时，"若，则"句真的根据是T

中的推理规则、规律和其他真命题。

可见,虽然不同种类的"若A,则B"真的根据不同,但没有质的差别,都是真,或者都是必然真。塔尔斯基似乎也赞同这一说法:"在日常语言中,……用'如果……那么……'把两个语句连接起来……这种联系常常和某种确信在一起。这个确信就是:后件必然可以由前件推出,也就是说,如果我们假定前件是真的,我们就会不得不假定后件也是真的。"❶

第二,从命题演算角度看,"A→B"真即A必然蕴涵B。

命题演算中,形式推演关系一般定义如下:设T是一个公式集,一个公式A是从T可推演的(记作T⊢A),当且仅当存在一个有穷公式序列,其中的每项或是定理,或是T中的公式,或是两个前行公式通过分离规则得到的公式。当T为空公式集时,则称A为定理,记为⊢A。而且,根据演绎逻辑本身的要求,我们应该认定,由非空公式集T与空公式集T得到的A在命题逻辑中都是必然真的。因此,我们在形式证明中,说A→B时,其实是在证明系列里,依据前面的已证命题或公理、定理得出来的。即是说存在一个真命题集T,使得B从T和A中必然得出。而演绎定理及其逆定理也进一步证明了这一点。演绎定理及其逆定理一般可表述为:T⊢A→B当且仅当,T,A⊢B。当T为空公式集时,即为⊢A→B当且仅当,A⊢B。从这里我们至少可以读出两条信息:第一,A→B中的"A"可以合并进前提公式集T(实际这时我们已承认A至少假定为真);第二,"⊢"与"→"可相通互换。我们必须注意到,"⊢"在经典逻辑中解释为"可证",也就是说是对定理的表达,对象是元逻辑意义上的必然真。这说明"→"表达的真,也可以视作必然真。而在(外延性特征的)经典逻辑的眼界里,真就是真,没有必要也没有可能区分必然真和非必然真,真就等于必然真。所以,A→B真,是指A蕴涵B必然真。

第三,逻辑发展史佐证了"若A,则B"真即A必然得出B。

逻辑发展史上,对"若,则"句的理解中,也有不少类似的思想。逻辑的创始人亚里士多德断定道:"推理是一种论证,其中有些被设定为前提,另外的判断则必然地由它们发生……三段论是一种论证,其中只要确定某些论断,某些异于它

---

❶ 塔尔斯基.逻辑和演绎科学方法论导论[M].周礼全,等译.北京:商务印书馆,1963:21.

们的事物便可以必然地从如此确定的论断中推出。"❶如果我们用"A"表示设定（确定）下来的东西，用"B"表示发生（推出）出来的东西，用"⊢"表示得出，那么亚里士多德关于推理的论述即是在言说如下推理结构：

A⊢B。

但是，我们何以能有"A⊢B"？亚里士多德必然会回答说：因为A对B有推导关系。也就是说，如果把A作为条件的话，那么B就能从A中产生（推导）出来。可见，虽然亚里士多德在其论述中并没有明确地提及"若，则"句，但是根据他一贯的思想，这些论述是与其对充分条件句的认识相吻合的——如果我们把前提作为前件，结论作为后件，则我们将得到一个比较标准的"若，则"句形式。而且我们相信，亚里士多德也不会反对这一变动。因为这一变动，并没有改写其思想的核心意思，只要变动成就的"若，则"句用于推理，自然就会还原为亚里士多德的原版论述，因为两者的逻辑本质特征是同样的。在亚里士多德的认识中，演绎逻辑的逻辑关系是"必然得出"的，而作为演绎逻辑中直接为推理提供模式性条件的"若，则"句，当然也必须是"必然得出"的。前文我们提到，古希腊人提出的包含蕴涵实际上就是在主张，真条件句的后件要潜在地包含于前件之中。而斯多噶学派普遍认为，一个论证是有效的，当仅且当以前提的合取为前件、结论为后件的条件命题在第欧多鲁斯蕴涵的意义上是真的。12世纪最有影响力的逻辑学家阿伯拉尔，主张条件句都是有着必然联系的陈述句。布尔稍后的麦柯尔从"若，则"句抽象出蕴涵时，曾仿照类代数（集合代数），把"p蕴涵q"定义为"p∧q=p（p且q等于p）"。为什么麦柯尔应该明知历史上有不少关于蕴涵的定义，而他偏偏用这么一个看起来有些奇怪的定义呢？我想，是因为他想抓住蕴涵的核心思想：后件的意思都包括于前件之中了。❷我国的逻辑学者也不乏这样的思想。"所谓蕴涵，即一已知命题或命题函项对其他命题或命题函项所存在的据以必然推出的演绎关系，即由已知前提借包含、推导、后承等关系而必然推出结论的演

---

❶ 亚里士多德全集：第1卷[M]．苗力田，译．北京：中国人民大学出版社，1990：353，84—85．

❷ 从字义上来理解，"蕴涵"又作"蕴含"，指"包含"之意。其中，"蕴"作"积聚，蓄藏，包含"解，"涵"作"包容，包含"解。可见，"蕴涵"最初的意思就是后件所说要包括在前件所言之中，就是要必然得出，只是后来实质蕴涵在经典逻辑中独占鳌头后，蕴涵的意思在逻辑中变得扑朔迷离起来。

绎关系"❶。

正是有了这种必然得出性质,刻画"若,则"句的蕴涵才能够刻画推理,而且实际上我们也把其同推理紧紧地联系在一起,也没有哪个逻辑词同推理的关系能与之相提并论。因此,我们把这种"若,则"句的"必然得出"性质称为"推演性"。"一个条件命题实际上就是一个简化、浓缩、省略的推理……塔尔斯基似乎也持有这一看法……一个推理可以化归为蕴涵式,推理有效性的判定最后被归结为相应的蕴涵式永真式的判定,这一点却是现代逻辑学家的共识。"❷

至此,我们可以得出如下结论:从"若,则"句抽象出蕴涵,与从"或"或"且"句抽象出合取、析取不同,不能仅仅对其作单纯的真值性抽象,还必须对其推演性进行刻画,才能在根本上把握住"若,则"句的根本逻辑特征;这也决定了这一蕴涵(日常蕴涵)是独立的联结词,不可以用合取、析取等单纯的真值联结词定义或等同。❸

但为什么人们一直不那么注意或致力于研究"若,则"句的推演性?为什么经典逻辑一定要把"A→B"作为真值函项(这也是"怪论"问题存在的关键)?原因也许很复杂,但这个重大因素应该不容忽视:蕴涵必须也应该是满足组合原则的真值函项❹——这一几乎约定俗成的观念难免会禁锢着大家思想的方向。这

---

❶ 金守臣.概论蕴涵[J].东方论坛,1993(1):17.

❷ 陈波.逻辑哲学导论[M].北京:中国人民大学出版社,2000:92.

❸ 林邦瑾先生在对充分条件关系的研究中也曾提出:"制约关系(指充分条件关系——笔者注)和真值的联结关系(真值函数)殊异";表示充分条件关系的"若,则"不同于真值函数关系蕴涵。(林邦瑾.制约逻辑——传统逻辑与现代逻辑的结合[M].贵阳:贵州人民出版社,1986:65-66.)

❹ 国内多种逻辑学教材,对充分条件命题(假言命题)的解释,都深受这一思想的影响。金岳霖先生曾言:"复合判断就是这样的判断,它包含了其他判断,并且他的真假决定于它所包含的判断的真假……我们也可由前件与后件的真假,来考虑充分条件假言判断的真假。"(金岳霖.形式逻辑[M].北京:人民出版社,1981:60-61.)宋文坚先生也说:"充分条件假言命题的逻辑含义是,当前件真后件真时它是真的,当前件假时,后件不论真假它也都是真的。"(宋文坚.新逻辑教程[M].北京:北京大学出版社,1992:23.)唐晓嘉等老师显然同意上述观点:"充分条件命题的逻辑涵义是:前件真时后件必真,前件假则后件可以真也可以假。"(唐晓嘉.逻辑学导论[M].重庆:西南师范大学出版社,2004:115.)不难看出,多种教材都已倾向于用实质蕴涵来理解充分条件假言命题。不过也有人提出异议:确定假言命题的真假有多种途径,不可一概而论,但可以肯定,用真值函项解释确定假言命题的真假是不可行的。[吴坚.关于假言命题真假问题的思考[J].自然辩证法研究,1998(增刊):20.]

一观念可以直接追溯到罗素。1918年,罗素在其《数理哲学导论》一书中,对5个命题函项,即"非p"(否定)、"p或q"(析取)、"p且q"(合取)、"p且q不全真"(不相容)和"如果p则q"(蕴涵)作出了解释,并说道:"这5个命题函项都是真值函项,将一个真值函项真或假的各种情况叙述出来,就已尽真值函项的全部意义……一个真值函项,除了在某些条件下为真在某些条件下为假外,没有其他的意义……所有这五个的真假值都只依赖于它们的命题变项的真假值。"[1]这与弗雷格提出的"复合命题(当然包括蕴涵命题)的真假完全取决于其支命题的真假上"的思想完全一致。这样,5个命题函项完全可以统一地表达为一个真值函数$y=f(x,y)$,其中定义域和值域均为$(0,1)$,y可为空值(以满足一元函项非p)。如此,5个命题函项构成的系统非常整齐、优美、简洁,与数学理想非常合拍。于是,蕴涵也必须是真值函项之一,当然只能有真值上的意义,而其推演性被选择性地遗漏掉,则是再自然不过的事。

四、孤立静止状态与思维推理状态下的"若,则"句

由上可见,对于考察"若,则"句的逻辑特征,我们走上了一条与经典逻辑颇有差异的道路。费罗、弗雷格等人的研究思路是,把"若,则"句从日常推理中抽离出来,单独而静止地考察其逻辑意义。此时,谁也无法否认,"若,则"句的确就是一个纯粹的真值函项。但我们考察的主要思路是,把"若,则"句放进日常推理、日常思维中予以考察,尤其是考察其在推理和思维中的逻辑功能特征,从而抓取"若,则"句的根本逻辑特征。换言之,我们的考察,不仅要单独静态地分析"若,则"句,而且侧重于通过日常推理、日常思维动态地分析"若,则"句。而"若,则"句从静态进入动态,其逻辑功能、性质会发生令人惊奇的变化,区别明显。至少有两点值得我们注意。

第一,从孤立静止的视野看,"若,则"句本身是一个描述可能性的真值函项;但在推理动作的状态下,日常思维和日常推理会通过"前件真承诺",把"若,则"句处理成真值命题。

第二,从孤立静止的角度看,"若,则"句本身只是一个描述关系的真值联结

---

[1] 罗素.数理哲学导论[M].晏成书,译.北京:商务印书馆,1982:139.

词;但在推理动作的状态下,日常思维和日常推理会通过"必然得出",把"若,则"句处理成具有推演(推导)功能的动作词。

"若,则"句从孤立静止的状态转入思维推理的状态会发生我们始料未及的变化,这提醒我们一个公式进入逻辑演算状态前后,性质、功能、用法或许有所差异。例如,孤立静止地看,"∨"是个纯粹的真值联结词,A∨B 真时,A 与 B 必有一真或全真,此时"∨"是相容析取。但是在 A∨~A 中,我们必然得到 A∨~A 当然为真,A 与 ~A 有且只有一真,此时"∨"是不相容析取。为何有这样的认知变化?其根本原因就在于讨论 A∨~A 之时,我们不自觉地把其放在不矛盾律发生作用的动态逻辑系统中进行了逻辑演算。不过,"∨"这种纯粹的真值联结词,在进入逻辑演算状态前后的差别显然没达到"重大"的程度,而且人们比较容易注意到这种区别,所以,一般情况下,人们甚至可以忽略这种差异性。但日常蕴涵作为非纯粹的真值联结词,情况似乎有很大的不同:进入逻辑演算状态前后的差别应是比较重大的——这一点,我们将在后文构建的命题逻辑系统 GM 中,更详尽深入地感受到。

第八章　日常蕴涵理论

第七章我们得出结论：从"若，则"句抽象出日常蕴涵，不能仅仅对其作单纯的真值性刻画，还必须对其推演性进行刻画。对于日常蕴涵来说，真值性和推演性缺一不可，只有两部分结合起来，才能完全地概括住"若，则"的根本逻辑特征。实质蕴涵存在的问题之一，就是其至多刻画了"若，则"的真值性，对"若，则"的推演性却没有丝毫的涉猎——尽管经典逻辑在演算及元逻辑研究中，不自觉地赋予了实质蕴涵某些推导功能。

一、日常蕴涵真值性的刻画

让我们再回顾一下第四章的如下内容：在真假二值的设定下，p、q的真值组合一共有16种，p→q若要求前件真后件真时为真，前件真后件假时为假的情况共有四种（见表4-2）。

对此，我们当时评论说，(2)(3)(4)分别对应于q、p∧q、p≡q的值，都与"若，则"意义不太相符，余下的(1)应该是迫不得已的、最好的选择。

如前所述，(1)定义的实质蕴涵，并未概括"若，则"全部的根本逻辑特征。这迫使我们重新审视和进行分析，从中寻求刻画"若，则"真值性的途径。显然，(2)不是我们的选项，因为把p→q定义为q，而q本身连个逻辑运算符都没有，这是我们最不愿意，也最不可取的结果。(3)把p→q定义p∧q，这要求p与q同时为真，p→q才能为真，这显然与p→q从"若，则"句中至少已经抽象出来的"前件、后件同真同假时，p→q为真"的成果相去甚远。因此，只余下(4)p≡q是我们考虑的选项，而且(4)恰好有如下特征：第一，它有(2)没有的逻辑运算符；第二，与(3)比较，它的真假值情况与(1)最为接近；第三，当(1)假时(4)必假，当(4)真时(1)必真，这一特点至少在一定程度上解决了用(1)定义的实质蕴涵引起的经典逻辑"推导过多"的问题。实际上，(4)近似于历史悠久的联结蕴涵（connexive conditional）。联结蕴涵认为，如果前件与后件的否定不相容，则蕴涵式真；如果前件与后件的否定相容,则蕴涵式假。在这里,如果我们把不相容理解为"矛盾"[1],则与(4)所言近同。

其实,(4)定义的是等值关系。但是我们别忘了,如果用(4)概括日常蕴涵,只定义了日常蕴涵部分根本的逻辑特征(即其真值性部分),而日常蕴涵还有偏序性质的推演性——这一特征就能把等值和日常蕴涵区分开来。实际上,我们应该看到,与其他逻辑联接词相比,等值与蕴涵的关系最为密切:在以只考虑真值性的实质蕴涵为基石的经典逻辑等逻辑系统中,等值关系常常通过蕴涵关系定义,即 $A \equiv B = df(A \to B) \wedge (B \to A)$。因此,我们选择(4)定义日常蕴涵的真值性,是有相当理据的。但这一理据充分吗?下面,我们作更详细充足的说明。

(一)共同对偶世界与日常蕴涵真值表

关于"若,则"句的"前件真承诺"的讨论告诉我们:要使蕴涵能解释为日常"若,则"句且真值不变的话,必须把蕴涵真值表中前件为假的情形转化为在前件变设为真的可能世界(作为本基世界)中讨论。

为什么我们选择采用可能世界讨论蕴涵的真值性呢?主要有四个理论缘由。第一,除了前述贴近日常推理的考虑外,"若,则"句本身就是源于可能性考虑的句子。"看来我们完全有把握地说,一个如果子句的最初目的就是要挑选一种可能性以引起注意,而这种可能性的实现,讲话者是不确定的,另一个子句所说的东西是对于选择出来的可能性所说的。"[2]第二,可能世界语义学已有深厚的历史背景,已被广泛认同并在多种逻辑系统中广为应用。"可能世界概念又有着鲜明的直观背景,它是现实世界的历史、可能状态或非真实情形的一种逻辑抽象,贴近人们日常语言的实际使用方式。正因为如此,它才会适用于日常语言的逻辑分析。"[3]"可能世界"的概念由莱布尼兹(Gottfried Wilhelm Leibniz)首先提出,他以无矛盾性(即逻辑的一致性)来界定可能性:只要事物的情况或事物的情

---

[1] 如果把"不相容"理解为"不可能",则联结蕴涵可以视作严格蕴涵的古代形式,张家龙先生对此有详细论述(张家龙.蕴涵[M]//张清宇.逻辑哲学九章.南京:江苏人民出版社,2004:140.)。

[2] 威廉·涅尔,玛莎·涅尔.逻辑学的发展[M].张家龙,等译.北京商务印书馆,1985:175.

[3] 冯棉."可能世界"概念的基本涵义[J].华东师范大学学报(哲社版),1995(6):33.

况组合推不出逻辑矛盾,该事物情况或事物的情况组合就是可能的。而可能的事物的组合就构成可能的世界,简称"世界"。20世纪50年代末至60年代,逻辑学家克里普克(aul Aaron Kripke)、欣迪卡(Kaarlo Jaakko Juhani Hintikka)等人根据莱布尼兹的"可能世界"观念,再进一步严格化、精确化,建立起完整的模态逻辑语义理论——可能世界语义学。在模型<W,R,V>中,W是一非空的集合,R是W上的某种二元关系,V是以递归的方式定义的一个函数,其定义域是相应逻辑系统的全体公式的集合和W的笛卡尔积,值域为{1,0}。在这里,W是一抽象集合,可以解释为"可能世界集",而R可以解释为可通达关系。这两者都有其直观的背景。例如,在现实生活中,人们通常是这样确定一个命题A是必然真的:"设想"各种可能的情况(可以通达的可能世界),如果在所有这些可以设想的可能情况中命题A都是真的,那么就认为A在现实世界中必然为真。由此可见,上述克里普克模型结构对一个公式A在一个可能世界W中必然为真的充要条件的表述,是对人们实际思维方式的一种模拟。第三,可能世界的基本内涵与逻辑系统完全性证明所用到极大一致集及雷谢尔(Nicholas Rescher)等人提出的"可共存理论"[1]相契合,后者潜含地用到可能世界的含义:S是一致的公式集当且仅当存在一赋值可以使任一 $A(A \in S)=1$。两者都体现了莱布尼兹对可能世界的基本要求——无矛盾性。第四,前文所言主观情景世界,如果满足无矛盾性这一条件的话,本质上就是可能世界。同时,英语中有虚拟"若,则"句之说(如果寻找适合日常推理的蕴涵,必然要涉及虚拟"若,则"句的处理),而主观情景世界和可能世界思想都恰与"虚拟"二字相契合。

  人们的思维对可能世界的进出,并非杂乱无章的。一可能世界 W_0 对另一可能世界 W' 的进入必须具有两个特征才有意义:(1) W_0 可通达 W';(2)W' 的事态情形对 W_0 事态有说明作用,而且说明力度比其他可能世界更强,方式显得更为直接(如果力度过弱或方式过于间接,将不符合人们的日常思维习惯)。哪个可能世界最能说明 W_0 的情形并且方式最为直接呢?设 A、B、C 为 W_0 中命题,能说明 A、B、C 和 W_0 有可及关系的可能世界有7类(设 A、B、C 只取 1、0 值)(表8-1)。

---

[1] "可共存理论"主要思想是:反事实条件句"A⑧B"为真,须使前件A加上某些规律和真命题组成的集合可与A共存,也就是说与A相容。

表 8-1 可能世界 W_0 与其可及可能世界真值关系

命题	W_0	W_1	W_2	W_3	W_4	W_5	W_6	W_7
A	0	0	0	0	1	1	1	1
B	1	0	0	1	0	0	1	1
C	0	0	1	1	0	1	0	1

显然，W_5 最能明显而直接说明 W_0 中 A、B、C 的情形（A、B、C 在 W_0 与 W_5 中取值恰好相反，可以用一元算子"~"将它们联结）。

对偶世界：令 $W_0 \in W$，$W' \in W$，若 $\delta(A, W') = \sim \delta(A, W_0)$，则称 W' 是 W_0 关于 A 的对偶世界。

共同对偶世界：令 $W_0 \in W$，$W' \in W$，若 $\delta(A, W') = \sim \delta(A, W_0)$；$\delta(B, W') = \sim \delta(B, W_0)$；$\delta(C, W') = \sim \delta(C, W_0)$；……则称 W' 是 W_0 关于 A、B、C……的共同对偶世界。

借助共同对偶世界理论，我们得出日常蕴涵真值表（表8-2）。

表 8-2 日常蕴涵真值表

行号	α	β	α→β
（1）	1	1	1
（2）	1	0	0
（3）	0	1	0
（4）	0	0	1

就该表说明如下：

设 W_1 为思维主体所在世界（下称"当前世界"），W_2 是 W_1 关于 α、β 的共同对偶世界。

第一，（1）（4）行同有 $\delta(α→β)=1$。

这源于（1）（4）中 $\delta(α)$ 和 $\delta(β)$ 的共通性。（1）行在 W_1 中，$\delta(α, W_1)=0$ 且 $\delta(β, W_1)=0$，但至 W_2 中，（1）行便成为 $\delta(α, W_2)=1$ 且 $\delta(β, W_2)=1$。同时，（4）行在 W_1

中 $\delta(\alpha, W_1)=1$ 且 $\delta(\beta, W_1)=1$，但在 W_2 中 $\delta(\alpha, W_2)=0$ 且 $\delta(\beta, W_2)=0$。可见(1)(4)行具有贯通性、相近性，若(4)行 $\delta(\alpha \to \beta)=1$ 则(1)行有 $\delta(\alpha \to \beta)=1$。

当然，严格而言，(1)行之真命题蕴涵真命题与(4)行假命题蕴涵假命题是有所区别的。前者在当前世界 W_1 中可以直接体现蕴涵本质上的保真性，而后者必须从 W_1 进入 W_2 后构成 W_2 中的"真命题蕴涵真命题"而得以为真。即(1)行的本基世界是现实世界，而(4)行的本基世界却是一主观情景世界（α 和 β 的共同对偶世界）。从语言角度而言，(1)行不需要语境就可为真，而(4)行成真必须在 W_1 中有相应的语境预设。如塔尔斯基举的例子"如果你解决了那个问题，我就吃了我的帽子"，这明显有语境预设：我相信他不能解决那个问题。❶ 可见，假命题蕴涵假命题的真虽然相对于真命题蕴涵真命题的真要增加预设才行，但这种预设是假命题蕴涵假命题本质上所具备的。实际上，我们除借助于可能世界外，还可以借助假言易位律说明(4)的真，通过假言易位，原值假的后件转换为新的值真前件，原值假的前件转换为新的值真后件，从而构成新的真前件蕴涵真后件。所以(1)(4)的真并无多大差别，更谈不上实质差别。虚拟"若，则"句❷ 在日常推理中的合理性和成立性也确证了这一点。

第二，(2)(3)行同有 $\delta(\alpha \to \beta)=0$。

这也源于(2)(3)中 $\delta(\alpha)$ 和 $\delta(\beta)$ 的共通性。(2)行在 W_1 中 $\delta(\alpha, W_1)=1$ 且 $\delta(\beta, W_1)=0$，而在 W_2 中成为 $\delta(\alpha, W_2)=0$ 且 $\delta(\beta, W_2)=1$。(3)行在 W_1 中 $\delta(\alpha, W_1)=0$ 且 $\delta(\beta, W_1)=1$，而在 W_2 中有 $\delta(\alpha, W_2)=1$ 且 $\delta(\beta, W_2)=0$。可见(2)(3)行亦有共通性、相近性，若(3)行 $\delta(\alpha \to \beta)=0$，则(2)行亦该有 $\delta(\alpha \to \beta)=0$。

类同于(1)(4)之间的联系与差别，(2)行之真命题蕴涵假命题与(4)行假命题蕴涵真命题是有所区别的。前者在当前世界 W_1 中就可以直接因为否定了蕴涵本质上的保真性而得值假，而后者必须从 W_1 进入 W_2 后构成 W_2 中的"真命题蕴涵假命题"而得以为假。即(2)行的本基世界是现实世界，而(3)行的本基世界却是 α 和 β 的共同对偶世界。从语言角度而言，(2)行不需要语境就为假，而

---

❶ 塔尔斯基. 逻辑和演绎科学方法论导论[M]. 周礼全，等译. 北京：商务印书馆，1963：24.

❷ 笔者以为，根据本基世界理论，虚拟条件句这一称谓似乎比反事实条件句这一称谓更为恰当、贴切。

(3)行取假值必须在 W_1 中有相应的语境预设。故(2)(3)的假并无多大差别,更谈不上实质差别。

这实际就是认定蕴涵式前件与后件一真一假时,蕴涵式为假。对于前件真后件假蕴涵式假,大家是没有疑义的。但对于前件假后件真,除了前述部分理据外,日常蕴涵凭什么会判定为假呢?

(二)关于"前件假后件真,蕴涵值假"的说明

第一,"若,则"句本身说明,这是合理的。

若令 S1 为 A 真的区域,S2(含 S1)为 B 真的区域。图 8-1 很直观地显示了"若 A,则 B"中的 A、B 的真假关系。

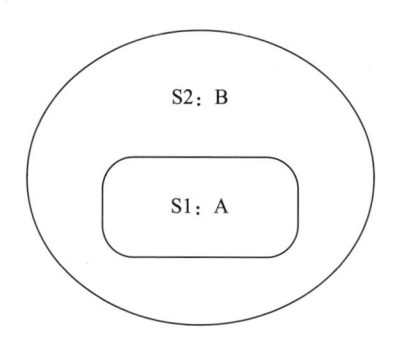

图 8-1 "若 A 则 B"中 A、B 真假关系

对于"若,则"的全部逻辑意义,我们也许并不完全清楚,但至少可以清楚的是:"若 A,则 B"是真的,则必有 A 真则 B 真(此时 A、B 均在 S1 区域内取值),或者 B 假则 A 假(此时 A、B 均在 S2 区域外取值)。即从纯真值的角度来看,如果 A→B,那么 $(A \wedge B) \vee (\sim B \wedge \sim A)$。借助假言易位律有:如果 $\sim((A \wedge B) \vee (\sim B \wedge \sim A))$,那么 $\sim(A \to B)$。也就是说 $\sim((A \wedge B) \vee (\sim B \wedge \sim A))$ 是 A→B 为假的充分条件。化简 $\sim((A \wedge B) \vee (\sim B \wedge \sim A))$ 得:$(\sim A \wedge B) \vee (\sim B \wedge A)$。换言之,A、B 不同真同假,是 A→B 为假的充分条件。而实质蕴涵却认为前件假后件真(注意此时前件后件不同真同假了),A→B 为真。这岂不是与"A、B 不同真同假时,A→B 为假"直接矛盾?在这一矛盾面前,恐怕可构造性、约定性、规定性、方便性等都不能成

为实质蕴涵关于"前件为假或后件为真,整个蕴涵式为真"成立的可靠理据。

王宪均先生在其颇具影响的《数理逻辑引论》中,有一段关于充分条件假言命题的论述值得我们注意。"从真假关系考虑,只有当前件真而后件假时,假言命题(即指充分条件假言命题)才是假的。在其他情况下,假言命题都可以是真的。在这里我们只说可以是真的,我们并没有说必然是真的。"[1]"没有说必然是真的"是什么意思?也就是可能有假:余下的三种情况至少有一种是假的。那么谁最可能是假的?当然只能是前件假后件真的情况。显然,王宪均先生是明白演绎逻辑与"必然得出"的关系的,但为什么他却在这里专门重复着强调说"都可以是真的""只说可以是真的"和"并没有说必然是真的"?其对实质蕴涵批判之意不言自明。

在科学实验中作为确证原则而普遍采用的尼柯标准也印证了这一点。尼柯标准规定:任一全称"若,则"句形式的假设均可符号化为$(x)(Fx \rightarrow Gx)$,对$(x)(Fx \rightarrow Gx)$而言,一个具有$Fa \wedge Ga$的个体肯定它,而$\sim Fa \wedge Ga$和$\sim Fa \wedge \sim Ga$的个体否定它,但$\sim Fa \wedge Ga$和$\sim Fa \wedge \sim Ga$与对$(x)(Fx \rightarrow Gx)$的确证不相干。

第二,假命题"蕴涵"真命题,在日常思维中难以说通。

例如,"如果张三是法国人,那么他是亚洲人","如果水是红色的,那么水不是红色的","如果这个苹果出产地在火星,那么它是水果"……这样的例子不胜枚举,虽然在实质蕴涵看来无一不真,但日常思维和逻辑直觉看来,无一能承认为真。

但有人辩论说:形如"如果旭日西升,那么π(始终)是无理数"的命题就是前件假后件真而人们不以为怪的例子。因为这种句子是为了强调后一分句无疑为真,或者后一分句之真与前一分句无关,不受前一分句真假的影响。命题隐含意义为:如果旭日东升,π是无理数;如果旭日西升,π还是无理数。这种说法是难以立足的。一是,外延性质的命题逻辑对命题的隐含意义不予研究,这也是命题逻辑不把反问句、疑问句等(尽管它们也隐含地反映了事物情况)列入考察之列的原因之一。何况,在形如"A→B"的命题形式中,就算A有隐含意义(真命题集

---

[1] 王宪均. 数理逻辑引论[M]. 北京:北京大学出版社,1982:7-8. 虽然王宪均先生随即作了解释:因为假言命题还得有内容方面的联系,但显然这已超出从"真假关系来考虑"的范畴了。

T),显然T也不会包含"~A→B"这一命题。二是,前一分句的真假与后一分句的真既然毫无关系,又哪来的蕴涵关系?蕴涵作为真值联结符,如果前后件真假彼此毫不相干,还能有"真值联结"之说吗?三是,如果前件假,无论后件真假蕴涵式都为真,应用到日常推理中,就难免让人们难以接受。例如,事实上,天没下雨,按实质蕴涵论这两个句子将同时为真:(a)如果天下雨,这场球赛已被取消;(b)如果天下雨,这场球赛没被取消。再如,将所有的F是G翻译成公式(x)(Fx→Gx),用苏珊·哈克的话来说,这是个标准的翻译。❶如果不存在F,那么这个公式是真的。令F为独角兽,如果人们对"所有的独角兽都是红色的"这个判断只是觉得有所疑问的话,那么对"所有的独角兽都是红色的并且所有的独角兽都是白色的"这个判断,十有八九不肯赞同的。与此相似的是,涅尔夫妇在《逻辑学的发展》中作了如下分析:"假如一位船赛新闻记者预告,如果风平浪静,那么牛津将在划船赛中赢得胜利。但实际上在预定这天有相当大的风:没有人会说这个预告被证实只是因为它的条件未实现。另一方面,如果我们知道风平浪静而且牛津获胜,那么笔者认为,记者是正确的……菲罗在他主张这种条件陈述句的真可以通过发现其前件和后件两者都是真的来确定时,他是正确的,但是在他试图把一个前件是假的条件陈述句规定为真时,他是错误的。"他们还进一步认为,实际在条件为假的时候,整个条件句是没有应用范围的。❷蒯因也认为,如果P和Q都是真的,那么"如果P,那么Q"就是真的。或者,如果P是真的,而Q是假的,那么"如果P,那么Q"就是假的。在其他情况中,"如果P,那么Q"没有真值情况。❸

为了更充分地说明上述问题,我们不妨再讨论一下先前的一个生活例子。"如果老王做了手术,则他至少还可以活上十年",这是一位医生就一位患者所作的断言。我们来看两种情况。①假如老王确实没做手术,而两个月以后他去世了。这样,医生断言的前件"老王做了手术"假,而后件"他至少还可以活上十年"假。但我们可以断定,医生的话是真还是假的吗?恐怕没人敢断定,老王可能是

---

❶ 哈克.逻辑哲学[M].罗毅,译.北京:商务印书馆,2003:48.
❷ 威廉·涅尔,玛莎·涅尔.逻辑学的发展[M].张家龙,等译.北京商务印书馆,1985:175.
❸ QUINE W V. Methods of Logic[M]. Fourth Edition. Cambridge:Harvard University Press,2006:78-79.

因为在横穿马路时被撞身亡,也可能是因为病发身亡。也就是说,以日常推理看来,前件假时,后件可能真,也可能假。②假如老王确实没做手术,而十五年过去了,他还活得好好的。这样,医生断言的前件"老王做了手术"假,而后件"他至少还可以活上十年"真。这时,医生的话是真还是假的？恐怕也没人敢断定。因为可能正因为老王没做手术,所以才活过了十年；也可能是因为其他原因,比如后来医学进步或者发生奇迹等,老王活过了十年。因此,对于①②两种情况,日常思维无法对整个蕴涵命题是真是假下结论,但实质蕴涵却均指定整个蕴涵命题是真的,实在差强人意。二者差别可概括如表8-3所示。

表8-3 实质蕴涵与日常"若,则"取值比较表

行号	前件A	后件B	A实质蕴涵B	日常思维"若A则B"
（1）	1	1	1	1
（2）	1	0	0	0
（3）	0	1	1	1或0
（4）	0	0	1	1或0

第三,相反命题蕴涵同一命题难以成立。

如果α蕴涵β,那么~α是否也能蕴涵β呢？若作肯定回答,则必有一切命题蕴涵β,这是否有抹杀真假之别的嫌疑呢？"珠峰比任何山峰都高,所以珠峰是最高的峰"是真,是不是意味着命题"许多山峰都比珠峰高,所以珠峰是最高峰"中前件对后件有蕴涵关系呢？前、后件的矛盾性是不言而喻的。再如,对"如果旭日西升,那么旭日东升"和"如果2是奇数,那么2是偶数"等类命题,我们无法找到一个使前后件均真的可能世界。而真前件蕴涵真后件,恰恰是蕴涵保真性的本质特征和要求。人们自然会追问:这类命题的前件是如何蕴涵后件的？这种蕴涵是不是太过匪夷所思？因此,若"α→β"为真,还会有"~α→β"亦真,这是日常推理难以接受的。其实,这类问题的论述,可以追溯到亚里士多德。在前分析篇里他说:"同一事物的肯定与否定都为另一事物的必需,这不可能。我意思是说,例如,如果A是白色的,那么B是必然大的,同时又说如果A不是白色的,

那么B是必然大的,这不可能。因为如果B不是大的,A不能是白的,但同时又有如果A不是白的,则B是大的,就得出这样的结论:如果B不是大的,那么B本身是大的。自相矛盾的情况就出现了。"❶我们把亚里士多德这段话整理如下:

(1) A→B　　　　　　　　　　　　　假设
(2) ~A→B　　　　　　　　　　　　假设
(3) ~B→~A　　　　　　　　　　　(1)假言易位
(4) ~B→B　　　　　　　　　　　　(2)(3)假言三段论

可见,亚里士多德前分析篇里已包含了这样的思想:~(~A→A)并且~(A→~A)。如果再考虑到他常说的"所有S是P并非无S是P",那么就更加肯定在亚里士多德的逻辑思想中,不可能既有A→B真,又有~A→B真。实际上,在亚里士多德及传统词项逻辑看来,SAP(所有的S是P)与SEP(所有的S不是P)是反对关系,不能同真。而亚里士多德三段论正是建立在这一逻辑思想基础之上。所以,亚里士多德和传统词项逻辑一定会反对"相反命题蕴涵同一命题"的说法。后来的逻辑学者,包括克律西波斯提出了如下观点:(A→B)→~(A→~B)和(A→~B)→~(A→B)。他对此注解到,当相互矛盾的前件与后件不相容时,"若,则"句才是可靠的。❷波爱修斯也提出"若A则~B是若A则B的否定。"❸他曾提出如下推理:

如果A,那么若B则C,并且如果A,那么若B则~C;

那么,根据逆分离(Modus Tollens)规则得到~A。

显然,要得到这一结论,下面这个逻辑思想必须成立:"若B则C"和"若B则~C"被认定为不相容的。波依修斯甚至认为,"若A则~B"是"若A则B"的否定。而涅尔夫妇直接明了地说道:当"如果P则Q"是假的,那么"如果P则非Q"

---

❶ ARISTOTELES. Prior Analytic [EB/OL]. (2011-01-26) [2023-12-01]. http://www.taohua.com/doc-1096728.htm, ii 4.57b3.

❷ 威廉·涅尔,玛莎·涅尔. 逻辑学的发展[M]. 张家龙,等译. 北京商务印书馆,1985:247.

❸ NASTILY DE VINCENTIS. Conflict and Connectedness: Between Modern Logic and History of Ancient Logic[M]//Logic and Philosophy in Italy. Monza: Polimetrica, 2006:229-251.

是真的；当"如果P则非Q"是假的，那么"如果P则Q"是真的。❶1952年，斯特劳森也指出，"如果下雨，比赛将取消"与"如果下雨，比赛不会取消"是互不相容的，同时肯定两者将导致矛盾。❷可见，在大部分历史中，亚里士多德的上述思想作为主流逻辑思想，一直为大多数逻辑学家所接受。但到了19世纪，情况突然发生巨大变化：在布尔三段论（boolean syllogisms）影响下，奠基于真值函项上的命题逻辑猛然兴起，一跃成为逻辑的主流，并被称为"经典逻辑"。此后，很少有逻辑学家再关注亚里士多德的上述思想了。对此情况，2006年初版、2010年再版的《联结逻辑》开篇第一句就是："联结逻辑是非常小众并且在一定程度上被忽略的非经典逻辑。"而联结逻辑的基石就是以下公式：

AT：~(~A→A)　　　　　　　　　　AT′：~(A→~A)。

BT：(A→B)→~(A→~B)　　　　　　BT′：(A→~B)→~(A→B)。

第四，假命题"蕴涵"真命题与蕴涵保值性要求出入太大。

前件本身就假，何来的"真""保送"给后件呢？它何以去保证后件的真呢？首先，在一般意义上，保值性要求从真前提出发进行有效推理，只能也只会得到真结论。就蕴涵而言，后件的真应依赖于前件的真和蕴涵的真。现在前件为假，后件的真如何依赖前件呢？如果后件已确定为真，还用得着假前件和蕴涵来对其谈真论假吗？而且，即便后件真且假定蕴涵亦真，也无法判定前件的真假，此时的蕴涵已成为空洞化的联结符。其次，正如前述，在日常推理中，根据真值来源，"若，则"句可以分为三类。一是经验知识型，"若，则"句的真假根据经验知识判定，如"若大雨，则地湿"。二是语义型，判断真假主要根据对该"若，则"句所作的语义分析，无须考察现实世界，如"若张三是翻译家，则张三懂外语"。三是逻辑型，判断的真假主要根据该"若，则"句的形式结构，无须考察经验世界，亦无须考察语义分析，如"若小张和小王都来了，则小王来了"。虽然三类"若，则"句有不少差异之处，但有一个对逻辑而言十分重要的共同特征：如果"若，则"句中的蕴涵是真的，那么只要肯定前件真，后件必真，即"若，则"句的真能保证把前

---

❶ 威廉·涅尔，玛莎·涅尔.逻辑学的发展[M].张家龙，等译.北京商务印书馆，1985：176.

❷ 转引自 ISEMINGER G. Logic and Philosophy: Selected Readings [M]. New York: Oxford University Press，2000：198.

件的真"传递"给后件,后件的真必须依赖于"若,则"句中蕴涵的真和前件的真。因此,蒯因在其《逻辑哲学》中说道:"只要两个或两个以上的句子的合取在逻辑上为假,那么它们逻辑上不相容;如果一个句子同另外一个的否定不相容,那么它逻辑上最终蕴涵着另外一个。"❶

这里需要回答一个疑问:为什么我们好像可以从假命题得到真命题?对此,我们对A→B中,前件假、后件真(或假)的情况举出范例予以说明。

假命题A:3是偶数;真命题B:3+3=6是偶数。显然,在初等数学系统中,无法从"3是偶数"的假得到,更不要说必然得出"3+3=6"的真,而"3+3=6"之所以能是真的,是依赖于初等数学系统的其他命题的真。因此,如果我们非要在"3是偶数"与"3+3=6"强行加上个"蕴涵",那么,这在初等数学系统内部是非法的、错误的,唯一成立可能是跳出初等数学系统,在外部进行强行设定。可见,3是偶数到3+3=6中的"蕴涵"的真切意义是"⊢"(设定)而非"→"(如果前件真,那么后件真)。情况是否真的如此呢?有命题C:3×1=3是偶数。这时命题A可得到命题C,于是又有"假命题蕴涵假命题",但是仔细分析之下,这里的"蕴涵"的真切意义仍然是"⊢"而非"→",而"⊢"(设定)是可错的。

再看一个相似的例子:(−2=2)⊢(4=4),因为如果(−2=2),那么其等式两边进行平方,就能得到(4=4)。同时,根据实质蕴涵(如果我们把"⊢"视同于"→"的话)"假命题蕴涵假命题",(−2=2)⊢(1=2)为真,但这并不意味着1=2为真。

从这两个例子,我们得到一个结论:"假命题蕴涵假命题"或"假命题蕴涵真命题"之"蕴涵"更加真切的意义是逻辑系统外的"⊢"(设定)而非逻辑系统内的"→"。

可见,以假命题为前件"蕴涵"本是真命题的后件,其中的"蕴涵"显然不是逻辑系统内部的"→",充其量能找逻辑系统外部的"⊢"背书。"→"与"⊢"虽然有千丝万缕的联系,甚至意义和用途上十分相近,但区别也分明地摆在那里,不容忽视,不可混淆,更不能混用。

---

❶ QUINE W V. Philosophy of Logic[M]. Englewood:Prentice Hall,1970:153.

二、日常蕴涵推演性的刻画

(一)日常推理通常把设定蕴涵式真作为前提

实质蕴涵真值表主要根据前件和后件的值确定整个蕴涵式的值,也就是说,要想知道"若A,则B"是否成立,需要知道A、B的真假。换言之,若以推理的立场论,这是把蕴涵式的前件和后件作为前提,而将蕴涵式本身作为结论研究问题。但为什么不能把蕴涵式作为前提,将前件或后件之一作为结论进行考察呢?

如前所述,人们并不是要等到前件、后件确定真假后,才确定整个"若,则"句的真假。例如,"若天大雨,则地面湿",这个"若,则"句被确定为真,与天事实上下没下大雨无关,也与事实上地面湿没湿无关。人们不知道十天后会不会大降温,那时要不要加衣服,但人们知道"如果十天后大降温,那么自己就要加衣服"是一个真命题;人们能确定"如果家里喜事连连,那么家人个个愁眉苦脸"是假命题,而不必知道家里是不是喜事连连,家人是否愁眉苦脸。所以,陈波先生谈到蕴涵理论时也强调:"我们可以不知道A、B本身的真假,也可以不知道A、B本身的模态性质,却仍有可能知道A是否能推出B。这即是说,A与B之间的推出关系独立于A、B单独所具有的任何逻辑性质。"[1]

其实,当人们用"如果,那么""若,则"等条件关系联结前件后件时,就已经假定或默认条件关系已经成立。就连对实质蕴涵赞赏有加的塔尔斯基也承认:"通常的情形是,只有当我们对前件和后件是否真没有确切的认识时,我们才作出或断定一个蕴涵式……"[2]而罗素也曾这样说明p→q的用法:"为了使从p得出q这个推论是正确无误的,只须p为真和命题'～p或q'为真。无论何时只要有这样的情形,显然q必真。"[3]而"～p或q"为真,根据实质蕴涵即是"p→q"为真。可见,罗素也认为(哪怕是不自觉地)要以蕴涵式为真作为前提来考察后件的真假。

---

[1] 陈波.逻辑哲学导论[M].北京:中国人民大学出版社,2000:95.不过这里的"推出"视为"推导"为宜。

[2] 塔尔斯基.逻辑与演绎科学方法论导论[M].周礼全,等译.北京:商务印书馆,1963:21.

[3] 罗素.数理哲学导论[M].晏成书,译.北京:商务印书馆,1982:144.

如果假定的条件关系不成立,即从真前件得不到真后件,人们会自动放弃用蕴涵联结两个分句,这两个分句也没有了前件或后件之说。比如对"如果天下大雨,那么地面会很干"这个"若,则"句,人们自然会根据"天下大雨"观察"地面会很干"是否为真,结果发现地面是湿的(结论假)。人们自然会判断出用"如果,那么""若,则"等条件关系联结"天下大雨"和"地面会很干"是错误的,自然知道这里的蕴涵为假。所以人们大可不必担心:把蕴涵式作为前提,万一蕴涵式是假的呢? 因为即使仅在逻辑上,这种担心就可以免除:如果前件为真,蕴涵式为真,而得到假结论,根据归谬法,人们自然知道,要么前件为假或蕴涵式为假;因为前件为真,所以蕴涵式为假,自然不用对所谓的前件、后件再施用蕴涵。

另外,人们还常用"若,则"句进行推理以发现新知或预测未来事件。在这种情况下,结论当然不可能是预定好的、明确化的命题或定理——结论只能依靠对已知的前提或已推导出来的结论施用推导规则,才能得到。如果我们不假定"若,则"句中的条件关系已经成立,如何进行推理以发现新知或预测未来事件?

这也显示出了实质蕴涵用于日常推理存在巨大软肋。如果蕴涵式本身的真假都要靠前件、后件真假来确定,那么怎么利用蕴涵式推理? 我们创建蕴涵式是让它服务于推理,考察前件特别是后件的真假。结果按照实质蕴涵的理解,在日常推理中应作前提的蕴涵式,反倒成了结论,而本该作结论的前件或后件,却都变成了前提。"我们的量化分析表明,经典逻辑并不适合作为自动化推导(automated forward deduction)的逻辑基础。"[1]实际上,正如前述,我们是在用归谬法说明蕴涵式的假时才会用到前件真后件假这种"推理方式"。但这种"推理方式"的应用,也是要假定蕴涵式为真在先来开展的。"实际情况是实质蕴涵真值表所列的四种真假可能在自然语言中仅仅只是一个既成的假言命题涉及到的真假情况,是先有假言命题,然后才会有它的真假情况,而并不是反过来根据实质蕴涵真值表所列的四种真假情况中的某一种来构造一个假言命题,用实质蕴涵处理

---

[1] GOTO Y. A Quantitative Analysis of Implicational Paradoxes in Classical Mathematical Logic[J]. Electronic Notes in Theoretical Computer Science,2007(6):87-97.

自然语言中的条件命题所出现的问题主要是在这里。"❶

所以,在日常推理看来,关于蕴涵式推理的各部分分工应当是:把蕴涵式作为前提一,把前件或后件之一作为前提二,而以余下的前件或后件作为结论。

(二)日常蕴涵推演表

我们先来考察蕴涵式和前件作为前提而后件作为结论的情况(表8-4)。

表8-4　日常蕴涵推演表一(以后件为结论)

前提1:A→B	前提2:A	结论:B
1	1	1
1	0	1或0
0	1	1或0
0	0	1或0

显然,第一、第二行,是无疑义的。现在对第三、第四行"若A则B"为假的情况予以说明。

首先,我们要弄清"若A则B"假和"若,则"关系假的关系。我们说一个"若A则B"的命题是假的,只会有两层意思:第一层A或B假,第二层"若,则"关系假。显然,A假时或B假时,"若A则B"均可能真,故"若A则B"的假,其实是说"若,则"关系假。从语义上来说,人们说"若A则B"假,显然是指A、B之间不存在"若,则"关系。因此,说"若A则B"真和假就等同于指"若,则"关系的真和假。

但A、B之间不存在"若,则"关系("若,则"关系假),并不排除二者其他关系(比如说反蕴涵关系、析取关系)的存在,或者二者没有逻辑上的关系。❷例如,"若生热,则摩擦"两个分句是反蕴涵关系,"生热"真时,"摩擦"可真可假;又如,"或者你去,或者我去"两个分句间是析取关系。路易斯在研究模态逻辑最经济

---

❶ 王健平.弗雷格的实质蕴涵思想与现代逻辑的选择[J].学术研究,2008(1):71.

❷ 涅尔夫妇有如下佐证性论述:"如果P则非Q"并不是"如果P则Q"的矛盾句,因为两者可以既不是真的,也不是假的。(威廉·涅尔,玛莎·涅尔.逻辑学的发展[M].张家龙,等译.北京商务印书馆,1985:176.)

的系统 S5 时,提出了一个存在公理,也可以佐证这一点。

(∃p,q)(~(p→q)∧~(p→~q))("→"为严格蕴涵)

这即是说,至少存在这么两个命题 p、q,p 命题既不严格蕴涵 q,也不严格蕴涵 q 的否定。或者说得更直接一点,p 与 q、~q 间都不存在严格蕴涵关系。言下之意即是说,并不排除 p 与 q、~q 存在其他关系。

表 8-4 表明,(A→B)=0 时,V(A)=1 并不能排除 V(B)=1(V 为赋值之意,下同),也不能排除 V(B)=0。涅尔夫妇肯定道:"说一个原始类型的条件陈述句似乎是它的前件和后件的不完全真值函项,这种说法可以通过考察真值表更容易理解,在真值表里,这种条件句在它的前件是假的两种偶然情况里是没有真值的……在条件为假时,整个条件句是没有应用范围的……我们有时可以因为它们没有任何应用范围而说它们既不是真的也不是假的。"[1]著名语言哲学家格赖斯是实质蕴涵的坚定支持者,他也坦承,人们不能接受具有假前件和真后件条件句。"不是因为它们不是真的而是因为它们是不可断定的。"[2]但(A→B)=1 时,V(A)=1 必能排除 V(B)=0。因此,严格意义上来讲,以日常推理的眼界看,前提 A 蕴涵结论 B,是指 A 真的时候,能保证 B 也是真的;而 A 真的时候,B 却是假的,这样的情况构成 A 蕴涵 B 的反例。但这并不意味着其他两种情况(前提假结论真、前提假结论假)中,前提就蕴涵着结论。实际上,在这两种情况中,我们没有充足理由说前提 A 蕴涵结论 B。不过,这时在"前提 A 假结论 B 假"中,我们可以把原结论位置的 B 调整为前提,原前提位置的 A 调整为结论,于是可以得到假 B 蕴涵假 A 这样一个蕴涵关系,这实际正如表 8-5 所述:假 B 反蕴涵假 A。

与上述类似,我们可得到蕴涵式和后件作前提而前件作结论的情况,见表 8-5。

表 8-5　日常蕴涵推演表二(以前件为结论)

前提 1:A→B	前提 2:B	结论:A
1	1	1 或 0

[1] 威廉·涅尔,玛莎·涅尔. 逻辑学的发展[M]. 张家龙,等译. 北京商务印书馆,1985:175-176.
[2] 斯蒂芬·里德. 对逻辑的思考[M]. 李小五,译. 沈阳:辽宁教育出版社,1998:88.

续表

前提1:A→B	前提2:B	结论:A
1	0	0
0	1	1或0
0	0	1或0

该表表明,(A→B)=0时,V(B)=1并不能排除V(A)=1,也不能排除V(A)=0。但(A→B)=1时,V(B)=0必能排除V(A)=1。

(三)日常蕴涵起点规则

综合上述两表,可以得到日常蕴涵起点规则:如果蕴涵式真,那么以前件为起点当且仅当前件为真;以后件为起点当且仅当后件为假,否则无必然结论。

对起点规则作进一步说明如下。

(1)起点的存在性。与"若,则"句相对应,蕴涵应是一种偏序关系运算,谁是前件,谁是后件,直接影响甚至决定着蕴涵式的运算。显然,从前述"必然得出理论"我们容易知道:前件具有的性质后件必然具有,而后件不具有的性质前件也不能具有。

(2)起点规则的必要性。当以前件假为起点时,由于命题系统不允许对偶世界的存在,故前件假无法转化为前件真,即使借助假言易位律,也只能使原前件假变成新蕴涵式的后件真。而以后件真为起点时,由于蕴涵刻画的推演关系本义是以前件的真保障后件的真,亦即后件真到前件的真或假都没有蕴涵本义上的保障和依据("若,则"句必然得出特征也说明了这一点)。因此,从后件的真得不到关于前件的必然结论来。再者,这一点在日常蕴涵真值表中也有说明:①当前件真,后件也为真,蕴涵值为1;②当后件假,前件也为假,蕴涵值为1。可见,前件假时,后件不可能确定为真。

(3)起点规则的一致性。在日常推理中,人们往往用到蕴涵真值表前两行。但命题演算不允许命题形式在可能世界中进进出出,因此必须有一不借助于可能世界但计算结果与运用可能世界的结果等效的方法。假言易位律可起到这样的作用。α→β≡~β→~α中，如α,β均真，等值符前构成"真前件蕴涵真后件"型，如α真则据蕴涵保真性有β真；等值符后构成"假后件蕴涵假前件型"（相对于原蕴涵式），若~β真则据蕴涵保真性有~α真。如"若雪是黑的,则太阳绕着地球转"这样的句子，人们显然是想通过后件的假来说明前件的假。这一方面说明了从前件真得到后件真和从后件假得到前件假的恒等性，另一方面也说明了起点规则有最可靠的依据——严格依据蕴涵本质意义上的保值性。这样，我们就比较容易理解冯棉先生尚未说透、略有瑕疵的这段话："实质蕴涵真值表的前两行是符合充分条件的基本真值涵义的（当然是在p,q有意义、内容上联系的前提下）。问题出在后两行。"❶

(4)起点规则的历史性。历史悠久的传统逻辑对充分条件假言推理，只肯定了两种推理情况是成立的：肯定前件式与否定后件式。对于否定前件式的情况，却没有这样的结论：否定前件可以肯定或否定后件。这种思想至少可以追溯到斯多噶学派时期，他们把"如果……,那么……"表示为"如果第一，那么第二"，用"第一""第二"这样的序数充当变元，代表空位。克里吕波提出了五种基本有效推理图式，其中两种与充分条件假言推理直接相关：

①如果第一则第二；第一；所以第二。

②如果第一则第二；并非第二；所以并非第一。

中世纪的逻辑学家阿伯拉尔也认为，蕴涵式有两个推理规则：肯定了前件就能肯定后件；否定了后件就要否定前件。

起点规则的讨论进一步说明：蕴涵最根本、最重要的功能是保障前件真则后件真。前面我们把前、后件真值均为0的蕴涵式赋值为1，其实严格意义上而言，这一赋值并不是说我们赋假前件蕴涵假后件的值为1，而是说在赋后件假后，通过蕴涵关系反推导出前件假，即假后件反蕴涵假前件的值为1，或者说假后件反蕴涵假前件。弄清了这点，就很容易明白我们不必对应前面所说的"前件真承诺"作"后件假承诺"之说。何况对"若,则"句而言，虽然在语法上，条件部分是从句，结果部分是主句，但整个句子的特征基本上取决于前件（条件）的特征。而且通过假言易位律，"假后件"可以转换为"真前件"。

---

❶ 冯棉.条件句与相干逻辑[J].华东师范大学学报（哲学社会科学版）,1999(1):43.

现在,我们可以这样确定日常蕴涵:真命题日常(推理)蕴涵真命题,假命题反日常(推理)蕴涵假命题,除此便无所谓日常(推理)蕴涵。

三、日常蕴涵可以处理因果类"若,则"句

(一)实质蕴涵无法表达因果联系、规律性的缘由

前面说到,虽然弗雷格等人认识到了实质蕴涵无法表达规律性、因果联系的问题❶,但由于种种原因,他们没有对这些问题进行处理。罗素的处理方式不是命题逻辑的,而是借助谓词逻辑,引入了形式蕴涵"$(x)(P(x) \rightarrow \psi(x))$"。

为什么弗雷格等人都希望把实质蕴涵同规律性、因果联系等"普遍性"区分开来呢?我们认为至少有三个原因。第一,规律性、因果联系等"普遍性"语句是确定为真的命题,实质蕴涵式却是个真假未定的命题函项;而组合原则作为经典命题逻辑的基本原则之一,其基本思想是复合命题的真假由其支命题决定,于是判定一个蕴涵式的真假交由其前后件真假决定。但是因果联系如果构成蕴涵式的话,它的前件、后件的真假对整个蕴涵式的真没有任何影响,这直接与组合原则相抵触。第二,对于论域中的个体变元而言,规律性、因果联系等"普遍性"命题都成立,而实质蕴涵命题却未必,可真可假。这一点,我们回顾一下中世纪对绝对推论与当下推论的区分即可明白,不再多述。第三,分析哲学有拒绝因果联系等"普遍性"的传统。在分析哲学家看来,因果联系是不存在的,"相信因果联系就是迷信"❷。经验世界中只有重复性而没有必然性,不能从过去的重复中预知未来,归纳法经不起休谟的诘问,休谟悖论就是一道无解的谜题。而对于无解

---

❶ 弗雷格本人曾明确指出实质蕴涵的不足:"然而我们的符号(即实质蕴涵——笔者注)不表达'如果……那么……'这个词内含的因果联系,尽管这样一种判断只有基于这样一种联系才能做出。"(弗雷格. 弗雷格哲学论著选辑[M]. 王路,译. 北京:商务印书馆,2006:11.)如果我们通过分离规则,就能较好地理解弗雷格这段似乎有些含混的话。"若A则B"提供可能性,因为A,所以B,才提供判断。显然,这种判断必须内含于可能性之中。但是,由于弗雷格坚持实质蕴涵是单纯的真值联结词,所以实质蕴涵表达不了"若,则"内在的因果联系。不知弗雷格在这里是否也在担忧着一个矛盾:如果实质蕴涵没有"因果联系"因素,那么后面的"因为A,所以B"这一判断何以作出呢?

❷ 维特根斯坦. 逻辑哲学论[M]. 贺绍甲,译. 北京:商务印书馆,2005:165.

的谜题,分析哲学,作为高举"拒斥形而上学"旗帜的哲学派别,回答将如维特根斯坦在其《逻辑哲学论》的结束语一样:"对于不可说的东西我们必须保持沉默。"作为分析哲学之父,弗雷格是秉承反心理主义的观点的。在其《算术的基础》中,他一开始就提出哲学研究的一条基本原则:"始终把心理的东西和逻辑的东西,主观的东西和客观的东西严格区别开来。"❶有了休谟对因果联系的批判和"因果联系不过是心理联想的习惯"的结论,弗雷格很自然地会把因果联系等"普遍性"列入心理因素之列,当然会毫不犹豫地将其驱除出逻辑学的门庭。所以他一直认为,研究模态逻辑的推理规则不是逻辑学家的任务。既然因果联系是如此这般,为其创建一个与实质蕴涵相提并论的新蕴涵,似乎是件难以接受的事。这也许部分地解释了为什么弗雷格虽然认识到了实质蕴涵与"普遍性"的差异问题,但在构建逻辑系统时只选择了实质蕴涵。后来的罗素可能出于类似的考虑也只接受实质蕴涵,虽然他为了解决蕴涵怪论被迫弄了个形式蕴涵。前面说到,塔尔斯基即使承认演绎科学中用到的"蕴涵""推出"等词汇的意义更趋近于日常语言而不是实质蕴涵,却没开展不同于实质蕴涵的"蕴涵"的研究工作,但是否出于相似的考虑,我们不得而知。

(二)日常蕴涵处理因果类"若,则"句的方式

正如前述,实质蕴涵存在无法表达规律性、因果联系的问题。但这个难题,对于日常蕴涵来说,解决起来却相对简单得多。

第一,对于 A→B 这样的蕴涵式,由于"前件真承诺",此处的 A 不再是个真假未定的真值函项,而是设定为真的命题。我们知道,"如果,那么"与"因为,所以"在逻辑上最大的差别就在于前者只是描述一种可能性状态,而后者是刻画主体的断定。"因为,所以"句大致分两种,一种是说明型,常用"因为,所以"表示,另一种是推论型,常用"既然,那么"表示。站在真值的角度,前者的因和果都要求真,后者的因是真的,但果还真假不定(未实现)。概言之,"因为,所以"句与"若,则"句相比较,那就是"因为,所以"句的前件(因子句)是真的,而"若,则"句的"若"子句却未必真。不过,经过"前件真承诺",二者之间这道所谓的"鸿沟"

---

❶ 弗雷格. 算术基础[M]. 王路, 译. 北京: 商务印书馆, 1998:18.

消失。也就是说,至少在理论上,日常蕴涵有了合法地处理"因为,所以"句的可能。

第二,假如我们以 A→B 这样的蕴涵式为前提进行推演,即构成(A→B)→C 这样的推导结构,那么,同样根据"若,则"句"前件真承诺"和日常蕴涵的起点规则,必须设定(A→B)为真,也就是说,(A→B)已经设定为真命题。这样,A→B 这样普通的蕴涵式,与因果联系的"普遍性"构成的蕴涵式,都一样是真命题,即因果联系的"普遍性"构成的蕴涵式也可以同样用(A→B)公式表达,也就是说,所有的条件命题和因果联系命题都可以统一表示为"A→B"形式。

(三)日常蕴涵何以能够处理"普遍的因果联系"

如果(A→B)被设定为真后,但事实上出现了 A 真结果却 B 假的情况,还能说(A→B)能表示"普遍性"吗?对此,日常思维或日常推理会怎么办呢?

我们用一个休谟问题的常用例子来说明。一只公鸡发现,每天只要主人一来,就会有可口的饲料,因为第一天是这样,第二天是这样……第九十九天,还是这样……。到了一百五十天,主人又来了,于是公鸡热情地向主人迎去,结果这次,没有饲料,只有刀。主人把公鸡给杀了,招待朋友。

公鸡错在哪儿?其实公鸡的困境也是人类的困境。因为休谟问题包括两个部分:第一,观念之间的因果联系是由一种奇特的吸引作用联结在一起的,人们无法断定它的必然性;第二,从已知世界得到的因果联系对未知世界进行的推断不是必然的。公鸡从自己的经历中得到自己认知中的规律:"主人来了,就有好吃的饲料。前一百四十九天都是如此,那么第一百五十天,也会如此。"如果公鸡不这么思维,该怎么思维?古人并不了解日出日落的道理,但从生活观察中总结出了这样的认知:太阳东升西落。古人绝不会因为休谟问题的存在,就天天诚惶诚恐地想:也许明天、后天或者大后天,太阳就不会东升西落了。其实古人压根儿不知道休谟问题的存在,正像我们许多人不知道休谟问题的存在一样。

实际上,即使知道休谟问题的存在,日常思维或推理也会让休谟问题自己走开。因为,如前所述,日常思维或推理把(A→B)这样形式的语句作为前提的时候,实际上在设定或假定(A→B)为真。但是,如果 A 真 B 假的事情真的发生,日常思维和推理立即知道设定或假定(A→B)为永真是靠不住的。于是他们对(A→B)不再假定为永真,而是改为概率真。至于概率的高低,要依据证伪例与证实例的相互比例,及他们对证伪与证实的根据的认知来确定。例如,对于"天鹅是白的",人们在几百年里观察了几千万只天鹅后,发现它们都是白的,于是自然会设定"天鹅都是白的"为真。但是,人们突然发现在某地黑天鹅出现了几次,会怎么思维呢?他们会知道自己关于"设定'天鹅都是白的'为真"有误,于是修订这种假定为:除某地外,"天鹅都是白的"为真,或者是,"绝大多数天鹅都是白的"。如果发现的黑天鹅越来越多,在天鹅中的比例越来越高,于是人们又会假定"天鹅或黑或白"为真。但如果因为某种原因,白天鹅大量消失,地球上放眼望去,几乎都是黑天鹅的天下,人们又会修改设定为"绝大部分天鹅是黑的"。终于有一天,白天鹅完全消失了,又过了几十年或几百年,白天鹅再也没有出现,世界上只见着黑天鹅。于是人们又会修改自己的设定为:"天鹅都是黑的"为真。天鹅的事例也例证了恩格斯如下论断:"只要自然科学运用思维,它的发展形式就是假说。一个新的事实一旦被观察到,对同一类事实的以往的说明方式便不能再用了。从这一刻起,需要使用新的说明方式——最初仅仅以有限数量的事实和观察为基础。进一步的观察材料会使这些假说纯化,排除一些,修正一些,直到最后以纯粹的形态形成定律。如果要等待材料去纯化到足以形成定律为止,那就是要在此以前使运用思维的研究停顿下来,而定律因此也就永远不会出现。"[1]休谟的确算得上最坚定的怀疑论者(至少是之一),但他不敢是也不会是彻头彻尾的怀疑论者。他最后吐露的话语意味深长、发人深省:"无论一个人把他的思辨原则推进到多远,他都必须和其他人一样行动和交谈……要保持彻底的怀疑论,或者把怀疑论体现到行动中去,哪怕只是几个钟点,都是他不可能做到的。"[2]这至少表明,即使休谟本人,在日常思维或日常推理中,也不会坚守着自己的怀疑论和休谟问题,而是必须如普通人那样去思维、推理和行为。可见,日常

---

[1] 中共中央马克思恩格斯列宁斯大林著作编译局.马克思恩格斯选集:第4卷[M].北京:人民出版社,2012:336-337.

[2] 斯通普夫,菲泽.西方哲学史:从苏格拉底到萨特及其后[M].8版.邓晓芒,译.北京:世界图书出版公司,2012:248.

思维和日常推理对休谟问题的处理,就是用设定或假定为真的方式,像抹去看不见的蛛丝一样,轻轻地绕开,毫不理会(休谟自己也承认,这是对付休谟悖论的最佳武器,而且他自己也是这么做的❶)。实际上,日常思维设定前提或前件真假的做法,有自己的哲学背景。即使像数学、物理等自然科学发展史都证实,我们奉为信条的许多原理都是根源于假设。现在,绝大多数哲学家也有这样的共识:真理只是相对的。蒯因的《经验论的两个教条》被称为"20世纪哲学中最有影响的论文之一",树立了"一块哲学史上的里程碑"。而就在其中,他拿起"整体论"的武器,坚定否认绝对真理的存在,并有了以下这段在哲学界广为人知的话:

我们所谓的知识或信念的整体,从地理和历史的最偶然的事件到原子物理学甚至纯数学和逻辑的最深刻的规律,是一个人工的织造物,它只是沿着边缘同经验紧密接触。或者换一个比喻说,整个科学是一个力场,它的边界条件就是经验。在场的周围同经验的冲突引起内部的再调整。……但边界条件即经验对整个场的限定是如此不充分,以致在根据任何单一的相反经验要给哪些陈述再评价的问题上是有很大选择自由的。……在任何情况下任何陈述都可以认为是真的,如果我们在系统的其他部分作出足够剧烈的调整的话,即使一个很靠近外围的陈述面对顽强不屈的经验,也可以借口说发生幻觉或者修改被称为逻辑规律的那一类的某些陈述而被认为是真的。反之,由于同样原因,没有任何陈述是免受修改的。❷

这样,弗雷格千方百计想拒斥于逻辑殿堂门外的"关于心理的东西",现在,被蒯因"请"进"门"来,而且还宣布:逻辑也离不开,甚至产生于"关于心理的东西"! 当然,我们并不完全赞同蒯因"知识或信念的整体……是一个人工的织造

---

❶ 在《人性论》里,休谟先是说:"不但我们的理性不能帮助我们发现原因和结果的最终联系,而且即使在经验给我们指出它们的恒常结合以后,我们也不能凭自己的理性使自己相信,我们为什么把那种经验扩大到我们所曾观察过的那些特殊事例之外。"接着他话锋一转,给被他推下了悬崖的"因果联系、归纳可靠"丢下一根"救命索":"我们只是假设……我们所经验过的那些对象必然类似于我们所未曾发现的那些对象。"(休谟.人性论[M].关文运,译.北京:商务印书馆,2016:109.)这条救命索,就是"假设"。只是人们对这根"救命索"日用而不知,其实在日常的意义上,也不必知。

❷ 蒯因.从逻辑的观点看[M].江天骥,译.上海:上海译文出版社,1987:40.

物"这种过于强调真的主观性因素的思想。但联系到康德关于"人为自然立法"等观点,我们不得不承认,对真甚至真理,我们许多时候是在自己认知系统中,相信它(们)是真的而已!这一点,我们将在讨论新构建的命题逻辑GM的语义时作更详细的说明。但我们并不愿意用"相信"这么一个过于主观的词围罩在"真"的头上。毕竟,人们在判断一种思想是真还是假的时候,往往更多的是要尊重客观世界。前面关于"天鹅黑白"的例子也清楚显示,人们设定一个命题为真,虽然未必有绝对充足的理据,但总有自己的主观、客观依据,并不是随心所欲地胡乱设定。例如,虽然有许多古人深信可以得道成仙或有不死神药的存在,但现在很少有人再相信"人能长生不老"的神话了。所以,我们决定把"相信"从"真"的头上赶走,取而代之以"设定"。

最后,我们可以得到结论了:对因果联系的理解,完全用不着形式蕴涵这么严格的蕴涵,要求它事实上在每种情况都为真,只需要假定为真就足够了,就像我们可以假定普通的蕴涵式为真一样。这样普通"若,则"句与表示"普遍的因果联系"的"若,则"句之间的区分消失了——从根子上来说,这种区分,借用蒯因的语言,不过是"人工的织造物"。这就意味着,我们没有必要为表示"普遍的因果联系"的"若,则"句们开"小灶",能处理普通"若,则"句的日常蕴涵完全可以处理它们。实际上,我们在第七章讨论到一切"若,则"句都满足"前件真承诺"时已经暗示,对日常蕴涵来说,没有必要区分"若,则"句的类型。

四、日常蕴涵可以处理虚拟类"若,则"句

众所周知,用实质蕴涵处理虚拟"若,则"句会碰到难以逾越的困难:一是虚拟"若,则"句,按照实质蕴涵的理解,无一例外都是真的;二是命题逻辑中一些有效的推理规则,如假言三段论$(A\rightarrow B)\rightarrow(B\rightarrow C)\rightarrow(A\rightarrow C)$将失效。[1]

(一)虚拟"若,则"句的基本性质及特征

如果日常蕴涵无法处理虚拟"若,则"句,那么它也是失败的,因为同样众所周知的是,在日常语言中,"若,则"句一般可分为直陈"若,则"句(现实条件句)

---

[1] 麦考莱.语言逻辑分析[M].王维贤,译.杭州:杭州大学出版社,1998:256-257.

和虚拟"若,则"句(虚拟条件句、反事实条件句)两大类❶。对虚拟"若,则"句,英语有特定的语法形式予以表示。虽然在汉语中,没有专门的语法结构来表达虚拟条件句,但人们能够从语义、语用(如语言环境和说话人语气等)等角度判断出一个条件句是虚拟的还是现实的。同时,汉语的虚拟条件句也有一些自己的索引词,如"要是""要不是""若非""如果没有",等等。这说明,虚拟"若,则"句在自然语言中是常用的,哪怕它没有被明显地从其他句子中区分出来。但我们感兴趣的是,为什么无论英语还是汉语中,都把其列入条件句类并同直陈条件句并列呢? 难道不怕这会引起混乱? 事实上,我们看到,人们天天把直陈条件句和虚拟条件句用来用去,却几乎没有因二者之间"混乱"而引发的交流"事故"。这说明,虚拟条件句与直陈条件句必有统一的地方,而且这一统一之处,恰恰是它们同归于条件句"帐下"的关键所在:抓住了这个(些)关键,就能把直陈条件句、虚拟条件句同其他句式门类鲜明地区别开来。

人们研究发现,虚拟"若,则"句具备两大特征:第一,它一般具有"如果p,那么q"的形式,前件与事实相反或者不太可能为真,但前件如果是真的话,那么后件所表达的事物或情况就会发生或有可能发生;第二,前件与后件之间存在一定的联系,这种联系主要是基于知识经验或自然规律等。这说明,虚拟条件句具有非真值函项性,我们不能指望从它支命题的真值推算虚拟条件句命题的真假。所以,只具有真值表达功能的实质蕴涵当然对其无能为力、束手无策。

(二)日常蕴涵处理虚拟"若,则"句的方式

对于虚拟"若,则"句的第一个特征,日常蕴涵具有"前件真承诺"与之对应;而虚拟"若,则"句的第二个特征,实际上就是要求蕴涵具有处理意义真"若,则"句、普通"若,则"句的能力(显然,虚拟"若,则"句不是永真"若,则"句)。而正如前述,日常蕴涵的确有这种能力。实际上,在前文对"若,则"句的讨论中,我们已经有意识地列举了一些虚拟"若,则"句的例子:(1)如果我早起床十分钟,就不

---

❶ 这种分类或许并不严格,但对于日常思维来说,过于精细而复杂的处理方式并不是受欢迎或乐意接受的对象。一般而言,现实条件句指复句的条件部分陈述的是事实或现实世界中可能存在的情况;虚拟条件句指复句的条件部分陈述的情况与现实中的情况刚好相反或者根本不存在、不可能。

第八章　日常蕴涵理论　161

会迟到了;(2)如果荆轲刺秦成功,秦还会统一六国。

那么日常推理是如何处理虚拟"若,则"句的呢?如果以时间为索引,我们可以将虚拟"若,则"句分为四类。对各类各举一例。

(1)与过去事实相反:如果你早点到的话,那么就能见到她了。

(2)与现在事实相反:如果我是隐身人,那么没有人能看见我。

(3)与将来事实相反:如果我向他提出要求,他肯定会帮助我们。(不过我不打算这样做)

(4)与过去、现在、将来事实都相反:及吾无身,吾有何患。

日常思维对以上四种情况,将统一采取前面所述的"前件真承诺"方式,将前件设定为真。如何设定呢?人们会选定一个可能世界作为本基世界,然后考察后件成真的可能情况:如果后件是真的,那么虚拟"若,则"句真;如果后件是可能真的,那么虚拟"若,则"句可能(概率)真(不过二值逻辑会将这项排除掉);如果后件是假的,那么虚拟"若,则"句假。而日常蕴涵处理虚拟"若,则"句就是模仿日常思维的动作及过程,以"真命题蕴涵真命题,假命题反蕴涵假命题,除此无所谓蕴涵"为准则,要求前件必须为真。后面,我们通过新构建的命题逻辑 GM 对(A→B)→((B→C)→(A→C))等公式作形式证明时,将更加清晰明确地看到这一点。

日常蕴涵的这些功能,还有助于我们甄别一些关于虚拟"若,则"句推理的误解。陈波先生在其《逻辑哲学导论》中提及这样一个推理:

前提:(1)假如卡特在1979年去世,则他不会在1980年落选;(2)如果卡特不会在1980年落选,则里根不能在1980年当选为美国总统。

结论:(3)假如卡特在1979年去世,则里根不能在1980年当选为美国总统。

陈波先生说:结论是个"明显为假的句子",说明(A→B)∧(B→C)→(A→C)这一传递律"对于反事实条件句不成立"。❶

其实,上述推理中是存在疑问的:在卡特1979年去世的可能世界里,他根本

---

❶ 陈波.逻辑哲学导论[M].北京:中国人民大学出版社,2000:109.张清宇先生曾举了一个相近的例子:"如果我早一点到达火车站,那么我就能赶上火车了"和"如果我能赶上火车,那么我就可以按时到达目的地"这两个事实条件句均为真,但"如果我早一点到达火车站,那么我就可以按时到达目的地"却不一定真。(张清宇.逻辑哲学九章[M].江苏:江苏人民出版社,2004:158-159.)

不可能去参选,也就谈不上落选。说"他不会在1980年落选"却预设了1979年去世的卡特会在1980年参选美国总统,从而排除了其他人成为里根参选的竞争对手的可能,这是荒谬的。所以结论(3)不会明显为假。如果我们用起点规则,很容易判别出(3)的真假。

(5)里根在1980年当选为美国总统。(6)卡特没在1979年去世。

显然,(5)(6)都是史实,可见结论为真。但我们接下来要反思,是什么导致陈波先生们这样思考问题呢?显然,日常推理和思维是不愿意答应"假如卡特在1979年去世,则里根不能在1980年当选为美国总统"这样的命题为真的。而陈波先生当然也不同意,并直接指出,"假如卡特在1979年去世,则里根不能在1980年当选为美国总统"这样的命题是有问题的。在这点上,陈波先生是正确的,但是他在判定"罪魁祸首"时,却找错了对象、打错了板子。因为他认为"罪犯"是传递律。也许其"断案"思路如下:结论出了问题,那么或者前提有毛病,或者推理过程有毛病。前提没毛病,所以一定是推理过程出了问题。而这里用到的主要推理形式就是传递律。也许他没注意到,实质蕴涵这个"始作俑者"正在墙角偷笑呢,而"传递律"这个"替罪羊"却有苦说不出。正是因为"假如卡特在1979年去世"这个作为前件的支命题在本基世界(此处是现实世界)为假,故而根据实质蕴涵理论,"假如卡特在1979年去世,则里根不能在1980年当选为美国总统"整个蕴涵命题为真。如果理解了这个例子,就在一定程度上会同情前面巴威斯先生何以会认为,实质蕴涵对条件句,特别是对虚拟条件句是"一个灾难"。

又如前述虚拟"若,则"句(7)"如果你解决了那个问题,我就吃了我的帽子"中,事实上"我没吃自己的帽子",根据起点规则有事实上"你没有解决了那个问题"。❶

由上述分析可见,以"前件真承诺""起点规则"等理论为基础的日常蕴涵不但适用于表述各种充分条件关系(永真的、意义真的、普通的),也适用于表示因果关系,还适用于表示各种虚拟语气,从而完成了对"若,则"句的统一刻画。

---

❶ 当然,如果对方实际上意外地解决了那个问题,那么说话人为了让(7)真,就得自食其"帽",否则就得食言自肥。

第八章 日常蕴涵理论 163

五、日常蕴涵刻画了"若,则"句的什么

"若,则"句具有多义性,但是都能以"若,则"予以表达,说明它们必有根本的、本质的、区别于其他联结词的统一的构块意义(作为构块的内在规定性)。那么,"若,则"句的构块意义究竟是什么?要回答这个问题,必须弄清以下三个问题。

第一,"若,则"句的基本逻辑意义是什么?

"若,则"句有个基本的共性:"若"子句内容(A)真时,"则"子句(B)内容真。例如,"下雨"真时,"地湿"真;"生病"真时,"难受"真。这样,我们可以把"下雨—地湿""生病—难受"统一表示为"A—B"。在这里,我们直接看到的是前件与后件间的真假关系,即"若A,则B"只是描述A、B真假关系状态,即使它本身是真的,也不会直接断定A、B的真假。在这一点上,弗雷格是对的:"若,则"句本身只是真值函项。

第二,"若,则"句与充分条件关系到底是什么关系?

这就需要考察"若,则"句中隐含的逻辑意义。"若A,则B"句除了真值函项意义外,还隐涵着一层意思,即A真使B真,或者说有A必定有B。于是,对"若,则"句还得有"若"子句内容(A)真,"则"子句内容(B)必定真。例如,下雨必定地湿,生病必定难受。这样,我们可以把二者表示为"下雨—(必定)地湿""生病—(必定)难受";统一表示为"A—(必定)B"。而这恰恰隐涵着充分条件关系最核心的逻辑意义:必定。值得注意的是,这里的充分条件关系不是"若,则"句直接表述出来的,而是以"隐涵"的方式潜存着,所以严格意义上,"若,则"句不是充分条件关系的直接表达,而是由于人们在使用"若,则"句时,自觉或不自觉地想象一个(些)主观情景世界,使"若"子为真,然后考察"则"子句真假情况。只有在这个时候,"若,则"句里隐涵的充分条件关系才暴露出来,充分条件关系才真正出现。因此,"若,则"句只是为充分条件关系提供了前提和可能,本身并不是充分条件关系的直接表达。但我们有时也不严格地说,"若,则"句表达或具备充分条件关系。

上述人们使用"若,则"的过程实际上就是考察"若,则"句是否具备充分条件关系的过程,即"若"子句与"则"子句是否具备充分条件关系可以通过充分条件

假言推理的"肯定前件式"来检验。换句话说,如果一个"A—B"是符合充分条件性的,它必定可以通过充分条件关系$((A \to B) \land A) \to B$的测试。通过前文分析,我们很容易验证,无论是充分条件关系的"若,则"句,还是因果关系的"若,则"句,抑或虚拟"若,则"句,在逻辑关系上,最终都能通过"肯定前件式"的测试,于是所有的"若,则"句最终都回归到了充分条件性上来。这也是它们之所以能成为"若,则"构块大家族中一员的根本理据。可以将这一测试过程形式化表示如下:

"若A,则B"∈充分条件关系,当且仅当$((A \to B) \land A) \to B)$。

这样,即使用了"如果,那么"的句子,也可能不是"若,则"句,或者说,不是真正的"若,则"句,如下面两个表示转折关系的句子:

(1)如果说你没考到七十分还可以理解的话,那么你只考到五十五分就太让人无语了。

(2)如果我错了,那么你也不对。

但是,下面的句子,虽然不是用"若,则""如果,那么"表示,却是"若,则"句,或者说,本质上是"若,则"句。

(3)灯光,不管是哪个人家的灯光,都可以给行人——甚至像我这样的异乡人——指路。(巴金《灯》)

(4)但凡亲身经历过雅典奥运会自行车比赛人的,都不能不为大洋洲两个国家的绝佳表现而折服。(新华社2004年新闻稿)

(5)只要在规定的"三包"有效期内,问题都容易解决。(1999年《人民日报》)

(6)你来,我就走。

(7)差之毫厘,谬以千里。

(8)水涨船高。

这进一步说明,"若,则"句虽然含义多样、用法各异,但是最终可以通过充分条件关系的"肯定前件式"来检验。对于通不过的,比如(1)(2),哪怕它们用了"如果,那么"这样的连接词,也不是"若,则"句;相反如(3)(4)(5)(6)(7)(8)虽然没有用"如果,那么"这样的连接词,但只要通过"肯定前件式"检验,实质上也

第八章 日常蕴涵理论 165

是"若,则"句。❶显然,我们的蕴涵,研究的对象是真正的"若,则"句,而不会是(1)(2)这样伪装的"若,则"句,因为它们通过不了"肯定前件式"检验。

另外,像"如果你是人又是鹰,那么你能走又能飞"和"如果北京既在南京的北边又在南京的南边,那么成都在西安的东边"这样的话语,前件是矛盾式或假语句,显然无法通过"肯定前件式"检验,前件对后件自然无法构成充分条件关系(不过它们可能可以通过"否定后件式"的必要条件关系检验)。

第三,人们使用"若,则"句,并应用其隐涵的充分条件关系,出发点和落脚点是什么?

金岳霖先生强调:"蕴涵关系可以成为一串炼子,不容我们中断,而我们要得结论,那就是说,要使我们对于一命题能冠以'所以'两字,我们非打断那一串蕴涵关系不成。唯一打断的法子就是承认……前提即均蕴涵……结论。"❷莫绍揆先生也说:"所谓蕴涵是指两命题之间的一种关系或运算。例如,'p蕴涵q'一般表述为'如果p则q',这意味着两命题p与q之间有一种特殊的关系,有了这种关系后,只要p真便可以推出q。用符号表述可写为p→q,而上述的推出过程则为:p→q,p⊢q(这叫作分离规则)。这种蕴涵关系和分离规则是我们大家日常都使用的。"❸显然,莫先生所说的"p与q之间有一种特殊的关系"指的就是充分条件关系。从金、莫二位前辈的论述和我们前面的分析可以看出:无论"若A,则B"还是条件关系(((A→B)∧A)→B),都要以分离规则为出发点和归宿地。人们构建"若,则"句的出发点,就是希望利用"若,则"句内含的充分条件关系进行推理演算,所以在这种意义上,分离规则就是出发点。而"若,则"内含的充分条件关系要想彰显实现,又要落实到分离规则上。一个"若,则"句一旦在分离规则上得到应用,它的根本使命也就完成了。所以,分离规则既是"若,则"句的落脚点,又是"若,则"句的归宿地。

但是,应该看到,"若A,则B"和充分条件关系(((A→B)∧A)→B)与分离规

---

❶ 真正的"若,则"句实质是对条件命题的表达或外化语言形式。我们应当将真正的、伪装的"若,则"句区分开来,而区分的根本标准就是其是否表达了条件命题的思想。

❷ 金岳霖.逻辑[M].北京:生活·读书·新知三联书店,1982:268.

❸ 莫绍揆.传统逻辑与数理逻辑[J].哲学研究,1979(3):31.

则还是有很大的不同。"若A,则B"和(((A→B)∧A)→B),只是描述了一个可能性状态。从纯粹真值的角度来看,用弗雷格的话来说,都只是"真值函项"。如果我们对比一下"若A,则B"中隐涵的充分条件关系(((A→B)∧A)→B)与分离规则(若⊦A→B且⊦A,必得⊦B),就会发现二者至少有三大差别。其一,从真值状态上看,两个式子中的A→B和第二个A迥异:在充分条件关系中,A→B和A只是真值函项,真假未定,而分离规则中,A→B和A是真值命题且值为真。其二,在充分条件关系中,最主要的逻辑关系是蕴涵关系,只是描述一种可能状态,但在分离规则中,最主要的逻辑关系却是"必得",描述的是推导、断定动作。其三,从真值角度来看,充分关系中的最后一个B仍然是真值函项,真假未定;但分离规则中的最后一个B却已经是真值命题且值为真。第三个差别也是前两个差别的逻辑结果。

可见,刻画"若,则"句理论上有三种途径。第一种:直接刻画"A—B"的真值性(这种刻画在准确性上难度很大,因为"A—B"中的充分条件性处于不在场或隐涵状态);第二种,刻画充分条件关系(((A→B)∧A)→B),将"A—(必定)B"中隐性的充分条件关系通过"肯定前件式"显露出来;第三种,刻画"A—B"、((A→B)∧A)→B)的应用,即分离规则。显然,三种途径中,分离规则将"若,则"句中核心的逻辑意义——充分条件关系体现得最直接、简单、外显,也是前两种途径的出发点和归宿。因此,我们选择了第三种途径:通过分离规则刻画"若,则"句,从而得到日常蕴涵——这也使表达"若,则"的蕴涵从孤立静止状态转入思维推理状态,更直接、更好地与形式证明等逻辑演算接轨。

因此,在讨论日常蕴涵起点规则时,我们始终强调,必须以"若,则"句真为前提来讨论,即有"⊦A→B";在讨论"若,则"句满足"前件真承诺"时,我们即在强调"⊦A";而在讨论"若,则"句"必然得出理论"时,我们其实想显露和证明"必得⊦B"中的"必然得到"。最后,我们概括这些特点的核心与关键,从真值性与推演性两个角度抽象出了满足以上特点的日常蕴涵。

正是因为日常蕴涵紧紧抓住了"若,则"中的充分条件关系的根本性质,而所有真正的"若,则"句又必须通过充分条件句"肯定前件式(((A→B)∧A)→B)"的检验,所以日常蕴涵才具备不但能处理本身就是充分条件关系的"若,则"句,还能刻画隐含着充分条件关系的因果"若,则"句,也能处理模仿直陈条件句的虚拟"若,则"句,从而完成"若,则"句的统一逻辑刻画。

如果我们任意抓取一个真正的"若,则"句,分析之下,就会发现它实质上有三重意义:第一重,真假意义;第二重,条件性(推导)意义;第三重含有内容的推出意义。显然,第三重意义过于杂多,而且难于有统一的形式或结构,自然不是形式逻辑要研究的对象。❶因此,无论是实质蕴涵还是日常蕴涵,都没有对其进行刻画,但与实质蕴涵不同的是,日常蕴涵不仅刻画了"若,则"句的真值意义,还刻画了其条件性(推导)意义。

六、对实质蕴涵再审视

抛开实质蕴涵孤立、静止地抽象"若,则"句的问题不谈,以日常蕴涵反观实质蕴涵,显见后者的确抓住了"若,则"句在真假值上的基本内核:不能前件真后件假。但由于这种刻画失之过宽,未能全面地概括日常"若,则"句的关键性逻辑特征,特别是推演性特征,因此在理论上就无法刻画全"若,则"的根本逻辑特征。

金岳霖先生认为如果承认这种实质蕴涵就是自然语言中的蕴涵关系,就会发生问题,他曾建议实质蕴涵应当叫作"真值蕴涵"。"但何以名之为真值蕴涵呢?这种蕴涵关系不是说p、q两命题在意义上有任何关联……是两命题事实上的真假关系,也可以说是真假值的关系,所以简单的称为'真值蕴涵'。"❷实质蕴涵与"若,则"句这种差异性自然造成如下结果。第一,"若,则"句表示成实质蕴涵式命题是完全可以的,但如果把实质蕴涵式命题按"若,则"句对译理解,只要这种理解不止限于不能前件真后件假之时,怪论就可能出现。第二,以实质蕴涵考察为假的命题对于日常推理而言也常为假,但以实质蕴涵考察为真的命题对于日常推理而言却未必真。换言之,实质蕴涵给出的至多是"若,则"句真的必要条

---

❶ 金岳霖先生对此有个"空架子""实架子"的妙喻。他说:"如果我们用'V'代表可以代表任何事物而不代表一定的事物的符号,……表示是空架子的论理……严格地说,只有空架子是论理,实架子的论理可以是科学,可以是哲学,可以是律师的呈文,可以是法庭的辩论。"(金岳霖. 学术文化随笔[M]. 北京:中国青年出版社,2000:5.)

❷ 金岳霖. 逻辑[M]. 北京:生活·读书·新知三联书店,1982:262.

件。其实,如果我们把实质蕴涵解读为"非……或……",在某种意义上倒不失为一个一劳永逸、干脆利落解决蕴涵怪论的方法。❶但是现实情况是,几乎每个数理逻辑学者或经典逻辑教材都一方面把实质蕴涵作为单纯的真值函项,另一方面却把实质蕴涵解读为自然语言中的"若,则",从而引发了实质蕴涵与"若,则"之间的"官司",把"蕴涵怪论"带到了我们的面前。事实上,实质蕴涵在其产生之初就为经典逻辑埋下了隐患,它把复杂的条件关系简单地抽象为真值函数,然后又要求把这个真值函数看成条件关系,应用递归的方法生成逻辑公式,不出现"怪论"才是真正的"怪论"。

---

❶ 至少弗雷格曾经有这样的想法,他把"p实质蕴涵q"表示为(p—q),并强调这只是表示p与q的关系状态,而且没有推导关系状态。

第九章　命题逻辑公理系统GM

前面我们讨论了实质蕴涵与"若,则"句的出入问题,通过重新剖析"若,则"句的逻辑特征,指出适合日常推理的蕴涵不能是单纯的真值联结词,不但具有合取、析取等联结词单纯的真值性质,而且还具有合取、析取等联结词所没有的推演性质。鉴于此,我们提出了兼具真值性和推演性的日常蕴涵。但我们的工作显然不能止步于此,因为如果只是单纯地提出一种新的蕴涵理论,无论它与"若,则"的根本规定性多么相近,多么精致或巧妙,但不能在其基础上建立相应的逻辑系统(这才是日常推理所渴求的),那么,我们的成果只能算是"烂尾楼"。因此,以新的日常蕴涵为基石,构建新的适合日常推理的形式化的逻辑演算系统,就成为我们下一步的工作。

但我们马上会遇到许多巨大的困难。新系统必须满足外延原则,但日常蕴涵作为非单纯的真值联结词,怎么能在形式化的逻辑系统中得到恰当的表达?例如"前件真承诺"、共同对偶世界理论、必然得出理论及日常蕴涵起点规则,这些日常蕴涵的核心思想如何在纯形式的逻辑系统中,得到合法合理合适的简单表达?须知实质蕴涵正是因为有着与合取、析取等联结词相同的单纯真值性,才能在形式化的逻辑系统中得到表达。对"若,则"句从孤立静止的状态转入系统动作的状态,其逻辑性质甚至功能会发生重要变化,新系统如何正确面对和妥当处理?此外,公理怎么构建?构建公理的思路和标准是什么?把什么作为公理?怎么保证公理的简单性和自明性?怎么做到公理数量最少化,既简洁精练又独立够用?

即使我们成功地闯过这些关口,还有一系列深刻的检验和挑战在前面等着。第一,新系统是否具备一致性和完全性?其永真式能不能均是日常推理的有效式?日常推理的有效式,如果可以在新系统中表达,能不能全部是永真式?第二,新系统能满足日常推理的需要吗?能拒斥或摆脱实质蕴涵怪论的困扰吗?会不会重蹈形式蕴涵、相干蕴涵等的覆辙,也是"按下葫芦又起瓢"?第三,新系统推演简便易行吗？毕竟逻辑作为工具,过于艰深和烦琐,普通人难以理解和掌握。本书重要的目标之一,就是构建适合普通人学习、适于日常推理的逻辑系统。第四,新系统与经典逻辑和传统逻辑的关系是怎样的？其本身有什么特点？

这些疑问让我们不得不思考,在日常蕴涵理论的基础上,能否构建一个命题逻辑公理系统(命名为GM)。

一、GM 的语法

(一)语言

1. 初始符号

(1)甲类符号：p,q,r……;

(2)乙类符号：~,∨,→;

(3)丙类符号：(,),/。

对相对经典逻辑新增的设定真符"/"说明如下。

将"/"引入形式系统合法吗？首先,这一引入并不影响形式系统内部包括真假在内的秩序性。包括经典逻辑在内的二值逻辑中,命题形式有三种取值情形：一是永真式,取值为真；二是矛盾式,取值为假；三是协调式,取值可真可假,暂时真假不定。对于真假确定的α,可记作"α"或"~α"。但对于真假不定的α尚无记法。鉴于此,可以引入设定真符"/"："/α"即表示设定α真(实际真假未定)。其次,人们可以独立于系统内部的真假,设定系统内部某个公式为真(实际上经典逻辑也干过不少这样的活)。在前面的讨论中,我们专门分析了"⊢"的意义,指出其真切的意义是对逻辑系统的设定。例如,A⊢B是指在对系统设定了A真的基础上,可得系统设定B真。最后,在前面关于日常思维将"若,则"句由真值函项转变为命题的讨论,及"日常蕴涵可以统一表达'若,则'与'因果关系'"的讨论中,我们已经为"设定真"提供了依据,只是没有用相应的符号表达出来。

为什么GM系统要引入设定真符"/"？因为这是让日常蕴涵完整表达于形式系统之必需。日常蕴涵既有真值性又有推演性,经典逻辑已为其真值性的表达提供了现成的方法,但其推演性的表达必须另辟蹊径。严格意义而言,推演性是对"若,则"内涵性进路的刻画,但我们要构建的GM系统必须满足外延原则。模态逻辑对"可能"等内涵内容的形式化处理方式,启发我们,"／"不但能承担记法符号的功能,而且可以发挥其他功用:设定真假未定的命题公式为真。这样,不但可以使"前件真承诺"表达于GM系统中,而且还能把日常蕴涵起点规则全面地表达出来。

后面我们将看到,GM系统有了设定真符"／",能很自然地通过前件真公理把日常蕴涵起点规则的第一部分(以前件为起点当且仅当前件为真)引进逻辑系统,通过间接证明(反证法和归谬法等)把日常蕴涵起点规则的第二部分(以后件为起点当且仅当后件为假)引进逻辑系统。

2. 形成规则

(1)单个的甲类符号是合式公式;

(2)如果A是合式公式,则~A,/A是合式公式;

(3)如果A、B均是合式公式,则A∨B,A→B是合式公式;

(4)只有(1)—(3)形成的符号串才是合式公式。

3. 定义

(1)∧df:A∧B=df~(~A∨~B);

(2)⟷df:A⟷B=df(A→B)∧(B→A);

(3)≡df:A≡B=dfA∧(A⟷B)。

经典逻辑对"A≡B"的定义是:A⟷B。为何GM系统对"A≡B"的定义有所不同?对此后文将作详细说明。

(二)公理

我们找寻确认GM公理的基本思路是,先按照"日常推理形式有效→逻辑上永真"的原则,重点研究日常推理中的基本规律或规则,以寻找、创建逻辑公理,然后又将创建或找到的逻辑公式进行挑选、比较、鉴别,努力使(1)GM系统逻辑上永真→日常推理形式有效;(2)将日常蕴涵理论充分表达出来;(3)刻画出日常推理的基本逻辑特征,如单调性、不矛盾性等;(4)公理简洁自明独立。

①(A→B)→/A　(/)　(前件真公理)

本公理是说：A→B真蕴涵着设定A真,简称"前件真公理"。这条公理实质是模仿日常思维将"若,则"句这一真值函项通过"前件真承诺"转化为真值命题的动作及过程,是日常蕴涵理论"真命题蕴涵真命题"在逻辑系统中的鲜明表达。

②(/A→B)→(A→B)　(/_)　(本基真公理)

本公理是说,在本基世界可通达的可能世界中,如果设定A为真,则B都是真的,那么,在本基世界中,A真时,B亦真,简称"本基真公理"。后面我们将看到,前件真公理与本基真公理在GM系统的形式证明中,往往配套开展工作,前件真公理负责"冲锋向前",司职设定蕴涵式前件为真,而本基真公理负责"撤退在后",司职撤消前件真公理对前件的设定。

③(~A→B)→(~A→~B)→A　(~_)　(反证法公理)

本公理是说,如果~A同时蕴涵两个互相矛盾的命题,那么A是真的。后面我们将看到,与反证法密切相关的归谬法定理(A→B)→((A→~B)→~A)在GM可证。反证法与归谬法等间接证明,实质是日常蕴涵中"假命题反蕴涵假命题"在逻辑系统中的鲜明表达。

④A∨~A　(EM)　(排中律公理)

本公理是说,A与~A只能有且仅有一真。本公理是对命题系统的二值原则的刻画。通过它,传统逻辑的不矛盾律、同一律得到表达。

⑤A→A∨B　(∨₊)　(单调性公理)

本公理是说,如果A真,那么关于A的析取式都是真的。单调性是经典命题逻辑的重要特征,GM系统将其借用并予以直接刻画。

可见,GM系统5条公理均紧扣了日常推理的关键性逻辑特征,是对最常用的日常推理有效性思想及日常推理有效形式的精心挑选、继承和刻画;与经典逻辑相比,每条公理都更自然直观,容易理解识记。

(三)变形规则

①MP(分离规则):若⊢A→B且⊢A,可得⊢B。

②∧₊(合取规则):若⊢A且⊢B,则⊢A∧B。

公理和变形规则都是模式。

二、GM 部分重要定理的证明❶

本部分主要结合日常推理中常用的有效式、经典命题逻辑公理集、弗雷格公理集合、怀特海和罗素提出的公理集合及希尔伯特和贝尔纳斯(Paul Bernays)公理集合等,对 GM 系统部分重要定理作形式证明,并附带说明一些注意事项和技巧。

首先需要说明的是,一个形式证明序列可分为三块区域:重言域、前提域、假设域。设 A1、A2、A3…,Ak 是一推演(形式证明)系列,Ai(1≤i≤k)是其中任一行(若 Ai 是在前的永真式,则记作 Ai,表示永真;若 Ai 是前提,则记作/Ai,表示假设前提为真;若 Ai 是继前提假设下的第一层假设,则记作//Ai,表示在假设前提为真的情况下,再假设 Ai 为真;在前提和第一层假设为真的情况下,再假设 Ai 为真,则记作///Ai;…;以此类推),如图 9-1 所示。

```
重言域     前提域     第一层假设域   第二层假设域……   第n层假设域
Ai         /(a)Ai     //(b)Ai       ///(c)Ai…        //…/(n) Ai
                                                      (n+1个"/")
```

图 9-1　形式证明序列区域分划

其中,a,b,c,…,n 分别代表 Ai 在推演中的行号。

① ⊢(A→B)→((B→C)→(A→C))　(假言三段论律 HS)

证:/(1)A→B　　　　　　　　　　　　　/
　　//(2)B→C　　　　　　　　　　　　 /
　　///(3)A　　　　　　　　　　　　　 /
　　(4)C　　　　　　　　　　　　　　　(3)(1)(2)MP
　　(5)A→C　　　　　　　　　　　　　 (3)(4)/̲
　　(6)(B→C)→(A→C)　　　　　　　　 (2)(5)/̲
　　(7)(A→B)→((B→C)→(A→C))　　　　(1)(6)/̲　□

---

❶ 显而易见,GM 的定理会有无穷多个,选证部分即可。

注意,本证明用了三重前件真公理。/(1)A→B是第一重应用,我们以在行号前加一个"/"注明;//(2)B→C是第二重应用,我们以在行号前加两个"/"注明;///(3)A是第三重应用,我们以在行号前加三个"/"注明。同时,还要注意前件真的每重应用的辖域问题。重数更少的管辖重数更多的,而重数多的行可以把重数少的行作为条件进行演算。例如,/(1)A→B管辖了//(2)B→C及其下面的行,这样//(2)及其辖下的行可以把(1)A→B及它本重辖域的行作为条件进行演算。//(2)B→C与///(3)A的关系也是如此,并以此类推。而当使用本基真公理撤消前件真公理的设定时,也要遵循重级原则,必须对最子级的重(即重数最多的域)开始应用,然后再对次子级(即重数次多的域)应用……以此类推。例如,本证明(5)A→C实际就是对///(3)A前件真公理的设定真,施用本基真公理进行消除,并且必须从它开始进行消除,因为它的辖域上面的重数最多;然后才能有(6)(B→C)→(A→C)对//(2)B→C前件真公理的设定,继续施用本基真公理进行消除;最后才能有(7)(A→B)→((B→C)→(A→C))对/(1)A→B前件真公理的设定,继续施用本基真公理进行消除。至此,所有关于前件真的设定消除完毕,我们得到了在逻辑系统内(除公理外)没有任何设定的命题公式,于本证明而言,就是定理得证。

由上可见,GM系统形式证明思路其实也是在模仿日常思维和推理的动作,假设给定的前提都为真,再考察结论是否成真。如果成真,则说明从诸前提到结论是成立的,否则是无法得证的。❶

② ⊢A→A　（同一律ID）

证:/(1)A　　　　　　　　　　　　　　　　　　/
　(2)A　　　　　　　　　　　　　　　　　　(1)
　(3)A→A　　　　　　　　　　　　　　　　(1)(2)/_　□

③ ⊢(A→B)→(~B→~A)　（假言易位律HT）

证:/(1)A→B　　　　　　　　　　　　　　　/
　//(2)~B　　　　　　　　　　　　　　　　/

---

❶ 我们要把结论"无法得证"与结论"不成立"区分开来:前者只说明在给定前提下不能得到该结论,而该结论完全可能通过再增加其他前提,或者直接在其他前提下得出而成立。

(3) A　　　　　　　　　　　　　　　　假设
(4) B　　　　　　　　　　　　　　　　(1)(3)MP
(5) ~B∧B　　　　　　　　　　　　　　(2)(4)∧₊
(6) ~A　　　　　　　　　　　　　　　 (3)(5)~₋
(7) ~B→~A　　　　　　　　　　　　　 (2)(6)/₋
(8) (A→B)→(~B→~A)　　　　　　　　　/₋　□

这里需要注意的是,必须将(1)A→B、(2)~B与(3)A的真区别开来。第一,(1)A→B、(2)~B的真可直接由前件真公理得来,而(3)A的真是经假设得到,要复杂曲折一些。首先,它要根据日常蕴涵起点规则"以后件为起点当且仅当后件为假",把后件转化为整个前件——以本题论,即有~~A→~(~B→(A→B);其次,才使用前件真公理,设定~~A即A为真。可见,在根本意义上,正是有了日常蕴涵理论,(3)A的假设才在系统中有了充足合法性。第二,设定(1)A→B、(2)~B与假设(3)A为真的用途也大相径庭。对本题而言,(2)~B的真主要是为了与(6)合用,应用本基真公理,得到(7)~B→~A;而(3)A的假设真主要是为了应用公理3(反证法公理)得到(6)~A。❶

④(~~A→A)∧(A→~~A)　（双否律）

证:先证 ~~A→A

/(1) ~~A　　　　　　　　　　　　　　/
(2) ~A　　　　　　　　　　　　　　　假设
(3) ~~A　　　　　　　　　　　　　　(1)
(4) A　　　　　　　　　　　　　　　 (2)(3)~₋
(5) ~~A→A　　　　　　　　　　　　　(1)(4)/₋

同理可证(6) A→~~A

(7) (~~A→A)∧(A→~~A)　　　　　　　 (5)(6)∧₊　□

⑤ ⊢A∧B→(A→B)　（→₊CP）

证:/(1) A∧B　　　　　　　　　　　　/

---

❶ 这里之所以要对"假设"作说明,是因为其先前未在GM系统内有相应的说法,对系统而言纯属"飞来峰",这就必须在元逻辑层面结合系统本身,说明其进入系统的合法性,否则其进入系统至少是不严谨的。

(2)A　　　　　　　　　　　　　　　　　　/
　　(3)B　　　　　　　　　　　　　　　　　　(1)∧₋
　　(4)A→B　　　　　　　　　　　　　　　　(2)(3)/₊
　　(5)A∧B→(A→B)　　　　　　　　　　　(1)(4)/₊　□

有人可能会疑心(2)用公理1是多余的:(1)已经保证了A真,不必须再用前件真公理设其为真。但是,应该注意,如果没有(2)前件真公理的使用,我们就无法在(4)使用公理2,进而得到(5)A∧B→(A→B)。

⑥ ⊢A∧B→A　　(联言推理∧₋)
证:/(1)A∧B　　　　　　　　　　　　　　　/
　　(2)~A　　　　　　　　　　　　　　　　假设
　　(3)~A∨~B　　　　　　　　　　　　　　(2)∨₊
　　(4)~(A∧B)　　　　　　　　　　　　　 (3)∧df
　　(5)A　　　　　　　　　　　　　　　　　(2)(1)(4)~₋
　　(6)A∧B→A　　　　　　　　　　　　　 (1)(5)/₊　□

⑦ ⊢A→/A　　(/₊)
证:/(1)A　　　　　　　　　　　　　　　　　/
　　(2)A
　　(3)A∧A　　　　　　　　　　　　　　　 (1)(2)∧₊
　　(4)A∧A→(A→A)　　　　　　　　　　　(2)(3)→₊
　　(5)A→A　　　　　　　　　　　　　　　 (3)(4)MP
　　(6)(A→A)→/A　　　　　　　　　　　　/
　　(7)/A　　　　　　　　　　　　　　　　　(5)(6)MP
　　(8)A→/A　　　　　　　　　　　　　　　(1)(7)/₊　□

此定理是说,在本基世界里A是真的,那么假设A真则是无矛盾的,即A不可能必然假。此定理说明,与日常推理相似,可能世界思想进入GM系统,是很自然而必须的。

⑧ ⊢(A∨B)∧~A→B　　(析取消除DS)
证:/(1)(A∨B)∧~A　　　　　　　　　　　　/

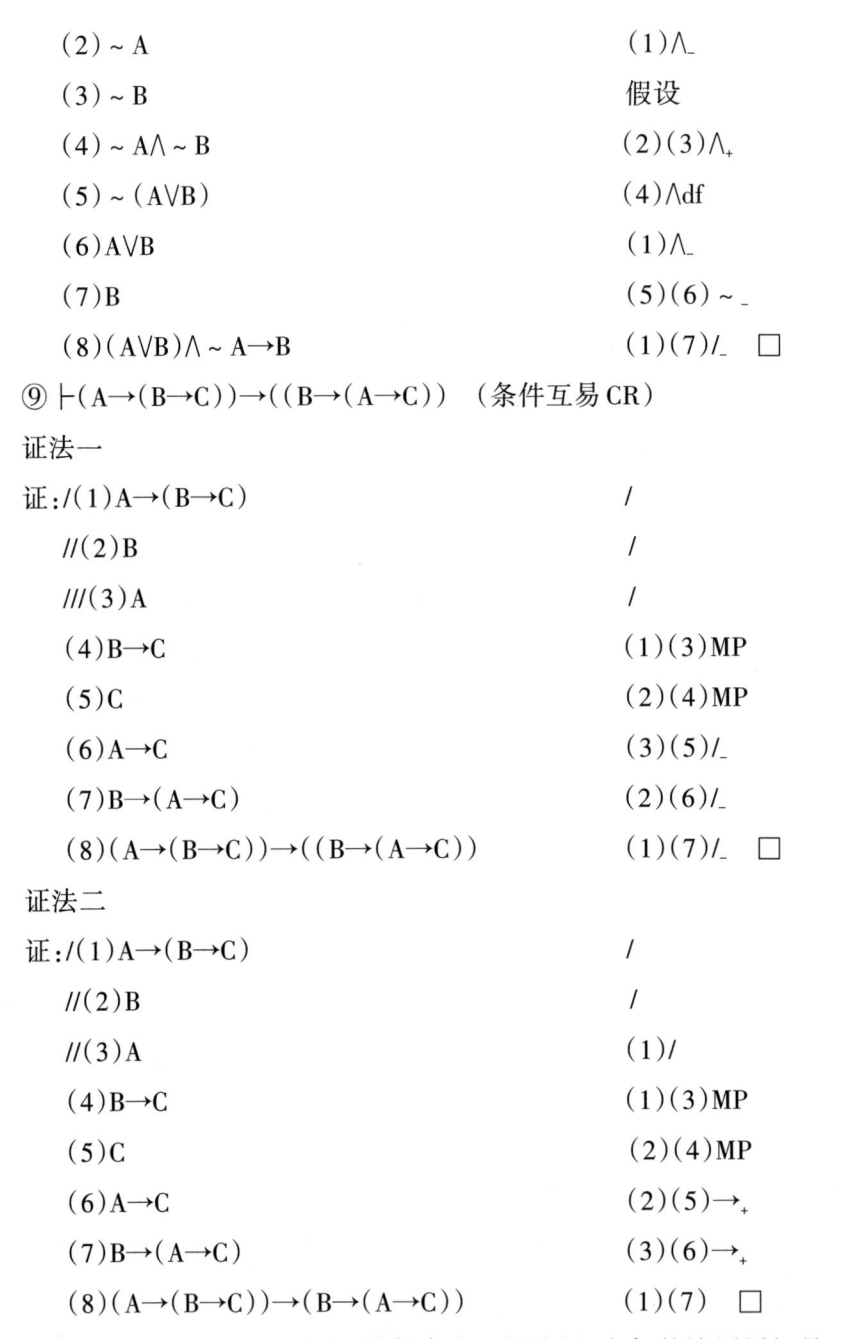

(2) ~A (1)∧_
(3) ~B 假设
(4) ~A∧~B (2)(3)∧_+
(5) ~(A∨B) (4)∧df
(6) A∨B (1)∧_
(7) B (5)(6)~_
(8) (A∨B)∧~A→B (1)(7)/_ □

⑨ ⊢(A→(B→C))→((B→(A→C)) （条件互易CR）

证法一

证:/(1)A→(B→C) /
//(2)B /
///(3)A /
(4)B→C (1)(3)MP
(5)C (2)(4)MP
(6)A→C (3)(5)/_
(7)B→(A→C) (2)(6)/_
(8)(A→(B→C))→((B→(A→C)) (1)(7)/_ □

证法二

证:/(1)A→(B→C) /
//(2)B /
//(3)A (1)/
(4)B→C (1)(3)MP
(5)C (2)(4)MP
(6)A→C (2)(5)→+
(7)B→(A→C) (3)(6)→+
(8)(A→(B→C))→(B→(A→C)) (1)(7) □

注意,证法二中,(2)B、(3)A前件真公理的施用,它们的施用层级是一样的。(2)B是由(B→(A→C))施用前件真公理得到,而(3)A是由(1)A→(B→C)施用前件真公理得到,二者互不辖属,故都只在前件真公理第一重施用的/(1)A→(B→C)的辖域之中,是前件真公理的第二重施用。但是,如果我们通过(1)(3)得到(4)B→C之后,假若再对(4)B→C施用前件真公理得到B,则是前件真公理的第三重施用,故必须辖属于(3)得到B→C。具体演示如下:

  /(1)A→(B→C)   /
  //(3)A   (1)/
  (4)B→C   (1)(3)MP
  ///(5)B   (4)/

将这里的///(5)B(4)/与前面证明中的//(2)B对比,情况就比较清楚了。正因为前面证明中(2)B、(3)A前件真公理的施用层级一样,所以后面在对它们使用本基真公理消除前件真公理的设定时,没有先后顺序,即在同一层级的,谁先谁后均可,视证明需要而定。对证法二还要注意一个问题,最后结果(5)C的得到,既在(2)B的辖域内,又在(3)A的辖域内。换言之,(5)C的得到,既要求对(3)A的前件真公理的施用,也要求(2)B的前件真公理的施用,是这两次前件真公理施用共同作用的结果。但是,假如(5)C仅要求(2)B单独使用前件真公理就可以得到,还能对(3)A与(5)C施用本基真公理吗?我们来讨论一下蕴涵怪论(17):

  (A→B)∧(C→D)→(A→D)∧(C→B)
  析证:/(1)(A→B)∧(C→D)   /
    //(2)A   /
    (3)B   (1)(3)MP
    //(4)C   (1)/
    (5)D   (1)(4)MP

由此得不到A→D和C→B。这也说明(A→B)∧(C→D)→(A→D)∧(C→B)不是GM系统的定理。有人或许会有疑问,(2)A(4)C都是位于前件真公理的第二重施用中,为何不能对(2)(5)施用本基真公理得到A→D?原因很简单,因为我们得到(5)D不在(2)A的辖域之内,与(2)A没有关系,与(2)A施用前件真无关。这里我们也可以看出,前件真公理与本基真公理在证明定理过程中,存在一一配对的关系:某次前件真公理的施用辖域有多大,其对应的本基真公理的施用也只能在这个辖域之内。

⑩ ⊢(A→(B→C))→(A∧B→C) （移入律）

证:/(1)A→(B→C) /
//(2)A∧B /
(3)A (2)∧₋
(4)B (2)∧₋
(5)B→C (1)(3)MP
(6)C (4)(5)MP
(7)A∧B→C (2)(6)/₋
(8)(A→(B→C))→(A∧B→C) (1)(7)/₋ □

⑪(A∧B→C)→(A→(B→C)) （移出律）

证:/(1)A∧B→C /
//(2)A /
///(3)B /
(4)A∧B (2)(3)∧₊
(5)C (1)(4)MP
(6)B→C (3)(5)/₋
(7)A→(B→C) (2)(6)/₋
(8)(A∧B→C)→(A→(B→C)) (1)(7)/₋ □

移出律和移入律能够成为定理,即有:(A→(B→C))→(A∧B→C)⟷(A∧B→C)→(A→(B→C))。这将给形式证明带来极大的便利。例如,要证明A→B→C→D→E→F这样的公式,我们必须反复四次使用前件真公理得到设定A真、B真、C真、D真,并且最后还要相应地使用四次本基真公理去掉这些设定。但有了移入律和移出律,我们可以把A→B→C→D→E→F改写为A∧B∧C∧D∧E→F,只需要使用一次前件真公理,便可以设定A∧B∧C∧D∧E真,最后也只需要使用一次本基真公理去掉这一设定,使证明变得更加方便简易。

⑫ ├ (A→(B→C))→((A→B)→(A→C))　(蕴涵分配)

证法一:(应用移入律移出律)

证:/(1)(A→(B→C))∧((A→B)∧A　　　移入律 /
　　(2)B　　　　　　　　　　　　　　(1)∧₋ MP
　　(3)B→C　　　　　　　　　　　　(1)∧₋ MP
　　(4)C　　　　　　　　　　　　　　(2)(3)MP
　　(5)(A→(B→C))→((A→B)→(A→C))　(4)移出律/　□

证法二:(按常规证法)

证:/(1)A→(B→C)　　　　　　　　　 /
　//(2)A→B　　　　　　　　　　　　 /
　///(3)A　　　　　　　　　　　　　(1)/
　　(4)B　　　　　　　　　　　　　(2)(3)MP
　　(5)B→C　　　　　　　　　　　 (1)(3)MP
　　(6)C　　　　　　　　　　　　　(4)(5)MP
　　(7)A→C　　　　　　　　　　　 (3)(6)/₋
　　(8)(A→B))→(A→C)　　　　　　 (2)(7)/₋
　　(9)(A→(B→C))→((A→B)→(A→C))　(1)(8)/₋　□

显然,证法一比证法二更直观简易。

⑬ ├ A∨A ⟷ A　(吸收律)

证:先证A∨A→A

　/(1)A∨A　/
　　(2)~A　　　　　　　　　　　　　假设
　　(3)~A∧~A　　　　　　　　　　　(2)(2)∧₊
　　(4)~(A∨A)　　　　　　　　　　 (3)∧df
　　(5)A　　　　　　　　　　　　　(1)(4)~₋
　　(6)A∨A→A　　　　　　　　　　 (1)(5)/₋

再证A→A∨A

　/(7)A　　　　　　　　　　　　　 /

(8) ~(A∨A)　　　　　　　　　　　假设

(9) ~A∧~A　　　　　　　　　　　(8)∧df

(10) ~A　　　　　　　　　　　　 (3)∧₋

(11) A∧~A　　　　　　　　　　　(7)(10)∧₊

(12) A∨A　　　　　　　　　　　 (8)(11)~₋

(13) A→A∨A　　　　　　　　　　(7)(12)/₋

(14) A∨A⟷A　　　　　　　　　 (6)(13)⟷df　□

⑭ A∨B⟷B∨A　（交换律）

证：先证 A∨B→B∨A

　　/(1) A∨B　　　　　　　　　　/

　　(2) ~(B∨A)　　　　　　　　　假设

　　(3) ~B∧~A　　　　　　　　　(2)∧df

　　(4) ~A　　　　　　　　　　　(3)∧₋

　　(5) ~B　　　　　　　　　　　(3)∧₋

　　(6) ~(A∨B)　　　　　　　　 (4)(5)∧₊　∧df

　　(7) B∨A　　　　　　　　　　 (1)(6)~₋

　　(8) A∨B→B∨A　　　　　　　 (1)(7)/₋

同理可证 B∨A→A∨B

于是有：A∨B⟷B∨A　□

⑮ ⊢(A→C)∧(B→C)→(A∨B→C)　（简单式二难推理　SC）

证：/(1)(A→C)∧(B→C)∧(A∨B)　　　/

　　(2) A→C　　　　　　　　　　 (1)∧₋

　　(3) B→C　　　　　　　　　　 (1)∧₋

　　(4) ~C　　　　　　　　　　　 (2)假设

　　(5) ~A　　　　　　　　　　　 (2)HT(4)MP

　　(6) ~B　　　　　　　　　　　 (3)HT(4)MP

　　(7) ~A∧~B　　　　　　　　　 (5)(6)∧₊

　　(8) ~(A∨B)　　　　　　　　　(8)/₋∧df

(9)C   (5)(4)(9)~₋

(10)(A→C)∧(B→C)→(A∨B→C)   (1)(9)/□

⑯(A∨(B∧C))→((A∨B)∧(A∨C)) （析取分配律）

证:/(1)A∨(B∧C)   /

(2)A   (1)假设

(3)A∨B   (2)∨₊

(4)A∨C   (2)∨₊

(5)(A∨B)∧(A∨C)   (3)(4)∧₊

(6)B∧C   (1)假设

(7)A∨B   (6)∧₋∨₊

(8)A∨C   (6)∧₋∨₊

(9)(A∨B)∧(A∨C)   (7)(8)∧₊

(10)(B∧C)→(A∨B)∧(A∨C)   (6)(9)→₊

(11)A→(A∨B)∧(A∨C)   (2)(5)→₊

(12)(A∨(B∧C))→((A∨B)∧(A∨C))   (1)(10)(11)二难推理/ □

⑰ ⊢(A→~A)→~A

证:/(1)A→~A   /

(2)A   假设

(3)~A   (1)(2)MP

(4)~A   (2)(3)~₋

(5)(A→~A)→~A   (1)(4)/₋ □

此定理是说,如果A日常蕴涵自己的否定,那说明A本身是矛盾式。

⑱ ⊢~(A→~A) （自洽律）

证:(1)A→~A   假设

/(2)A   (1)/

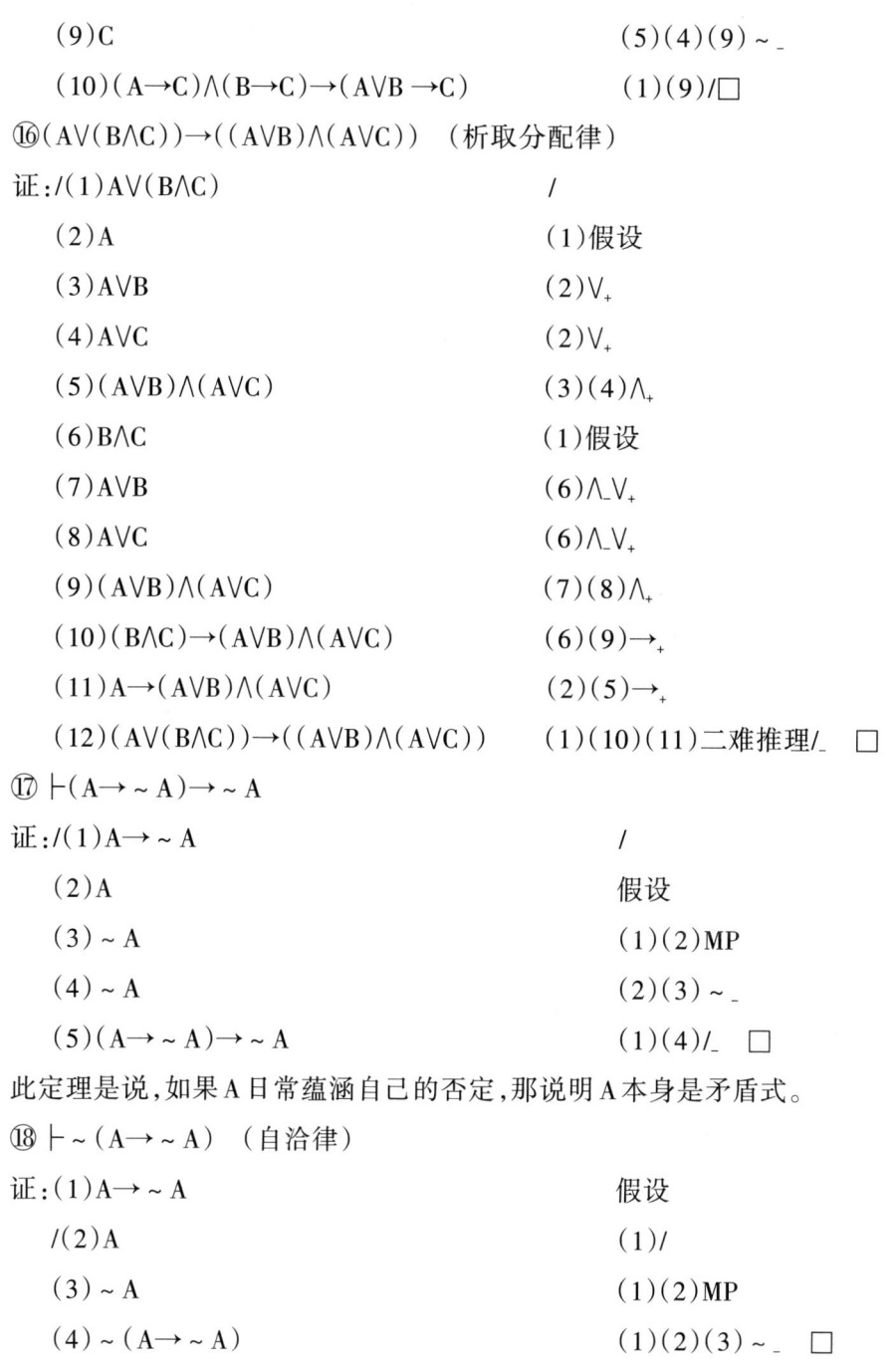

(3)~A   (1)(2)MP

(4)~(A→~A)   (1)(2)(3)~₋ □

此定理是说,若一个命题为真,则其否定命题的真会蕴涵于(源自)此命题本

第九章 命题逻辑公理系统GM 183

身的真,这是永不可能的。实际上,从日常推理而言,一个真命题,不可能推导出其否定命题也是真的——这是自相矛盾的。

⑲ ⊢(A→(A→B))⟷(A→B)　（条件融合）

先证(A→(A→B))→(A→B)

证:/(1)A→(A→B)∧A　　　　　　　　　　　　/

　　(2)A→B　　　　　　　　　　　　　　　(1)MP

　　(3)(A→(A→B))→(A→B)　　　　　　　(1)(2)/₋

再证(A→B)→(A→(A→B))

　　/(4)(A→B)∧A　　　　　　　　　　　　/

　　(5)A→(A→B)　　　　　　　　　　　　(4)→₊

　　(6)(A→B)→(A→(A→B))　　　　　　　(4)(5)/₋

　　(7)(A→(A→B))⟷(A→B)　　　　　　(3)(6)⟷df ☐

⑳ ⊢(A→C)∧(B→D)→(A∨B→C∨D)　（假言选言推理）

证:/(1)(A→C)∧(B→D)∧(A∨B)　　　　　　/

　　(2)A∨B　　　　　　　　　　　　　　(1)∧₋

　　(3)A　　　　　　　　　　　　　　　(2)假设

　　(4)A→C　　　　　　　　　　　　　　(1)∧₋

　　(5)C　　　　　　　　　　　　　　　(3)(4)MP

　　(6)C∨D　　　　　　　　　　　　　　(5)∨₊

　　(7)B　　　　　　　　　　　　　　　(2)假设

　　(8)B→D　　　　　　　　　　　　　　(1)∧₋

　　(9)D　　　　　　　　　　　　　　　(6)(7)MP

　　(10)C∨D　　　　　　　　　　　　　(9)∨₊

　　(11)A∨B→C∨D　　　　　　　　　　　(6)(10)简单式二难推理

　　(12)(A→C)∧(B→D)→(A∨B→C∨D)　　(1)(11)/ ☐

㉑ ⊢(A→(B∨C))→((A→B)∨(A→C))

证:/(1)A→(B∨C)　　　　　　　　　　　/

　　//(2)A　　　　　　　　　　　　　　/

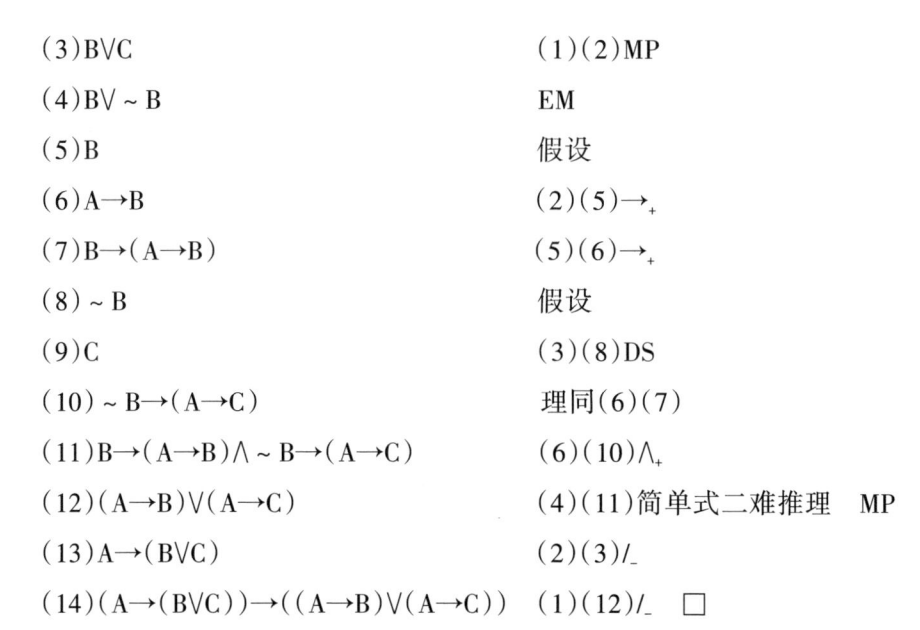

(3)B∨C	(1)(2)MP
(4)B∨~B	EM
(5)B	假设
(6)A→B	(2)(5)→₊
(7)B→(A→B)	(5)(6)→₊
(8)~B	假设
(9)C	(3)(8)DS
(10)~B→(A→C)	理同(6)(7)
(11)B→(A→B)∧~B→(A→C)	(6)(10)∧₊
(12)(A→B)∨(A→C)	(4)(11)简单式二难推理　MP
(13)A→(B∨C)	(2)(3)/₋
(14)(A→(B∨C))→((A→B)∨(A→C))	(1)(12)/₋　□

对此定理,有人认为是条件排中蕴涵怪论,其实是误解。显然如果A真[上证明中(2)行用前件真公理保证了这一点],则会有两种情况。第一,B和C都真,那么后件(A→B)与(A→C)均真,则(A→B)∨(A→C)当然真,这种情况比较直观明显,大家应无争议。下面主要讨论第二种情况:(1)行中,如果A真,B和C仅有一真,则A→B和A→C仅有一真。这是符合直观的。同时也说明:此时(A→B)∨(A→C)中的析取是不相容析取。认识这一点对消除视此定理为怪论的误会很重要。视本定理为蕴涵怪论者举了如下反例:"A为'a≠b',B为'a>b',C为'a<b',显然代入A→(B∨C)为真,但是,仅有a≠b却推不出a>b,仅有a≠b却推不出a<b……不是直观上有效的推理形式。"[1]反例正是忽略这个问题:若"a≠b",则"a>b"与"a<b"构成了不相容析取,导致"a≠b推导a>b"和"a≠b推导a<b"之间的析取也是不相容析取,不能同假。

传统逻辑特别注意相容析取与不相容析取的区分,不但有相容析取的表示符号,而且还有不相容析取的表示符号。不过,在经典逻辑中,不相容析取可用

---

[1] 冯棉.相干逻辑与蕴涵怪论[J].哲学动态,2005(增刊):77.国外学者大卫·刘易斯也给出相似的反例:A为"Bizet和Verdi是同胞",B为"Bizet是意大利人",C为"Verdi是法国人"(LEWIS D.Counterfactuals [M].Cambridge MA:Harvard University Press,1973:80)。

包括相容析取的符号联合表示,故无不相容析取的表示符号。A不相容析取B等值于$(A\land \sim B)\lor(\sim A\land B)$,即A、B不能同真同假。所以$(A\to(B\lor C))\to((A\to B)\lor(A\to C))$的第二种情况的真实意思是:

$(A\to(B\lor C))\to(((A\to B)\land\sim(A\to C))\lor(\sim(A\to B)\land(A\to C)))$。

㉒ ⊢$A\to(B\to C)\longleftrightarrow(A\to B)\to(A\to C)$　（蕴涵分配）

先证$A\to(B\to C)\to(A\to B)\to(A\to C)$

证:/(1)$A\to(B\to C)\land(A\to B)\land A$　　　　　　/
　　(2)$B\to C$　　　　　　　　　　　　　　　　　(1)MP
　　(3)B　　　　　　　　　　　　　　　　　　　　(1)MP
　　(4)C　　　　　　　　　　　　　　　　　　　　(2)(3)MP
　　(5)$A\to(B\to C)\to(A\to B)\to(A\to C)$　　　　　(1)(4)/_

再证$(A\to B)\to(A\to C)\to A\to(B\to C)$

　　/(6)$(A\to B)\land(A\to C)\land A$　　　　　　　　/
　　(7)B　　　　　　　　　　　　　　　　　　　　(1)MP
　　(8)C　　　　　　　　　　　　　　　　　　　　(1)MP
　　(9)$B\to C$　　　　　　　　　　　　　　　　　(7)(8)→+
　　(10)$(A\to B)\to(A\to C)\to A\to(B\to C)$　　　　(6)(9)/_

即有(11)$A\to(B\to C)\longleftrightarrow(A\to B)\to(A\to C)$　(5)(10)⟷df □

㉓ ⊢$(A\to B)\to((A\to\sim B)\to\sim A)$　（归谬律）

证:/(1)$(A\to B)\land(A\to\sim B)$　　　　　　　　　/
　　(2)A　　　　　　　　　　　　　　　　　　　　假设
　　(3)B　　　　　　　　　　　　　　　　　　　　(1)(2)MP
　　(4)$\sim B$　　　　　　　　　　　　　　　　　　(1)(2)MP
　　(5)$B\land\sim B$　　　　　　　　　　　　　　　(3)(4)∧+
　　(6)$\sim A$　　　　　　　　　　　　　　　　　　(2)(5)$\sim_-$
　　(7)$(A\to B)\to((A\to\sim B)\to\sim A)$　　　　　　(1)(6)/_ □

㉔ $(A\land B\to C)\to(A\land\sim C\to\sim B)$　（反三段论律）

证:/(1)$(A\land B\to C)\land(A\land\sim C)$　　　　　　　/

(2) ~ C (1)∧₋
(3) ~ (A∧B) (1)(2)HT
(4) ~ A∨ ~ B (3)∧df
(5) ~ B (1)(4)∨₋
(6) (A∧B→C)→(A∧ ~ C→ ~ B) (1)(5)/₋ □

㉕ (A→B)→((A∨C)→(B∨C)) （附加律）
证:/(1)(A→B)∧(A∨C) /
(2)(A∨C) (1)∧₋
(3) A (2)假设
(4) B (1)∧₋(3)MP
(5) B∨C (4)∨₊
(6) C (2)假设
(7) B∨C (6)∨₊
(8) (A∨C)→(B∨C) (2)(5)(7)简单式二难推理 /₋
(9) (A→B)→((A∨C)→(B∨C)) (1)(8)/₋ □

㉖ (A→B)∧(C→D)→(A∨C)→(B∨D) （复杂式二难推理）
证:/(1)(A→B)∧(C→D)∧(A∨C) /
(2) A∨C (1)∧₋
(3) A (2)假设
(4) B (1)∧₋(3)MP
(5) B∨D (4)∨₊
(6) C (2)假设
(7) D (1)∧₋(6)MP
(8) B∨D (7)∨₊
(9) (A∨C)→(B∨D) (2)(5)(8) 简单二难推理
(10) (A→B)∧(C→D)→(A∨C)→(B∨D) (1)(9)/₋ □

㉗ (A→B)∧(C→D)∧(A∧C)→(B∧D) （假言联言推理）
证:/(1)(A→B)∧(C→D)∧(A∧C) /

(2)A∧C	(1)∧_
(3)A→B	(1)∧_
(4)C→D	(1)∧_
(5)B	(2)∧_(3)MP
(6)D	(2)∧_(4)MP
(7)B∧D	(5)(6)∧+
(8)(A→B)∧(C→D)∧(A∧C)→(B∧D)	(1)(7)/_ □

总结以上形式证明可见,其实GM形式证明还可简化为:如果我们能从前提公式集(其行号前为"/"标识)得到所证公式(集)(其仅在第一重"/"辖域内),则形式证明即可结束。下面我们将看到,采用这种简化式形式证明,证明过程将变得更加简洁直观——这也与日常推理高度一致:从前提得到结论,推理过程即可告结束,不必再重述前提与结论在表示形式上的关系。

㉘(A→B)→(A→C)→(A→B∧C)　(合取构成)

证:/(1)(A→B)∧(A→C)∧A	/
(2)B	(1)∧_MP
(3)C	(1)∧_MP
(4)B∧C	(2)(3)∧+
(5)A→B∧C	(1)(4)→+ □

㉙A→(B→A∧B)

证:/(1)A∧B	/
(2)A∧B	(1)ID
(3)B→A∧B	(1)∧_(2)→+ □

㉚(A→B)→(B→A)→(A↔B)

证:/(1)(A→B)∧(B→A)	/
(2)A↔B	(1)↔df □

其实,这样整个形式证明更加简洁清晰:首行列出哪些内容可作为前提集设定为真,尾行列出待证结论(如果可以从形式证明中得出的话)。这亦同于日常推理的一般过程。

假言三段论、假言联言推理、二难推理(含简单式、复杂式)等推理的否定式,也是 GM 系统的定理,其证明思路与肯定式推理相类,不再证明。

上述 GM 系统的部分定理的证明(主要是蕴涵式纯真值性的析取、合取、并非、等值等构成的演算,与经典命题逻辑相同),说明了 GM 的演算能力及演算方法的简便易行性,以及与日常推理和日常思维的贴合性。同时,还说明传统逻辑思想与现代逻辑技术可以实现系统性友好结合。

三、GM 的语义

定义 1 (GM-p 赋值)设 Form(L-p)是所有 GM 系统公式的集合,V 是 Form(L-p)至{1,0}上的映射,即:

V:Form(L-p)→{1,0}

称 V 是 L-p 的 GM-p 赋值,如果 V 满足以下条件:对任意的 A、B∈Form(L-p):

(1)若 A 是命题变元,则 V(A)=1 或 V(A)=0,二者择一;

(2)若 V(A)=1,则 V(~A)=0;若 V(A)=0,则 V(~A)=1;

(3)V(A∨B)=0 当且仅当 V(A)=0 且 V(B)=0,否则 V(A∨B)=1。

(4)V(A→B)=1 当且仅当若 V(A)=1 时 V(B)=1 或若 V(B)=0 时 V(A)=0,否则 V(A→B)=0。

这里需要讨论一个问题:(A→B)=0 时,是否能根据(4)得出此时 V(A)=1 且 V(B)=0,或者 V(A)=0 且 V(B)=1 呢?

让我们回顾一下日常蕴涵推演表(第八章表 8-4、表 8-5)。

可见,答案是否定的。

但在 ~A、A∨B 中若整个公式为假,我们却可以考察其支命题的真假情况。

另外,对 A→B 等蕴涵式运用推演表时,我们要特别注意:若首先对前件赋值,则要赋真值,然后再考虑后件的值;若首先对后件赋值,则要赋假值,然后再考虑前件的值。

例如,对于(A→B)→((B→C)→(A→C)),根据前件真公理,先将(A→B)赋值为 1,其次将(B→C)赋值为 1,再次将 A 赋值为 1,最后计算各支命题的值,从而必得到 C=1。相应的,可先对最后那个 C 赋假值,则 A→C 要为真必须赋 A 假值,同时 B→C 要为真必须赋 B 假值,而 B 假由 A→B 要为真必须赋 A 假值。于是有,当 A 取真值时,必有 C 取真值。

或许有人会疑心(A→B)=1时,A、B 同真同假会不会出现这样的情况:(A→B)→(B→A)成立。让我们考察一下 A→B 和 B→A 的日常蕴涵推演表(表9-1、表9-2)。

表9-1　A→B 日常蕴涵推演表

前提1:A→B	前提2:A	结论:B
1	1	1
1	0	1或0
0	1	1或0
0	0	1或0

表9-2　B→A 日常蕴涵推演表

前提1:B→A	前提2:B	结论:A
1	1	1
1	0	1或0
0	1	1或0
0	0	1或0

显然,二者的推演表已告诉了我们答案。是否真的如此？我们可以通过试证(A→B)→(B→A)作进一步的考察:

(A→B)→(B→A)
/(1)(A→B)∧B　　　　　　　　　　　/
 (2)A→B　　　　　　　　　　　　(1)∧_
 (3)B　　　　　　　　　　　　　　(1)∧_
//(4)A　　　　　　　　　　　　　　(2)　/
 (5)B→A　　　　　　　　　　　　(3)(4)→₊
 (6)A→(B→A)　　　　　　　　　(4)(5)/_

由于(2)和(3)只说明了A→B中作为后件的B真,根据A→B的赋值定义,无法确定A的真假。而如果我们根据(2)A→B再次施用前件真公理,得到(4)A,但由于此时A的真只能留在二重前件真公理辖域内(//)成立,当然在辖域内可得到(5)B→A,而若相应施用本基真公理,让推演回到前提域中,至多得到(6)A→(B→A),而得不到A确定为真。这与日常推理是高度一致的。例如,"若摩擦,则生热",现生热了,但未必是摩擦造成。因此,由(A→B)=1并不能必然地得到(B→A)=1。其实,如果从前件真公理角度,这也非常好理解,A→B真,只说明可以设定A真(但A是否的确为真,无法确定)。

以上说明也有助于我们讨论分析前述第五章证明题G同义公式:((p→r)→s)∧~p→s。有:

/(1)((p→r)→s)∧~p　　　　　　　　　　/
(2)(p→r)→s　　　　　　　　　　　　(1)∧₋
//(3)p→r　　　　　　　　　　　　　　(2) /
(4)s　　　　　　　　　　　　　　　　(2)(3)MP

形式证明清楚地表明,结论S仅以设定前提集((p→r)→s)∧~p真是无法得到的,必须新增非前提集中的p→r真才能得到。但显然p→r真假未定(结合前提集中的另一前提~p,也无法确定p→r的真假值),故而结论S亦真假不定,这也说明((p→r)→s)∧~p→s不是GM定理。其实,前提~p不但对求证S没有帮助,反而是求证S的负条件:使得p→r不可施用前件真公理作直接证明。

定义2 (GM-p满足式)一个真值赋值τ满足一个L-p公式集Δ,当且仅当对Δ中每一公式A,τ(A)=1。τ满足Δ,记作τ|=Δ。

定义3 (GM-p永真式)设α为非A→B形式的任意L-p公式,α是GM-p重言的,当且仅当对于任意GM-p赋值,都有V(α)=1;特别地,设α为A→B形式的任意L-p公式,α是GM-p重言的,当且仅当对任意GM-p赋值有V(A)=1均有V(B)=1,或者,V(B)=0均有V(A)=0。

对GM-p某永真式集Δ,记作GM|=Δ而不是Φ(空集)|=Δ,在不引起误解或混淆的情况下,可简记为|=Δ。

采取这种不同于传统记法的主要原因如下。

分析哲学有一种观念,当我们决定建构或采纳某一语言系统的时候,我们就蕴含着承诺与这种语言系统相对应的世界的事实和真理,我们的实用目的决定了我们对语言系统的选纳,从而也就决定了我们关于什么是世界的事实和真理的看法。这里我们有必要再次重述蒯因那段很著名的话:"我们所谓的知识或信念的整体,从地理和历史的最偶然事件到原子物理学甚至纯数学和逻辑的最深刻的规律,是一个人工的织造物。它只是人工的织造。"[1]笔者以为,蒯因这段话可分两说:至少关于地理和历史的事实真不依人的意志为转移,不应该是所谓的人工的织造物。不过除此之外,还有一种真,却与主体的认知直接关联,的确是人工的织造物。但归根结底,真是认知的范畴,所有的真(包括客观真)都是认知上的真。脱离了主体认知,无所谓真。"我即是世界(小宇宙)。""世界是我的世界。"[2]对这点,逻辑系统的真有直接的体现。"由于一逻辑系统实际上是建立在某些假定或预设之上的,该系统的定理只是相对于它们所含的逻辑常项的某种解释才是逻辑真理。"[3]

令 D 为非空理性主体集,$D_i \subseteq D$($i \in N$,N 是自然数集的有穷子集),$x \in D$,A 为任意命题,则:

$$T(D_i) = (x)(x \in D_i \land x(A) \rightarrow D_i(A))$$

其中,$T(D_i)$ 表示 D_i 秉持的真,$x(A)$ 表示在 x 的认知系统中,A 为真。

因此,即使永真式的真,也是相对主体 D_i 的认知系统而言。后面我们将以解读 $A \rightarrow (B \rightarrow A)$ 的方式说明:任何真都是有前提的,是相对于这些前提的真,这前提就包含着 D_i 认知系统中的永真命题或真命题。是故,我们的赋值,即使是对永真式的赋值,也是相对于一定的背景(模型)而言。永真式只不过是相对于这个背景(模型)所有的赋值为真。因此,当我们说 $\Phi \models \Delta$ 时,其实更确切的表达应该是:某背景(模型)下的 $\tau \models \Delta$,即 Δ 的满足除依据该背景(模型)中的公理、定理外,不需要任何其他前提假设。而 $\Phi \models \Delta$ 似乎表达的应该是:满足 Δ 的是 Φ,或者说赋值 τ 满足 Φ,则赋值 τ 满足 Δ。但是,对于 Φ,说某一赋值满足它,于日常推理不

---

[1] 蒯因. 从逻辑的观点看[M]. 江天骥,译. 上海:上海译文出版社,1987:40.
[2] WITTGENSTEIN L. Tractatus Logico-Philosophicus[M]. London:Routledge,1999:5.6.3,5.641.
[3] 陈波. 逻辑哲学导论[M]. 北京:中国人民大学出版社,2000:71.

符:赋值τ要满足的对象是公式或公式集,但空集Φ里并没有公式,也就可以说无可满足对象,这时就谈不上满足关系。因为满足是至少二元关系,是彼此关系,彼已全无,何来关系。但实质蕴涵得出的结论是:每一赋值τ都满足Φ。其理由如下:既然A∈Φ为假,则对每一赋值τ而言,对所有A,如果A∈Φ则τ(A)=1总是真的。这实际是蕴涵怪论的必然产物和结论。而在GM系统看来,Φ|=Δ是值得深度怀疑的表达式,其真实的意思似乎应该是:Δ的满足不必以满足任何非永真公式为前提。

定义4 (GM-p矛盾式)设α为非A→B形式的任意L-p公式,α是GM-p重言的,当且仅当对于任意GM-p赋值,都有V(α)=0;特别地,设α为A→B形式的任意L-p公式,α是GM-p矛盾的,当且仅当对任意GM-p赋值有V(A)=1均有V(B)=0,或者,V(B)=0均有V(A)=1。

定义5 (GM-p逻辑后承)设α为一L-p公式,Δ为一L-p公式集,如果对每一满足Δ的赋值τ,都满足α,则称α是Δ的逻辑后承。特别地,当Δ为公理或定理时,α是定理。

定理1 |=(A→B)→/A (前件真公理)

①对于V(A→B)=1当且仅当若V(A)=1时V(B)=1(即以前件为起点)的情况:设有赋值τ(A→B)=1时,τ(/A)=0,即假设A真为假,有A=0,根据定义GM定义1(4),有τ(A→B)=0。这与前面的τ(A→B)=1矛盾,故有τ(/A)=1。

②对于V(A→B)=1当且仅当若V(B)=0时V(A)=0(即以后件为起点)的情况:设有赋值τ(/A)=0,由τ(/A)=0有A=0。如果(A→B)=1,则与GM定义1(4)(A→B中若A=0则A→B=0)相矛盾,故只能有τ(A→B)=0。是故,无论以前件为起点,还是以后件为起点,(A→B)→/A均永真。

这条公理,除了其直观的意义外,也应当是逻辑内在的规定性决定的。前面我们讨论了命题与命题形式的真的问题,指出命题形式的真来源于赋值与计算,换言之,命题形式的真在根子上是赋值而来。而赋值,在实质的意义上,只是一种假设值。至于命题是否映射着事件(事情)的存在(仿存在)的问题,是不用、也无法在逻辑系统的形式层次考虑或讨论的,在讨论实质蕴涵引发怪论的深层次原因之时,我们也提及了这点。因此,逻辑上的真,是相对于逻辑系统的真,是居于这一系统的语义赋值的真,表现为赋值基础上的计算真。似乎可以说:对形式化的逻辑而言,真,不是有关证实的问题,而是关于假设的问题。正是由于命题逻辑上的真,本质上是假设真,我们把设定真符"/"引入命题逻辑系统也就有了其客观基础。这样,前件真承诺在逻辑系统中的实现,也是顺理成章的。

定理2 ⊨(/A→B)→(A→B) (本基真公理)

① 以前件为起点。假设赋值 τ(/A→B)=1 时 τ(A→B)=0。由 τ(/A→B)=1,由定理1即有 τ(/A)=1 时,τB=1,即是有假设 A=1 时,B=1。但由 τ(A→B)=0 即有并非 τA=1 且 τB=1,即 A=0 或 B=0。这与 A=1 且 B=1 矛盾,故有 τ(A→B)=1。

② 以后件为起点。与①同理,我们可证 τ(A→B)=0 时 τ(/A→B)=0。

可以注意到,在(/A→B)→(A→B)中,第一个B的真值与第二个B的真值即使同为1,也是有所不同的。前者依赖于/A,即是在 A=1 的可能世界中取值为1,是一种假设或可能状态,而后者依赖于A真即在本基世界(可以是现实世界)的真。

定理3 ⊨(~A→B)→(~A→~B)→A (反证法公理)

证明略。

定理4 ⊨A∨~A (排中律公理)

证明略。

定理5 ⊨A→A∨B (单调性公理)

证明略。

四、GM 的一致性和完全性

定理6 (GM一致性定理)对任一 L-p 公式集 Δ 和 L-p 公式集 A,

(1)如果 Δ⊢A,则 Δ⊨A;

(2)如果 ⊢A,则 ⊨A。

证明:(2)是(1)的特殊情况,证(1)即可。

假设有 Δ 和 A,Δ⊢A。令 B_1……B_m 是一个从 Δ 得 A 的推演。于是 B_m=A。我们通过施归纳于此推演的长度证明:对每一个 k(1≤k≤m),都有 Δ⊨B_k。当 k=m 时,问题得证。

①如果 B_k 是一个 GM 公理,显然,我们有 $\Delta\models B_k$。

②如果 $B_k\in\Delta$,则显然有 $\Delta\models B_k$。

③如果 B_k 是通过变形规则得来的,则:

A:若通过 $\wedge_+$ 规则得到,则必先有某 i,j<k,使得 $B_k=B_j\wedge B_i$,据归纳假设,我们有 $\Delta\models B_j$ 且 $\Delta\models B_i$,即真值赋值 $\tau\Delta=1$ 时,$\tau B_j=1$ 且 $\tau B_i=1$,即 $\tau\Delta=1$ 时 $\tau B_j\wedge B_i=1$,显然有 $\Delta\models B_k(=B_j\wedge B_i)$。

B:若通过 MP 规则得到,则必先有某 i,j<k,使得 $B_j=B_i\rightarrow B_k$。据归纳假设,我们有 $\Delta\models B_j$ 且 $\Delta\models B_i$。若 $\Delta\not\models B_k$,即真值赋值 τ 使 $\Delta=1$ 时 τ 使 $B_k=0$,此时,由 $\Delta\models B_i$ 有 $B_i=1$,是故有 $B_i\rightarrow B_k=0$ 即 $B_j=0$,但由 $\Delta\models B_j$ 有 $B_j=1$,于是出现矛盾,即有 $\Delta\models B_k$。

定理 7 (GM 完全性定理)对任一 L-p 公式集 Δ 和 L-p 公式集 A,

(3)如果 $\Delta\models A$,则 $\Delta\vdash A$;

(4)如果 $\models A$,则 $\vdash A$。

完全性证明的思路通常是这样的:要证明系统 S 的完全性,即证明"对任意 S-公式 α,若 α 是 S-有效的,则 α 是 S-可证的",等价于证明"对任意公式 α,若 α 不是 S-可证的,则 α 不是 S-有效的",又等价于证明"对任意公式 α,若 α 不是 S 定理,则存在 α 的 S-反模型 M",又等价于"对任意公式 α,若 $\sim\alpha$ 与 S-是一致的,则 $\sim\alpha$ 是 S-可满足的",又等价于"对任意公式 α,若 α 是 S-一致的,则 α 是 S-可满足的"。也就是说,对任意 S-公式 α,假设 α 是 S-一致的,要证明需 α 是 S-可满足的,即要构造一个模型 M,使(1)M 是 S-模型(即对 M 及任意 S-公式 β,若 $\vdash_s\beta$,则对任意赋值 V,有 $V(\beta)=1$);(2)α 在 M 上可满足(即存在赋值 V,使得 $V(\alpha)=1$)。这项工作常常是通过构造一个典范模型来完成。

GM 系统的典范模型构造方法与经典命题逻辑大致相同,均是从协调这一概念出发,根据林登鲍姆(Lindenbaum)定理构造一个极大一致集 Σ,然后证明这一极大一致集 Σ 有如下两个性质:

(1)$\Sigma\vdash A$ 当且仅当 $A\in\Sigma$;

(2)$A\in\Sigma$ 当且仅当 $A=1$。

只是在证明性质(2)中,对 A 的结构作归纳证明时,GM 系统对当 $A=B\rightarrow C$ 时的证明思想,因自己的日常蕴涵理论显然不同于经典命题逻辑的实质蕴涵理论而略有不同。

为此先证明：

引理1：设 ∑ 是极大一致集，对于任何公式A和B有：

A→B∈∑ 当且仅当若 A∈∑ 则 B∈∑ 或者若 ~B∈∑ 则 ~A∈∑。

证：

先由左证右。如果 A→B∈∑ 并且 A∈∑，那么有：∑ ⊢A→B 并且 ∑ ⊢A，故有 ∑ ⊢B，则 B∈∑（根据 ∑ 的极大一致集性质：∑ ⊢A 当且仅当 A∈∑）。如果 A→B∈∑ 并且 ~B∈∑，那么有 ∑ ⊢A→B 并且 ∑ ⊢~B，故有 ∑ ⊢~A，则 ~A∈∑。

再由右证左。假设 A→B 不属于 ∑，那么 ~(A→B)∈∑，则 ∑ ⊢~(A→B)，即排除了"∑ ⊢A 并且 ∑ ⊢B"的情形，即必有 ~A∈∑ 或者 ~B∈∑，与前提矛盾，故有 A→B∈∑。

现证性质(2) A= B→C 时 A=1 当且仅当 A∈∑。

证：V(A)=1

⇔V(B→C)=1

⇔若 B=1 则 C=1，或者，若 C=0 则 B=0（赋值定义）

⇔若 B∈∑ 则 C∈∑，或者，若 ~C∈∑ 则 ~B∈∑（归纳假设）

⇔B→C∈∑（同一律）

⇔A∈∑

可见，我们能利用林登鲍姆定理为GM系统构作具有上述性质(1)(2)的极大一致集，故GM具备语义完全性。❶

系统完全性还可以给我们带来证明的便利：当在形式系统中证明较为困难时，我们可以尝试作语义上的论证。如果论证是成立的，则说明在形式系统里是可证的。

五、从几个问题看GM的特征

下面，通过讨论几个重要问题，考察GM系统的重要特征，特别是与经典逻

---

❶ 证明其他的部分和内容可参见杜国平《经典逻辑和非经典逻辑》等数理逻辑教程（杜国平.经典逻辑和非经典逻辑[M].北京：高等教育出版社，2006）。

辑相区别的重要特征。

(一)A→B 与 ~A∨B 是何关系

让我们从一个疑问说起:(~A∨B)≡(A→B)是不是 GM 系统的定理？

甲:(~A∨B)→(A→B)

证:/(1)(~A∨B)∧A　　　　　　　　　　　/
　　(2)B　　　　　　　　　　　　　　　(1)∨_
　　(3)A→B　　　　　　　　　　　　　(1)(2)→+
　　(5)(~A∨B)→(A→B)　　　　　　　(1)(3)/_　□

乙:(A→B)→(~A∨B)

证:/(1)A→B　　　　　　　　　　　　　/
　　(2)~(~A∨B)　　　　　　　　　　　假设
　　(3)A∧~B　　　　　　　　　　　　(2)∧Df
　　(4)A　　　　　　　　　　　　　　 (3)∧_
　　(5)~B　　　　　　　　　　　　　 (3)∧_
　　(6)B　　　　　　　　　　　　　　 (1)(4)MP
　　(7)~A∨B　　　　　　　　　　　　(2)(5)(6)~_
　　(9)(A→B)→(~A∨B)　　　　　　　(1)(8)/_　□

由甲、乙有:(A→B)⟷(~A∨B)。相互蕴涵的命题难道不是等值的吗？于是似乎马上可以得到:(A→B)≡(~A∨B)。实质蕴涵的析取定义回来了？

实际上,在 GM 系统中,从~A∨B 与 A→B 相互蕴涵,得不到(A→B)≡(~A∨B)。原因如下：

在证明(~A∨B)→(A→B)时,我们用到了前件真公理,即"/(1)A/",通过该公理,我们考察了 A→B 中前件 A 为真的推演情况。在这种情况下,才有(~A∨B)≡(A→B)。在 A 真的情况下,实质蕴涵把 A→B 等值于~A∨B 没有毛病。

下面我们考察假设~A 真时对(~A∨B)→(A→B)的试证情况：

第九章　命题逻辑公理系统 GM | 197

试证：/(1) ~A∨B   /
     (2) ~A   假设
     (3) ~A∨B   (2)∨₊
     (4) ~A∨~B   (2)∨₊

A假时，B可真可假，即假设~A∨B真时，A→B的值可真可假。这说明，~A∨B和A→B不等值。其实，这从二者的真值比较表直接可见(表9-3)。

表9-3　日常蕴涵与析取真值比较表

A	B	A→B	~A∨B
1	1	1	1
1	0	0	0
0	1	0	1
0	0	1	1

由表9-3可见，在A假的情况下，~A∨B与A→B可能等值，也可能不等值。只有在A真的情况下，~A∨B与A→B才确定是等值的。是否如此呢？甲、乙形式证明中对前件真公理的施用，其实已给出了答案。

甲：(~A∨B)→(A→B)
证：/(1)　(~A∨B)∧A   /

乙：(A→B)→(~A∨B)
证：/(1) A→B   /

即是有：(A→B)≡(~A∨B)∧A。

但这样一来，两个问题出现了：①(A→B)中的A真假未定，而(~A∨B)∧A中的A已然确定为真，怎么会等值？岂不矛盾？②在前面讨论"若，则"句的逻辑特征和日常蕴涵理论中，我们反复强调，日常蕴涵是个非纯真值联结词，不可以用合取、析取等纯真值联结词予以定义、等同。但此处竟然有(A→B)≡(~A∨B)∧A，这岂不意味着日常蕴涵可以用合取、析取等纯真值联结词予以定义、等同？这样，GM系统岂不是与其基石——日常蕴涵理论自相矛盾了？

问题出在哪儿？我们对(~A∨B)→(A→B)和(A→B)→(~A∨B)按一般的原初性的证明思路写出形式证明：

甲：(~A∨B)→(A→B)

证：/(1) ~A∨B /
　　//(2) A /

乙：(A→B)→(~A∨B)

证：/(1) A→B /
　　//(2) A （1） /

证明中施用前件真公理的情况，清楚地表明，上述①中的矛盾，其实是个误解。在逻辑演算(形式证明)中，以(A→B)为前提，根据前件真公理，必然设定A真，而非真假未定。以(~A∨B)∧A为前提，根据前件真公理，其中A的真，也必然是设定为真。换言之，(A→B)与(~A∨B)∧A中的A均是同源而出的设定真，并无本质差别。

而②中的矛盾又是怎么回事呢？也是个误解。在前面，我们探寻"若，则"的根本逻辑特征时，曾得出结论说：一个公式，进入逻辑演算状态前后，性质、功能、样态或许有所不同；日常蕴涵作为非纯粹的真值联结词，更是如此。具体到GM系统中，逻辑演算(形式证明)中的A→B，其蕴涵的推演性只是表面消失了，实际上一直与蕴涵如影随形。"表面消失"与"如影随形"都是缘于前件真公理的存在！只要有前件真公理的作用，则A→B中的前件A就得设定为真。(A→B)≡(~A∨B)∧A其实是(A→B)∧A≡(~A∨B)∧A的简写，只是因为前件真公理的存在，"(A→B)∧A"的第二个A可直接省略掉，没必要写出来。可见，前件真公理的存在，已为系统的蕴涵式在任何演算中，内在地自动附加了推演性。在此前提下，我们只需要考虑蕴涵式的真值，而不必考虑蕴涵的推演性(而且蕴涵推演性说到底也是为蕴涵真值性服务的)。这样，GM的演算中，只需用到蕴涵(A→B)真值表中前件A为真的两行，而(~A∨B)∧A亦是用的析取(~A∨B)真值表中，A为真的那两行。❶即见表9-4。

---

❶ 其实在经典逻辑之中，直接证明也是通常假设前提集公式为真，也没有考虑前提集公式假的情况。这在一定程度上弥补了实质蕴涵仅为真值函项的不足。

表9-4　前件真公理作用下的A→B与～A∨B真值比较表

A	B	A→B	～A∨B
1	1	1	1
1	0	0	0

而对A为假的情况,便不再涉及和考虑(此时,起点规则呈现空洞化:起点已确定为前件)。

在GM逻辑中,日常蕴涵在演算中可纯真值化这一特性,有重大的意义。一方面,它打通了日常蕴涵与合取等纯真值联结词在演算中的交互通道(本来在日常推理状态下,日常蕴涵是相对独立于、隔绝于其他等纯真值联结词的);另一方面,在GM逻辑演算中,关于蕴涵的演算又多了两条途径:一是可以用真值表予以演算,二是可以化归于析取、合取等纯真值联结词进行演算(这两条途径在本质上是一条道)。

例如,对A∧(A⟷B)≡(A∧B)这一GM定理作形式证明,如果将A→B与(～A∨B)∧A相互代换,就比其他方法简明得多。

A∧(A⟷B)≡(A∧B)

证:左边 A∧(A⟷B)

　　≡A∧(A→B)∧(B→A)

　　≡A∧((～A∨B)∧A)∧((～B∨A)∧B)

　　≡A∧B∧(～A∨B)∧(～B∨A)

　　≡A∧B≡右边

至此,我们总结一下"若,则"(蕴涵)的逻辑"身份":在经典逻辑那里,它只是一个真值函项或真值联结词;在日常推理中,它不但是真值联结词,还承担了推演功能;在GM逻辑演算中,它又可以纯真值化了。但这些身份"变幻"并非"无常":经典逻辑是把"若,则"(蕴涵)句置于孤立静止状态下;日常推理是把"若,则"(蕴涵)句置于日常思维状态下;GM逻辑演算其实与日常推理是一致的,只不过因为GM系统中有前件真公理等的作用,可以不必时时处处把日常蕴涵的推演性表现出来(但一直存在,哪怕是"潜伏"状态),表面上看起来这时纯值化了,成了一个真值联结词而已。"若,则"(蕴涵)句逻辑功能这番令人眼花缭乱的"变幻",也许就是其最令人困惑迷离、易陷误区之处,也许就是金岳霖先生感叹"提出蕴涵可真是非同小可,恐怕没有人敢说事实上蕴涵意义究竟是怎么回事"❶的重要原由所在。

(二) A≡B 与 A⟷B 等值吗

刚才,我们说到 GM 系统中,从 ~A∨B 与 A→B 相互蕴涵,得不到 (A→B)≡(~A∨B),这即是说从 A⟷B 得不到 A≡B。

但是,有人会反驳说,从集合论的观点看,由 A→B 真,则有 B⊆A 真,现又有 B→A,则有 A⊆B 真,于是自然有 A≡B。这个反驳是否成立呢?

让我们再回顾一下 A→B 和 B→A 的日常蕴涵推演表(表9-1、表9-2)。

综合两表可见,如果孤立静止地分析 A⟷B 来考察 A、B 是否等值,即是有:当且仅当 A、B 同真时,二者是等值的,除此之外,A、B 是否等值不得而知(因为一者真值确定之时,另者真值总是真假未定)。

所以,上述反驳的推导是没有问题的。不过这个推导隐藏着一个我们习以为常的预设:无论 A⊆B 还是 B⊆A 中,A、B 都是存在的,或者说,即是承认 A、B 是(仿)真的。在此前提下,当然有 A≡B。

A≡B 不等于 A⟷B 源于其逻辑性质有质的不同。从 A≡B 方面看,"≡"只是单纯的真值联结词,不具备日常蕴涵的偏序特征,可以用"∧""∨"定义。从 A→B 日常蕴涵推演表看,当 (A→B)=1 时,A、B 的真值有两种情况:当 A=1 时,B=1;当 A=0 时,B=1 或 0。这表明,(A→B)=1 时,不必然有 (B→A)=1,除非排除 A=0 的情形。可见,A⟷B 中的相互蕴涵意义,并不会使"⟷"变为纯真值联结词(起点规则此时并不会完全空洞化——即 A⟷B 仍然具有集合论意义上的偏序性和逻辑上的推演性)。

这也是我们无法有 A≡B=dfA⟷B,而只能 A≡B=dfA∧(A⟷B) 的根本原因。正是因为增设了 A 真这一条件,才使得对 (A⟷B) 的讨论只限于 A、B 均真的情况,而不会考虑 A 假或 B 假的情况。这时,起点规则才会空洞化,"⟷"才会失

---

❶ 金岳霖.逻辑[M].北京:生活·读书·新知三联书店,1982:261.

去集合论意义上的偏序性,才可视为纯真值联结词。这一点,我们可以通过以下形式证明看得更加清晰。

证明:A∧(A⟷B)≡(A∧B)

析:即证(A∧(A⟷B))∧(A∧(A⟷B)→(A∧B))并且((A∧B))∧((A∧B)→A∧(A⟷B))

先证(A∧(A⟷B))∧(A∧(A⟷B)→(A∧B))

/(1)(A∧(A⟷B))∧(A∧(A⟷B))   /

(2)A   (1)∧₋

(3)B   (1)(2)∧₋MP

(4)A∧B   (2)(3)∧₊

再证(A∧B)∧((A∧B)→A∧(A⟷B)

/(5)(A∧B)∧((A∧B)   /

(6)A   (5)∧₋

(7)B   (5)(6)∧₋

(8)A⟷B   (6)(7)→₊ ∧₊ ⟷df

(9)A∧(A⟷B)   (6)(8)∧₊

即有:(10)A∧(A⟷B)≡(A∧B)   □

注意,上述形式证明的(1)(5)行,前件真公理对两个相同的公式施以设定[(1)行是A∧(A⟷B),(5)行是A∧B]。显然,这两个公式的设定理据是不一样的,前者是对前提集的公式的直接设定,后者却是因着是蕴涵式的前件根据前件真公理而设定为真。但这两个设定,对形式证明而言,是不用区分的:都可在第一重应用无差别地设定为真。因此,在熟练的情况下,我们可以将A∧(A⟷B)简写为(A⟷B),正如前面我们可以将(A→B)∧A≡(～A∨B)∧A中,(A→B)∧A简写为(A→B)一样——前件真公理已潜在地保障了(A→B)中的前件 A 设定为真。这样即有:因为前件真公理的"监护",在逻辑演算中,我们可以有(A⟷B)≡(A∧B)。

因此,A≡B 与 A⟷B 等值吗?回答是:在未进入逻辑演算(形式证明)前(这时前件真公理不发挥作用),二者是不等值的,只有(A≡B)≡(A∧(A⟷B));但在逻辑演算(形式证明)中,在前件真公理的作用下,二者是等值的,即有(A≡B)≡(A⟷B)。

(三) A≡B 等值 A∧B 还是 (A∧B)∨(~A∧~B)

上述 A∧(A⟷B)≡(A∧B) 的形式证明即是说在 GM 系统中, A≡B 等值 A∧B, 这与经典逻辑中 A≡B 等值 (A∧B)∨(~A∧~B) 很不相同。二者孰是孰非？谁更可靠可取？

等值关系是指两个命题在任何情况下都有相同的真值,也就是说它们的真假性总是同步变化:如果一个命题为真,另一个也必为真;如果一个为假,另一个也必为假。人们常常将其概括为:要么同真,要么同假。这样看起来,经典逻辑把 A≡B 等值 (A∧B)∨(~A∧~B) 是相当自然的。

但是,如果我们把"要么同真,要么同假"这句话作更仔细地研读,似乎有些问题就不那么简单了。让我们考察一下什么时候"A、B 要么同真,要么同假(A≡B)"能够成真。"A、B 要么同真,要么同假"当然不是指在同一条件同一时间, A、B 既同真,又同假。因此,令 A、B 同真条件集为▲,则有"A、B 要么同真,要么同假",等于说:①若▲真,则 A∧B, ②若~▲真,则~A∧~B。但是,如果①真,②一定真吗？我们令 W_0 为本基世界并且 A∧B 在 W_0 中真,能说明 A、B 并和 W_0 有可及关系的可能世界有4类,如表9-5所示。

表9-5　本基世界与其可及可能世界命题取值比较表

	W_0	W_1	W_2	W_3
A	1	1	0	0
B	1	0	1	0

可见, W_0 中 A∧B 真,在 ~W_0 中,只有在 W_0 共同对偶世界 W_3 中,有 ~A∧~B 真,而在 W_1 和 W_2 中, ~A∧~B 均假。现实生活中, W_0 与 W_1、W_2 这种真假取值之异的情况普遍吗？回答是,相当普遍。例如,一个生活真理命题 A 和一个偶然真命题 B,在甲条件下, A、B 同真,但是,在乙条件下, A 是真的,但 B 完全可真可假。

两个偶然命题A、B,情况更可能如此。那么,在科研活动中,W_0与W_1、W_2这种真假取值之异的情况普遍吗?回答是,也相当普遍。

数学界就有显明的例证。众所周知,欧几里得在《几何原本》中提出了五条公设。其中"平行公设"被罗巴切夫斯基修订后成就了第一个非欧几何——罗氏几何。罗氏几何除了平行公设之外采用了欧式几何的一切公理。而后来的黎曼(球面)几何更是将欧式几何"过直线外一点有且只有一条直线与已知直线平行"修订成"过直线外一点至少存在两条直线和已知直线平行"。欧氏几何、罗氏几何、黎曼几何各自所有的定理都构成了一个严密的公理体系。每个体系内的各条公理之间没有矛盾。这三种几何都是正确的。因此,我们可以看到几种几何的定理相悖而并不矛盾的情形。例如,在欧式几何中有:①同一直线的垂线和斜线相交;②垂直于同一直线的两条直线互相平行;③存在相似的多边形。相应地,在罗氏几何中有:①同一直线的垂线和斜线不一定相交;②垂直于同一直线的两条直线,当两端延长的时候,离散到无穷;③不存在相似的多边形。虽然罗氏几何的某些命题与我们习惯的直观形象有矛盾,但是,数学家们已经证明,如果欧几里得几何没有矛盾,非欧几何也就自然没有矛盾。同时,在欧式几何中,凡涉及平行公理的命题,在罗氏几何中都不成立,他们都相应地含有新的意义。

因此,W_0中$(A \wedge B)$必然有W_0中$A \equiv B$,但W_0中$(\sim A \wedge \sim B)$没有$A \equiv B$,而只有W_3中$A \equiv B$。为了更深入地说明这一点,我们再从逻辑演算角度继续分析"A、B要么同真,要么同假"这句话。此话即是说:

$(\blacktriangle \rightarrow A \wedge B) \wedge (\sim \blacktriangle \rightarrow \sim A \wedge \sim B)$

易推得:$A \vee B \rightarrow A \wedge B$ 和 $\sim A \vee \sim B \rightarrow \sim A \wedge \sim B$。

这即是有:

①$A \equiv B \rightarrow (A \vee B \rightarrow A \wedge B)$

②$A \equiv B \rightarrow (\sim A \vee \sim B \rightarrow \sim A \wedge \sim B)$。

考察①、②的形式证明:

①$A \equiv B \rightarrow (A \vee B \rightarrow A \wedge B)$

证:/(1)$(A \equiv B) \wedge (A \vee B)$ /

    (2)$A \wedge (A \longleftrightarrow B)$ (1)$\equiv$df $\wedge$

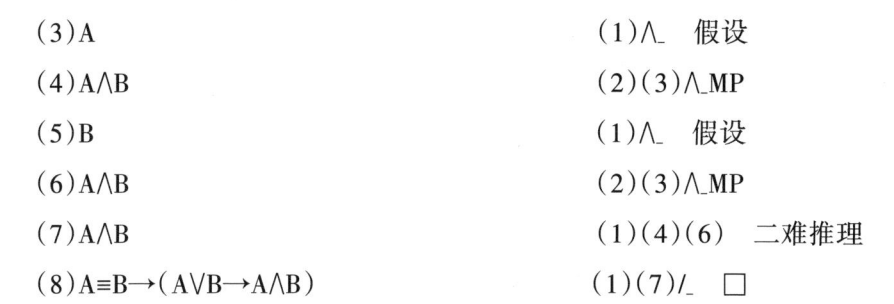

(3) A	(1) ∧_ 假设
(4) A∧B	(2)(3) ∧_MP
(5) B	(1) ∧_ 假设
(6) A∧B	(2)(3) ∧_MP
(7) A∧B	(1)(4)(6) 二难推理
(8) A≡B→(A∨B→A∧B)	(1)(7) /_ □

可见，A≡B→(A∨B→A∧B)是GM的定理。孤立静止地考察(A∨B→A∧B)的真值，可以发现，其取值有三种情况：A真B假时，公式值假；A假B真时，公式值假；A真B真时，公式值真。这与我们前面关于A、B取值在与W_0有可及关系的可能世界中取值情况是相同的。而对于A假B假时，公式值如何取舍呢？我们通过对A≡B→(～A∨～B→～A∧～B)作形式证明，予以考察。

② A≡B→(～A∨～B→～A∧～B)

证：/(1)(A≡B)∧(～A∨～B)	/
(2) A∧(A⟷B)	(1)≡df ∧_
(3) A∧B	(2) ∧_MP
(4) ～(A∧B)	(1) ∧_

(3)(4)相互矛盾说明，A≡B→(～A∨～B→～A∧～B)不是GM定理。原因何在？就在于～A∨～B被设定为真。而这一设定，必然是相对于A、B的本基世界W_0中的设定，而非A、B共同对偶世界W_3中的设定。而上述推理和演算，当然是在本基世界W_0中进行的。可见，～A∨～B→～A∧～B是W_0中～A≡～B的必要条件，而非A≡B的必要条件。这即是说，在同一可能世界中，在严格意义上，A≡B与～A≡～B相互并不蕴涵（即从A≡B推导不出～A≡～B，反之亦然），更非等值。❶一般地，当我们说～A≡～B时，是指在W_0中，～A真并且～B真（此时在W_3中，A≡B，但在W_1、W_2中，A、B异值）。如果此时以W_3作为本基世界，其在逻辑演算意义上，与W_0中A真并且B真的情形是一样的。

---

❶ 也许有人会有疑问：在二值逻辑系统中，A要么真，要么假，如果A≡B说明A、B同真，那么A假时B怎么可能不假呢？其实，当A、B真时，因为～A、～B假，故无法对作为前件的～A或～B施用前件真公理，无法考察后件的～A或～B的真假情况。

实际上,经典逻辑中A≡B等值(A∧B)∨(~A∧~B)是怎么来的呢?回答是:因为经典逻辑中,A≡B等值(A⟷B),而后者根据实质蕴涵的析取定义,即等值(A∧B)∨(~A∧~B)。但(A∧B)∨(~A∧~B)表达的真的是等值关系吗?具体见表9-6。

表9-6　A∧B、~A∧~B、(A∧B)∨(~A∧~B)真值比较表

A	B	A∧B	~A∧~B	(A∧B)∨(~A∧~B)
1	1	1	0	1
1	0	0	0	0
0	1	0	0	0
0	0	0	1	1

显然,(A∧B)∨(~A∧~B)表达的是上反对关系:表中最右侧公式中的"∨"两侧公式(A∧B与~A∧~B)可同假,不可同真。但这是否受了实质蕴涵怪论影响,却是个存疑但已无关宏旨的问题。

所以,GM系统把A≡B等值A∧B,而非经典逻辑之A≡B等值(A∧B)∨(~A∧~B),似乎更为可靠而可取。

综上可见,A→B、A⟷B、A≡B和A∧B四者,虽然孤立静止状态下差异明显,但进入GM逻辑演算后,由于前件真公理的加持,四者却是等值的:此时A、B均取真值。例如,如果"若天降大雨,则地面湿"为真,则根据前件真公理,设定"天降大雨"为真,则"地面湿"必真。这时,"天降大雨"与"地面湿"同真,则"天降大雨"⟷"地面湿""天降大雨"≡"地面湿""天降大雨"∧"地面湿"当然同真等值。

(四)演绎定理逆定理在GM中还存疑吗

演绎定理及其逆定理一般可表述为:⊢A→B当且仅当,A⊢B。

显然,同经典命题逻辑一样,在GM系统中,演绎定理的成立也是不成问题的。但引起争论和置疑的演绎定理逆定理,在GM系统中还成立吗?还会不会受到合理的置疑?

演绎定理逆定理证明思路是:由自推性得{A}⊢A,由⊢A→B和单调性得{A}⊢A→B。再由{A,A→B}⊢B和传递性得A⊢B。

前面我们指出,证明过程中暗含着一个预设和假定:{A}被设定为真,即A设定为真。但在⊢A→B中,依照实质蕴涵理解,A→B中的A可假,A→B仍然是真。这里实际上暗含了一个矛盾:{A}中A是真值,但A→B中A可能是假值。若强行假设A→B中A只能取真值,又没有合法的依据。

现在有了前件真公理,可以完全合法地将A→B中的前件A设定为真,从而使问题得到彻底解决。这样,在GM系统中,演绎定理及其逆定理均合法合据地成立,经典逻辑里对演绎定理逆定理的争论和置疑,自然烟消云散。

演绎定理及其逆定理的成立,将给GM逻辑演算带来便利,使某些演算更加简易化。例如,以前提A和B证明结论C,如果较为困难的话,可以根据演绎定理即证:用前提A证明结论B→C;以前提A证明结论B→C,如果较为困难的话,可以根据演绎定理逆定理即证:用前提A和B证明结论C。

(五)GM能克服经典命题"推导过多""推导过少"的问题吗

前面我们谈到,类如(A→B)→~(A→~B)、(A→~B)→~(A→B)不是经典逻辑的永真式,但它们又显然是古今中外常用的有效推理形式。那么,(A→B)→~(A→~B)、(A→~B)→~(A→B)之类是GM的定理吗?现作形式证明如下。

①(A→B)→~(A→~B)

证:/(1)A→B　　　　　　　　　　　　/
　//(2)A　　　　　　　　　　　　　　/
　　(3)A→~B　　　　　　　　　　　假设
　　(4)B　　　　　　　　　　　　　(1)(2)MP
　　(5)~B　　　　　　　　　　　　 (2)(3)MP
　　(6)~(A→~B)　　　　　　　　　 (3)(5)~▫

②(A→ ~ B)→ ~ (A→B)

证:/(1)A→ ~ B　　　　　　　　　　　/
　//(2)A　　　　　　　　　　　　　　/
　　(3)A→B　　　　　　　　　　　　假设
　　(4) ~ B　　　　　　　　　　　　(1)(2)MP
　　(5)B　　　　　　　　　　　　　(2)(3)MP
　　(6) ~ (A→B)　　　　　　　　　(3)(5) ~ ▫

由上证可见,GM系统把亚里士多德等人推崇的、被经典逻辑拒于永真式门外、类如(A→B)→ ~ (A→ ~ B)、(A→ ~ B)→ ~ (A→B)的公式,请进了定理集的殿堂。实际上,在前面我们讨论GM定理的形式证明时,已经显示出GM的部分定理会是经典逻辑的非定理。例如,GM的自洽律 ~ (A→ ~ A),按实质蕴涵理论, ~ (A→ ~ A)等值于 ~ (~ A∨ ~ A)等值于A,真假未定。这说明,GM系统可能克服经典逻辑相对日常推理"推导过少"的缺陷。

此外,在讨论(A→B)的语义时,我们证明了((p→r)→s)∧ ~ p→s不是GM定理。这说明经典逻辑的部分定理,可能不是GM系统的定理,这意味着GM系统一方面可解决"实质蕴涵怪论"[❶]问题,另一方面也可解决经典逻辑"推导过多"的问题。

GM将原非经典逻辑的定理纳入自己的定理集,同时又将部分经典逻辑定理排除在自己的定理集之外,具有深刻的意义。这说明,GM系统与经典命题逻辑系统的定理集互不为子集,两个系统互不为子系统。其实,前面我们已经看到了经典逻辑相对于日常推理有效式有"推导过多"和"推导过少"的问题,如果GM与经典命题逻辑是包含关系,那么GM系统不是会落下"推导过多"的病根,就是会犯"推导过少"的错误。只有定理集在外延上与经典命题逻辑的定理集是交叉关系,GM才可能与日常推理有效式高度契合。这一点,通过第十章"GM系统映照下的实质蕴涵怪论",会体现得更加充分。

[❶] 下一章专题讨论系统GM映照下的实质蕴涵怪论问题,其结果是:一部分蕴涵怪论不是GM定理,另一部分仍是GM定理。

第十章　GM系统映照下的实质蕴涵怪论

在GM系统映照下,我们会惊讶但似乎又在意料之中发现,实质蕴涵怪论发生了重要分化:[1]一部分不再是GM系统的定理,另一部分仍然是GM的定理。问题是,排除的定理应该被排除吗?保留的定理应该保留吗?保留与排除的根本依据能得到日常思维或日常推理上,甚至哲学意义上的说明吗?

一、判为非定理的蕴涵怪论及其说明

第一章列出的那12个真正的"蕴涵怪论"中,不是GM定理的有7个:

① $(A \to B) \lor (B \to A)$

② $(A \land B \to C) \to (A \to C) \lor (B \to C)$

③ $\sim (A \to B) \longleftrightarrow (A \land \sim B)$

④ $\sim (A \to B) \to (B \to A)$

⑤ $(A \to B) \to (A \land \sim A \to B)$

⑥ $(A \to \sim A) \lor (\sim A \to A)$

⑦ $(A \lor B \to C) \to (A \to C) \land (B \to C)$

逐一分析如下。

① $(A \to B) \lor (B \to A)$ 不是GM定理之理据。

析证:假设 $(A \to B) \lor (B \to A)$ 在GM系统可证,即是说 $(A \to B) \lor (B \to A)$ 是永真式,则其否定 $\sim ((A \to B) \lor (B \to A))$ 是矛盾式,而 $\sim ((A \to B) \lor (B \to A))$ 等值于 $\sim (A \to B) \land \sim (B \to A)$ 是矛盾式。很显然, $\sim (A \to B)$ 与 $\sim (B \to A)$ 均是可满足式,如 $A \lor B$ 真即可能满足 $\sim (A \to B)$ 与 $\sim (B \to A)$。故 $(A \to B) \lor (B \to A)$ 不是GM的定理。

---

[1] 在本书第一章"蕴涵怪论的类型"中,我们得出结论:只有形式类"蕴涵怪论"中的第一种(在经典逻辑中是永真式,但在日常推理中看似不是有效式),才是真正的"蕴涵怪论"。本章重点讨论当时列出的12个真正的"蕴涵怪论"。

②(A∧B→C)→(A→C)∨(B→C)不是GM定理之理据。

析证:对各支命题作如下赋值:V(A)=V(~B),V(C)=1,则有V(A∧B→C)=0,而V(A→C)∨(B→C)=1[A与B总有其一与C同值,故(A→C)与(B→C)总有一个值为1],则V(A∧B→C)→(A→C)∨(B→C)=0(前件假后件真),故(A∧B→C)→(A→C)∨(B→C)不是GM的定理。

从日常思维来看,这一公式的逻辑谬误性也是不言而喻的。A和B同时为真,能蕴涵C的真,也就是说C的出现需要同时具备三个条件:第一,A条件存在;第二,B条件存在;第三,A、B两个条件同时存在,共同作用。显然,这并不意味着A条件单独出现,C就会出现,或者B条件单独出现了,C就会出现,因为A和B的单独出现,意味着A和B同时出现时所具备的共同作用即条件三并不存在。

如果我们要寻根到哲学上,那么A∧B可以只是数学意义上的简单相加,也可能是以要素的身份共同构成一个系统。马克思在研究生产协作时指出,协作把"许多力量融合为一个总的力量而产生新的力量"❶。他还援引一位经济学家的话说:"如果我们把数学上整体等于各部分的总和这一原理应用于我们的主题上,那就是错误的。"❷因此,整体具备的功能,要素不一定具有,而且往往不会具有,因为对于要素间要产生耦合性作用的系统来说,其整体性功能不是要素功能的机械相加,更不能是单独的要素能够具有。这正是(A∧B→C)→(A→C)∨(B→C)被人们拒斥的根源所在。

这也可以回答前面一个可能的疑问:(A→B)∧A≡(~A∨B)∧A中,"≡"两边能否同时去掉"∧A",即得到(A→B)≡(~A∨B)?显然,这是不可以的:"∧A"与不同的公式作用,虽然结果可能一样,但发挥的作用可能不同。

③~(A→B)⟷(A∧~B)不是GM定理之理据。

析证:~(A→B)是说A蕴涵B是假的,即蕴涵关系是假的。但这并不排除A、B之间可能存在其他关系(如反蕴涵关系、析取关系等)。A∧~B只有纯真值

---

❶ 中共中央马克思恩格斯列宁斯大林著作编译局.马克思恩格斯文集:第5卷[M].北京:人民出版社,2009:379.

❷ 中共中央马克思恩格斯列宁斯大林著作编译局.马克思恩格斯全集:第32卷[M].北京:人民出版社,2009:294.

函项性质,而 A→B 并非纯真值函项,但(A→B)的否定是不是纯真值函项的,我们无从可知。即使进入 GM 演算状态,也是由(A→B)≡(~A∨B)∧A 有~(A→B)≡((~A∨B)∧A)≡~A∨~B,与 A∧~B 相去甚远。所以~(A→B)⟷(A∧~B)不是 GM 系统的定理。

④ ~(A→B)→(B→A)不是 GM 定理之理据。

析证:从纯真值的角度看,~(A→B)真说明 A 与 B 必然一真一假,这样(B→A)也不可能真。其余分析参见上面对蕴涵怪论~(A→B)⟷(A∧~B)的分析,因为它们同涉理解~(A→B)的问题。

⑤(A→B)→(A∧~A→B)不是 GM 定理之理据。

析证:/(1)(A→B)∧(A∧~A)   /

只(1)这一步,GM 系统将停止推演。如日常推理在前提集假时,不再往下推理一样——除非是应用间接证明方式,否则 GM 系统不会假设一个明知为假(矛盾)的命题为真。但显然,这里将 A∧~A 设定为真,是想以其为前提作直接证明,而这一设定本身就是对前件真公理的误用(直接证明中,施用前件真公理的条件之一是:施用对象至少是主体认为是可能真的),故后面无论得到什么结论,都是靠不住的,也就没必要再往下推演了。另外,(1)行中对 A→B 合法地施用了前件真公理,在真值方面就要求 A、B 同真或同假。显然,当 B 为真时,A∧~A→B 必假,则整个蕴涵式(A→B)→(A∧~A→B)构成前件真后件假,当然取值只能为假。所以(A→B)→(A∧~A→B)不能是 GM 系统的定理。

日常推理对(A→B)→(A∧~A→B)处理方式一般是,去除前提集中(A→B)∧(A∧~A)显而易见的矛盾,即有(A→B)→B,但显然,后者亦非 GM 定理(除非前提集中增加 A 真为前提)。

⑥(A→~A)∨(~A→A)不是 GM 定理之理据。

这个析取式的两边任何一式为真,都与同一律"A→A"相矛盾。例如,假如有 A→~A 为真,会出现如下结果:

析证:(1)A→~A   假设
　　　/(2)A   (1)/
　　　(3)~A   (1)(2)MP

(4)A∧~A　　　　　　　　　　　　　(2)(3)∧₊

同理,若设~A→A也会导出矛盾。可见,(A→~A)∨(~A→A)不能是GM系统的定理。

⑦(A∨B→C)→(A→C)∧(B→C)不是GM定理之理据。

析证:/(1)(A∨B→C)　　　　　　　　/
　　//(2)A∨B　　　　　　　　　　（1)/
　　(3)C　　　　　　　　　　　　(1)(2)MP

显然,在三种情况下,即A真或B真或A、B皆真,均可得C真,而(A→C)∧(B→C)只有A、B皆真时才真。这一点通过前件真公理看得更加清楚:(A→C)∧(B→C)真必须设定A、B皆真,而A∨B→C真只能保证A、B任一为真,但不能保证A、B皆真。

⑧对第五章证明题H、G的说明。

证明题H:(1)p∧q→r　(2)(q→r)→s　(3)p　/∴s

析证:/(4)q　　　　　　　　　　　/
　　(5)p∧q　　　　　　　　　　(3)(4)∧₊
　　(6)r　　　　　　　　　　　(1)(5)MP
　　(7)q→r　　　　　　　　　　(4)(6)→₊
　　(8)s　　　　　　　　　　　(3)(7)MP
　　(9)q→s　　　　　　　　　　/₋

(9)q→s行清楚地表明,在(p∧q→r)∧((q→r)→s)∧p真时,s的真假取决于q的真值,如果q真,则s真,但q假时s真假不定。从以上形式证明可见,前提集无法证明q的真假,故s真假值不定,这也与日常推理相一致。所以(p∧q→r)∧(q→r)→s∧p→s不是GM的定理。

证明题G:(1)(p→r)→s　(2)~p　/∴s

证:(3)~s　　　　　　　　　　　假设
　(4)~(p→r)　　　　　　　　　(1)(3)HT

可见,假设s假,只能得到p→r假,这说明p对r的关系,是除蕴涵关系外的其他关系或没有关系,所以p的真假对r和s的值无关紧要。换言之,假设s假,我们也存在一个赋值使前提集公式为真。故(p→r)→s∧~p→s不是GM的定理。

二、判为定理的蕴涵怪论的证明及其意义

第一章列出的12个真正的"蕴涵怪论"中,是GM定理的有5个:

①A→(B→A)

②A∧~A→B

③B→(A∨~A)

④~A→(A→B)

⑤A→(B→B)

下面具体说明。

①A→(B→A)的证明及其意义。

证法一:/(1)A∧B　　　　　　　　　　/
　　　　（2)A　　　　　　　　　　(1)∧_　□

证法二:/(1)A　　　　　　　　　　　/
　　　　//(2)B　　　　　　　　　　/
　　　　（3)A　　　　　　　　　　(1)
　　　　（4)B→A　　　　　　　　　(2)(3)/_
　　　　（5)A→(B→A)　　　　　　(1)(4)/_　□

证法一、证法二均说明A→(B→A)是GM系统的定理。但有人或许会提出疑问:证法二中(3)行A是通过(1)得到,同(2)无关,因此B的真假与A的真假无关,即B可真可假,似乎GM并没有去除怪论A→(B→A)之怪味。❶

的确,在日常推理中,如果我们得到了A真,也不会再去求证A真,正如证法一。此时,B似乎是可有可无甚至累赘的东西,更不用说其真假了。但是就推演和论证而言,就证明A→(B→A)或者说我们所研究的对象而言,证法二通过(1)(3)只能得到A→A。必须通过//(2)B/,我们才能得到(5)A→(B→A)。可见,A→

---

❶ 对该公式传统的解读是:真命题为一切命题所蕴涵。其实,即使在实质蕴涵的眼界下,这也是一种误读。对此,何向东、袁正校先生也进行了较深入、中肯的批判。[袁正校,何向东.实质蕴涵"怪论"新探[J].自然辩证法研究,1997(13增刊).]

(B→A)中的 B 不再是一切命题,而是一个遵照前件真承诺规则、必须设定为真的命题。这样才能从形式和程序上得出关于 A→(B→A)中作为结论的(B→A)真。

如果我们对 A 进行赋值,这一点将看得更清楚:若赋值作为前件的 A=1 时,A→(B→A)要为真,则必须有 B=1;若赋值作为后件的 A=0 时,A→(B→A)要为真,则亦必须有 B=1。如果以日常蕴涵直接解读 A→(B→A),即是:若设定作为前件的 A 真,那么必须要为其设定一个真命题集 B(可以是知识系统、信念命题等),才能下结论说作为后件的 A 是真的;如果设定作为后件的 A 假,那么同样必须为其设定一个真命题集 B(亦可以是知识系统、信念命题等),然后才能下结论说,作为前件的 A 是假的。因此,GM 系统下的 A→(B→A)的意义应该解读为:假定一个命题是真的,那么它必有判定其为真的真命题集合作为理由和依据——即使这些作为理由和依据的命题集是假设为真的;同样,假定一个命题是假的,那么它必有判定其为假的真命题集合作为理由和依据——即使这些作为理由和依据的命题集是假设为真的。其中心思想恰恰就是我们传统逻辑中的充足理由律:任何判断必须有(充足)理由,任何事物都有它之所以如此真(假)的理由。这说明,A→(B→A)的意义不是别的,正是充足理由律在逻辑系统中的鲜明表达。这也似乎印证了"存在即合理"的哲学名言和蒯因在《经验主义的两个教条》中所强调的"单个语句不能孤立地接受经验的检验"的整体论学说。❶同时,这也与前面我们关于真的讨论一脉相承:任何真都是不孤立的,总是相对于一定的认知系统的真。由此可见,虽然 GM 的许多蕴涵式定理与经典命题逻辑在形式上一样,但其含义却可能有所差异,甚至大相径庭。在 GM 的解释下,A→(B→A)何"怪"之有?其意义可以说正是"具体的真总是相对(领域)的真""具体真理总是相对(系统)的真理"这一哲学思想的逻辑表达式。

附带说一句,要注意 A→(B→A)与(A→B)→A 的区别,后者不是 GM 定理。对(A→B)→A 析证如下:

/(1) A→B   /

---

❶ 这与条件句共同支撑理论代表人物古德曼的主要想法有相当的契合性。他提出:虚拟条件句 A>B 为真,当且仅当 A 和某个真语句的集合 S 及一些规则共同蕴涵 B。

/ /（2）A　　　　　　　　　　　　　　　（1）/
　　（3）B　　　　　　　　　　　　　　　　（1）(2)∨₋

于是我们只能得到(A→B)→(A→B)而得不到(A→B)→A。实际上，(A→B)→A不是GM系统定理，这从前件真公理就可以判明。在前件真公理(A→B)→/A中，第二个A在(A→B)真的条件下只是设定真(实际是真假未定)，而(A→B)→A中，第二个A在(A→B)真的条件下不是因设定而真(实际是真假已定)。

②A∧~A→B的证明及其意义。

有形式证明：

A∧~A→B

证：/（1）A∧~A　　　　　　　　　　　　　/
　　（2）A　　　　　　　　　　　　　　　（1）∧₋
　　（3）A∨B　　　　　　　　　　　　　（2）∨₊
　　（4）~A　　　　　　　　　　　　　　（1）∧₋
　　（5）B　　　　　　　　　　　　　　　（3)(4)∨₋
　　（6）A∧~A→B　　　　　　　　　　　（1)(5)/₊　□

似乎A∧~A→B是GM系统中的定理，这是不是意味着"矛盾命题蕴涵一切命题"的怪论又回来了？其实，上述形式证明的分析还应当有更全面的过程：

A∧~A→B

证：/（1）A∧~A　　　　　　　　　　　　　/
　　（2）A　　　　　　　　　　　　　　　（1）∧₋
　　（3）A∨B　　　　　　　　　　　　　（2）∨₊
　　（4）~A　　　　　　　　　　　　　　（1）∧₋
　　（5）B　　　　　　　　　　　　　　　（3)(4)∨₋
　　（6）A∨~B　　　　　　　　　　　　（2）∨₊
　　（7）~B　　　　　　　　　　　　　　（4)(6)∨₋
　　（8）B∧~B　　　　　　　　　　　　（5)(7)∧₊
　　（9）~(A∧~A)　　　　　　　　　　　（1)(7)~
　　（10）A∨~A　　　　　　　　　　　　（9）∧def

上述证明过程揭示,将A∧~A这样的矛盾命题或者假命题作为前提或假设为真,一定会导出矛盾。A∧~A→B只不过是(A∧~A)→(B∧~B)意义的部分表达,是不完整的表达式。如果只看到A∧~A→B是定理,而没看到A∧~A→~B同样是定理,那么就是只听片面之词,会犯断章取义的错误。

但以上证明和析证会引发一个疑问:这不是与日常蕴涵相矛盾吗? 日常蕴涵是说:真命题蕴涵真命题,假命题反蕴涵假命题,除此无所谓蕴涵。而A∧~A→B和(A∧~A)→(B∧~B)却是以A∧~A这个矛盾命题去"蕴涵"而不是"反蕴涵"B和(B∧~B),如何解释?

其实,通过上面证明/(1)A∧~A,很容易明白问题所在,即我们对A∧~A→B中永假的A∧~A这个前件企图通过直接证明的途径,而施用了前件真公理。如前所言,这是日常蕴涵理论不允许的。但是,这在技术操作层面上却是无可避免的:面对纷繁的世界,我们如何得知前提中有没有隐含着假命题甚至矛盾命题? 如果推演过程没有错误,而又出现了假的或矛盾的结论,日常思维会怎么做? 试析一个有名的论证如下。

前提:(1)我是超人,我会飞。(2)超人是我,我不会飞。

结论:(3)我既会飞又不会飞。

一开始,人们可能并没有从前提(1)(2)中发现矛盾,但一旦逻辑地得到矛盾时,觉知(1)(2)有假或矛盾,日常思维便中止推理。当然,也不排除有人会继续推理下去,比如前面说到的罗素证明"罗素和某主教是一个人"的例子,他前面明明得到"4=5"的矛盾,却不停止推论,继续前进的结果果然是"罗素和某主教是一个人"(谁认为这个命题是真的呢? 包括罗素本人)。❶但是,抛开罗素别有用

---

❶ 莫绍揆先生曾评说罗素这个证明:"这是不是一个笑话呢? 是,又不是。因为在推导过程中凡是已知为真的定理都可使用,如今添入一个假命题,这个假命题和无数个真命题相配合后,自然会得到相当多的命题,得到好些意想不到的命题。"(莫绍揆. 数理逻辑初步[M]. 上海:上海人民出版社,1980:76.)莫先生这段话是极富有深意的。如果我们听任罗素这样的推理,那么在日常思维看来就是个笑话。不过,罗素的推理在经典逻辑看来,又是正确的。但是,逻辑愿意接受"假命题和真命题配合推理"吗? 愿意这样得到"相当多的命题"吗? 什么是意想不到的命题? 笔者猜想莫先生所指包括"罗素和大主教是两个人、三个人……一万个人……甚至无穷多个人,都是成立的"!

心和开玩笑这些题外话不论,其将矛盾作为前提向下推论(只要推演正确),结果也必然是矛盾的、荒谬的。

与上述日常思维和日常推理相类似,如果GM系统判断到推演中出现矛盾或有假时,也会中止推演,更不会施用前件真公理——除非证明方式发生转向性变化:由直接证明转变为间接证明。此时,证明的思路已经是企图通过结论来说明前提的情况,这实际也是日常蕴涵"假命题反蕴涵假命题"的思想的运用——这也是反证法和归谬法的精神之所在。可见,$A \wedge \sim A \to B$和$(A \wedge \sim A) \to (B \wedge \sim B)$与日常蕴涵并不矛盾,而恰恰是日常蕴涵的体现和印证,其根子就在于反证法公理。

上述分析也警告我们,设定是可错的:设定某个前提为真,可能这个设定并不成立。因此更加安全保险的方式是:还要考察证明得到的结果的逆命题能否与前提集相容,以此判断结果是否有效。这一过程,不妨称为"证明的验算"。

③ $B \to A \vee \sim A$的证明及其意义。

$A \wedge \sim A \to B$假言易位即有:$\sim B \to A \vee \sim A$,故略去其形式证明。另外,与$A \wedge \sim A \to B$相类似,我们还可得到$B \to A \vee \sim A$。此时有:第一,$B \wedge \sim B \to A \vee \sim A$,这即是$A \wedge \sim A \to B$的特殊情况,讨论如上;第二,$\sim B \vee B \to A \vee \sim A$,此时前件$\sim B \vee B$永真,后件$A \vee \sim A$永真,符合日常蕴涵"真前件蕴涵真后件"内涵,所以$\sim B \vee B \to A \vee \sim A$真。故$\sim B \to A \vee \sim A$和$\sim B \vee B \to A \vee \sim A$就是"真命题蕴涵真命题"。

对于$\sim B \vee B \to A \vee \sim A$是"真命题蕴涵真命题"容易理解,但$\sim B \to A \vee \sim A$怎么也成了"真命题蕴涵真命题"呢? $\sim B$一定真吗?回答是:$\sim B$一定真,因为根据前件真公理,$\sim B$是必然设定为真的。同理,在$B \to A \vee \sim A$中,B也是必然设定为真的。故有,无论其他命题B是真是假,$A \vee \sim A$这样的永真式均恒真——其真来源于逻辑系统本身的公理性设定,不受系统内其他命题真假的影响。这也与日常思维的理解保持了良好的契合性和一致性。

④ $\sim A \to (A \to B)$的证明及其意义。

$\sim A \to (A \to B)$也是GM的定理。可直接对$\sim A \to (A \to B)$应用移入律即可得到$A \wedge \sim A \to B$,于是对$\sim A \to (A \to B)$的分析论证说明转化为对$A \wedge \sim A \to B$的分析论证说明,故不再赘述。

⑤ A→(B→B)的证明及其意义。

证：/(1) A∧B
　　(2) B　　　　　　　　　　　　　　(1)∧₋　□

可见，A→(B→B)亦是 GM 系统的定理。显然，由于前件真公理，其中的 A 必然为真。而如果我们以后件为起点考虑整个蕴涵式，由于 B→B 是同一律的表达式，恒真，故不可能有前件假的情况，因此 A 也不可能假。另一方面，我们比较一下 A→(B→B) 和 B→A∨~A 两个蕴涵式子的后件，容易发现，二者的后件均是永真式，故对 A→(B→B) 的其他分析可以借助于 B→A∨~A 的分析论证，不再赘述。

被 GM 判定为定理的蕴涵怪论似乎有三个特点。

第一，均有两个公式。其中一个公式出现一次，另一公式出现两次。

第二，出现两次的公式之间直接或间接地构成矛盾式或永真式，出现一次的公式只能要么是真命题，要么是假命题，并且必须符合"真命题蕴涵真命题，假命题反蕴涵假命题"的原则。

第三，整个公式可能是前后件同为矛盾式或永真式的定理公式的不完全表达，如 A∧~A→B 是 (A∧~A)→(B∧~B) 的不完全表达。

三、再次简评实质蕴涵怪论

我们看到，在 GM 系统的映照下，蕴涵怪论发生了分流。类如 (A∧B→C)→(A→C)∨(B→C)、(A→B)∨(B→A) 等原来经典命题逻辑的定理不再是定理，而类如 A∧~A→B、A→(B→A) 还是定理。不可否认，蕴涵怪论中，有的的确是日常推理的有效形式，只不过以前按照经典逻辑解释，人们以之为怪罢了；但有的不仅仅与人们日常思维相悖那么简单，它们的确不能构成日常推理的有效形式。可见，蕴涵怪论中"既有稻谷又有沙子"：全部倒掉吧，"稻谷"怎么办？全部保留吧，"沙子"怎么办？所以，对蕴涵怪论既不能全盘肯定，也不能全盘否定。

而对实质蕴涵的拥护方或否定方常常各执一端，要么认为怪论都不怪，都是"稻谷"，要么认为怪论都很怪，全是"沙子"。这一点，可以从他们争论中常用的例证可见：拥护方常用的例子是 A∧~A→B、A→(B→A) 类，而否定方常用的例子是$(A \land B \to C) \to (A \to C) \lor (B \to C)$、$(A \to B) \lor (B \to A)$类。正是因为蕴涵怪论是"鱼目混珠、泥沙俱下",时而不能用,时而又用得上,但又没有一个哪个可用,哪个不可用的具体可行、严谨实用的标准,加上按照经典逻辑的解释,蕴涵怪论"怪味"自然难除。于是,面对经典逻辑,日常推理要么晕头转向,要么敬而远之。"蕴涵怪论的判别既无语形学标准,又无语义学标准,这样在逻辑学的领域内就没有任何科学标准可言"。[1]或许正是因为我们一直没有判断什么是"稻谷"、什么是"沙子"的严格标准(没有找寻到符合日常思维和日常推理的逻辑系统之前,这一标准是无法提供的),蕴涵怪论才成为一桩久拖不决的"无头公案"。GM系统的出现,为解决这一难题提供了一个明晰、确定、具体可行、严谨实用的系统性标准,从而可能结束"蕴涵怪论"这桩久拖不决的"官司"。

---

[1] 程仲棠.关于蕴涵怪论及其反例[J].学术研究,2011(8):13.

第十一章　一阶谓词逻辑 W

众所周知,经典谓词逻辑是以经典命题逻辑为基础建立起来的。那么,能否以命题逻辑 GM 为基础,构建相应的一阶谓词逻辑(不妨命名为 W)？蕴涵怪论会在 W 中卷土重来吗？W 有什么显著特点？能弥补经典谓词逻辑相对传统词项逻辑脱节、冲突的遗憾吗？尤其部分直言命题推理、三段论推理在传统词项逻辑中有效,而在经典谓词逻辑中无效的问题,W 能解决吗？如何解决的？解决得合乎日常推理的要求吗？W 的一致性和完全性可证吗？下面,我们将围绕这些问题开展探索。

一、W 的语法

(一)语言

1. 初始符号

(1) GM 的符号。

(2) 经典谓词逻辑在经典命题逻辑基础上增加的符号,包括个体常元、变元、函数符号、谓词变项及量词和等词等。❶

2. 形成规则

(1) GM 的合式公式。

(2) 经典谓词逻辑在经典命题逻辑基础上增加的合式公式,包括量词及等词公式等。

3. 定义

(1) GM 的定义。

(2) 经典谓词逻辑关于存在量词与全称量词的定义。

---

❶ 可参见杜国平《经典逻辑和非经典逻辑》、宋文淦《符号逻辑基础》等教程,下同。

(二)公理

①GM 的公理。

②∃x(A→B)→∃xA(个体存在公理)

本公理是说：如果"存在 x，如果 x 是 A，那么 x 是 B"，则必须存在个体 x 并且 x 是 A。这实际是日常推理中"前件真承诺"和前件真公理在谓词逻辑中的再表达。为什么我们不把个体存在公理写成：∃x(A→B)→/∃xA 形式呢？即设定 ∃xA 真。表面上，这种想法是合理的，似乎更直接地符合"前件真承诺"的精神。但如果我们进一步思考，就会发现，这一设定其实是架屋叠床了。正如前述，在日常思维中，人们用"若，则"句，是在假设了"若"子句为真的前提下，再考察"则"子句真假问题。而假设了"若"子句为真，即是蕴涵假设了有对象存在"若"子句的情况。从逻辑系统内论，在 ∃x(A→B) 中，前件真公理当然要求必须有 x 是 A 是成立的。对此简析有：根据前件真公理，必然有 ∃x(A→B) 真，意即在论域中存在这样的 x(比如说指派个体 u)，而且 u 具有 A 性质，蕴涵着 u 也具有 B 性质，公式表示为：Au→Bu。根据前件真公理，即有设定 Au 为真，由存在量词规则即有 ∃xA(注意，这里的 ∃xA 是由前件真公理设定 Au 为真而得，故本身不必再行设定为真)。所以，我们没有必要把个体存在公理设计为 ∃x(A→B)→/∃xA。这也符合一般哲学(特别是本体论承诺)的思想：我们说某事物(性质)存在时，自然承诺了其事物(性质)非空。可见，个体存在公理实质是前件真公理在谓词逻辑中的自然延伸。这一点，也是与传统词项逻辑一致的：整个词项逻辑推理实质上存在一个预设，即主项非空——在传统逻辑看来，主项为空，则讨论缺乏意义。另外，从词典释义、语法专著及语料库中大量的例子来看，若非特殊目的，人们在交流中使用自然语言中的"所有"和"有的"时，的确均共同承认主项存在，否则将就主项存在与否先行讨论，在未就主项达成"存在"的共识之前，是不会讨论主项的"所有"和"有的"等问题的。可见，个体存在公理词正理直。

③经典一阶谓词逻辑关于量词和等词的公理。

(三)变形规则

①GM 的变形规则。

②经典谓词逻辑中的概括规则。

二、W 定理的证明

限于篇幅和主旨,我们仅对一些 W 基本定理予以形式证明。

定理 1　$\forall x(A \to B) \to \exists x(A \to B)$

证:/(1)$\forall x(A \to B)$　　　　　　　　　　　/
　　(2)$A \to B$　　　　　　　　　　　　　(1)$\forall_-$
　　(3)$\exists x(A \to B)$　　　　　　　　　　　(2)$\exists_+$　□

定理 2　$\forall x(A \to B) \to \exists xA$

证:(1)$\forall x(A \to B) \to \exists x(A \to B)$　　　　定理 1
　　(2)$\exists x(A \to B) \to \exists xA$　　　　　　(个体存在公理)
　　(3)$\forall x(A \to B) \to \exists xA$　　　　　　(1)(3)HS　□

本定理是说:对所有的 x 来说,如果 x 是 A,那么 x 是 B,则必须存在着 x 并且 x 是 A。这实际上也是日常推理中"前件真承诺"和 GM 系统前件真公理在谓词逻辑中的再表达和自然延伸。这样,对 $\forall x(A \to B)$ 与 $\exists x(A \to B)$,我们均可以得到 $\exists xA$。对此简析有:根据前件真公理,必然有 $\forall x(A \to B)$ 真,意即在论域中所有的 x(比如说指派个体 u),而且 u 具有 A 性质,蕴涵着 u 也具有 B 性质,公式表示为:$Au \to Bu$。根据前件真公理,即有设定 Au 为真,由存在量词规则即有 $\exists xA$。故有 $\forall x(A \to B) \to \exists xA$。

定理 3　$\vdash A(x/t) \to \exists xA$

证:/(1)$A(x/t)$　　　　　　　　　　　　/
　　(2)$\sim \exists xA$　　　　　　　　　　　　假设
　　(3)$\forall x \sim A$　　　　　　　　　　　　(2)
　　(4)$\sim A(x/t)$　　　　　　　　　　　　(3)$\forall_-$
　　(5)$A(x/t)$　　　　　　　　　　　　　(1)

(6)∃xA ~ - □

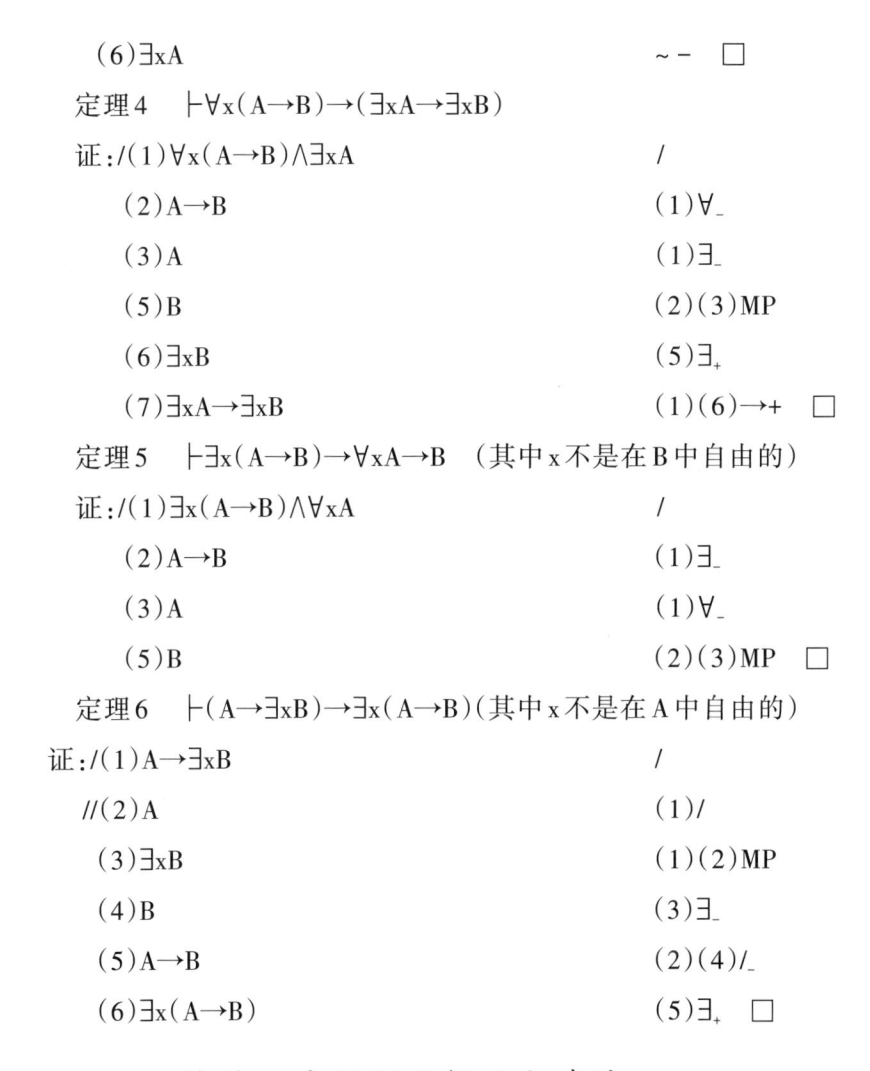

定理4　⊢∀x(A→B)→(∃xA→∃xB)

证:/(1)∀x(A→B)∧∃xA　　　　　　　　　/
　　(2)A→B　　　　　　　　　　　　　(1)∀₋
　　(3)A　　　　　　　　　　　　　　　(1)∃₋
　　(5)B　　　　　　　　　　　　　　　(2)(3)MP
　　(6)∃xB　　　　　　　　　　　　　　(5)∃₊
　　(7)∃xA→∃xB　　　　　　　　　　　(1)(6)→₊　□

定理5　⊢∃x(A→B)→∀xA→B　（其中x不是在B中自由的）

证:/(1)∃x(A→B)∧∀xA　　　　　　　　/
　　(2)A→B　　　　　　　　　　　　　(1)∃₋
　　(3)A　　　　　　　　　　　　　　　(1)∀₋
　　(5)B　　　　　　　　　　　　　　　(2)(3)MP　□

定理6　⊢(A→∃xB)→∃x(A→B)（其中x不是在A中自由的）

证:/(1)A→∃xB　　　　　　　　　　　　/
　//(2)A　　　　　　　　　　　　　　　(1)/
　　(3)∃xB　　　　　　　　　　　　　　(1)(2)MP
　　(4)B　　　　　　　　　　　　　　　(3)∃₋
　　(5)A→B　　　　　　　　　　　　　(2)(4)/₋
　　(6)∃x(A→B)　　　　　　　　　　　(5)∃₊　□

三、W可弥补经典谓词逻辑两大遗憾

前面说到,经典谓词逻辑与传统词项逻辑是脱节的,这集中体现在经典逻辑的两大遗憾上:一是对全称命题和特称命题,经典逻辑公式化时,没能保持二者在传统逻辑和自然语言中的结构一致性;二是部分直言命题推理、三段论推理在传统词项逻辑中有效,而在经典谓词逻辑中无效。这两大遗憾,一阶谓词逻辑W能弥补吗?弥补得如何呢?

(一) W 可保持全、特称命题公式化结构一致

这里需要回答一个经典逻辑语焉不详的问题：全、特称命题和"若，则"（蕴涵）到底是什么关系？我们对比一下若"若 A 则 B"关于 A、B 真假关系的图示（图 11-1）[S1 为 A 真的区域，S2（含 S1）为 B 真的区域] 和 SAP 的文恩图（Venn Diagram）（图 11-2）。

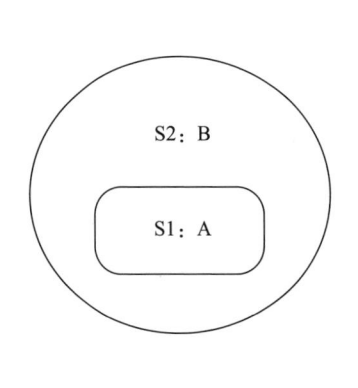

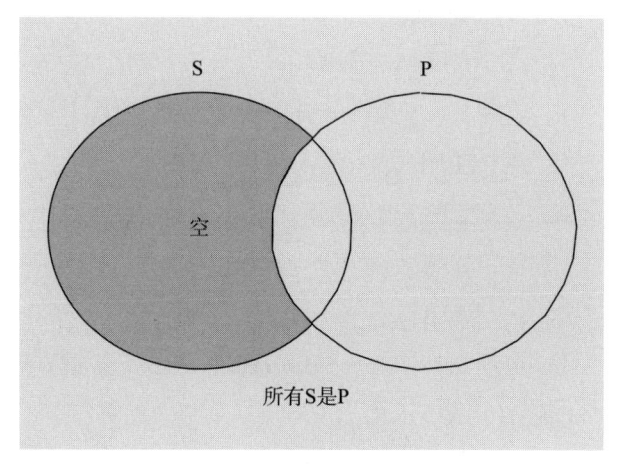

图 11-1 "若 A 则 B"外延示意图　　图 11-2 SAP 的文恩图

"若 A 则 B"的 A 保值 B 真，但保值的范围仅限于 A、B 都是真的、重合的区域，而对于该区域之外的 B 真假值情况并无言说。特别的，如果 B 真的区域就等于 A 真的区域，那么 A 等值 B。SAP 保证 S 的元素也是 P 的元素，此时，被说明的元素均在 S、P 重合区域内，而对于该区域外 P 的其他元素的情况并无言说。特别的，如果 P 的元素与 S 的元素相同，那么 S 等同 P。可见，"若 A 则 B"和 SAP 有非常密切的关系，如果以外延论，二者表示的就是同一意思，只不过"若 A 则 B"（A、B 可看作两集合）是在集合层面论，SAP 则深入集合中的元素层面论。正因为 SAP 与"若，则"的逻辑意义在根本上是一致的，所以它可以用蕴涵式表示。

实际上，以外延论，命题逻辑只能刻画集合（概念）间的关系，对集合内部的元素的刻画无能为力。正是因为对"有些 S 是 P"这样常用的逻辑结构，命题逻辑

无法刻画到S、P中的元素,无法处理"有些"这一量词,人们才发展出词项逻辑、谓词逻辑,以刻画不同集合中彼此的元素关系,从而进一步刻画这些集合间关系。那么,"有些S是P"可以用"若,则"表示吗?其实,"全部S是P"是"有些S是P"的特殊情形。在日常语言里,"有些S是P"完全可以用"若,则"表达:如果有些元素属于S,那么这些元素就属于P(即S、P的部分元素是重合的)。因此,既然SAP在谓词逻辑用蕴涵式表示,那么SIP完全可以、也应该同SAP一样,在谓词逻辑用蕴涵式表示。

因此,在以日常蕴涵理论为重要基石的W中,与"所有的S是P"表示成$\forall x(Sx \to Px)$相似,"有些S是P"很自然地表示为$\exists x(Sx \to Px)$。同时,由于个体存在公理的存在,保证了Sx可以为真。于是,在W中:

SAP表示为:$\forall x(Sx \to Px)$;

SEP表示为:$\forall x(Sx \to \sim Px)$;

SIP表示为:$\exists x(Sx \to Px)$;

SOP表示为:$\exists x(Sx \to \sim Px)$;

并非SAP表示为:$\sim \forall x(Sx \to Px)$即$\exists x(Sx \to \sim Px)$;

并非SEP表示为:$\sim \forall x(Sx \to \sim Px)$即$\exists x(Sx \to Px)$;

并非SIP表示为:$\sim \exists x(Sx \to Px)$即$\forall x(Sx \to \sim Px)$;

并非SOP表示为:$\sim \exists x(Sx \to \sim Px)$即$\forall x(Sx \to Px)$。

这样,全称命题和特称命题在W中的公式化,保持了二者在自然语言和传统逻辑中的结构一致性。

那么,SIP在经典逻辑中形式化为$\exists x(Sx \land Px)$,在W中形式化为$\exists x(Sx \to Px)$,这两个公式到底是什么关系?回答是:二者互蕴涵而不等值。

先证$\exists x(Sx \to Px) \to \exists x(Sx \land Px)$

  /(1)$\exists x(Sx \to Px)$ /

  (2)$Sx \to Px$ (1)$\exists_-$

  (3)$\exists xSx$ (1)个体存在公理 MP

  (4)Sx (3)$\exists_-$

  (5)Px (2)(4)MP

(6)Sx∧Px　　　　　　　　　　　(3)(4)∧₊

(7)∃x(Sx∧Px)　　　　　　　　　(5)∃₊　□

再证∃x(Sx∧Px)→∃x(Sx→Px)

/(1)∃x(Sx∧Px)　　　　　　　　　/

(2)Sx∧Px　　　　　　　　　　(1)∃₋

(3)Sx→Px　　　　　　　　　　(2)→₊

(4)∃x(Sx→Px)　　　　　　　　(3)∃₊　□

于是有∃x(Sx→Px)⟷∃x(Sx∧Px)。因此,若∃x(Sx→Px)和∃x(Sx∧Px)中,任中一个为真,则二者才能等值。在这里,我们可以清楚地看到"有些S是P"及其经典逻辑表达式∃x(Sx∧Px)之间在真值上的同与异。

其实,稍前我们说"'有些S是P'完全可以用'若,则'表达:如果有些元素属于S,那么这些元素就属于P(即S、P的部分元素是重合的)"时,已暗含着二者的区别:∃x(Sx∧Px)只是静态地刻画了S、P元素的重合情况,如一张照片;而∃x(Sx→Px)动态地刻画了S、P元素间的推演情况,是动画。附带提一句,在逻辑演算中,因为前件真公理的存在,已经"潜在"地刻画了"蕴涵"的推演动作,故而不但有∃x(Sx→Px)⟷∃x(Sx∧Px),还可以有∃x(Sx→Px)≡∃x(Sx∧Px)。

(二)传统(词项)逻辑的有效式均W可证

我们看到,W对全称命题和特称命题公式化时,保持了二者在自然语言和传统逻辑中的结构一致性。但这是否也会破坏日常推理形式的有效性?能否弥补上述经典谓词逻辑的遗憾二:部分直言命题推理、三段论推理在传统词项逻辑中有效,而在经典谓词逻辑中无效?下面,我们紧扣这个问题,具体考察传统词项逻辑中,直言命题对当关系及变形推理有效式在W中的有效性问题。

甲:对当关系。

第一类:A—E之间的反对关系,可以进行由真推假的推理,包括两种有效式:一是SAP→并非SEP;二是SEP→并非SAP。

①∀x(Sx→Px)→~∀x(Sx→~Px)

证:/(1)∀x(Sx→Px)　　　　　　　　　/

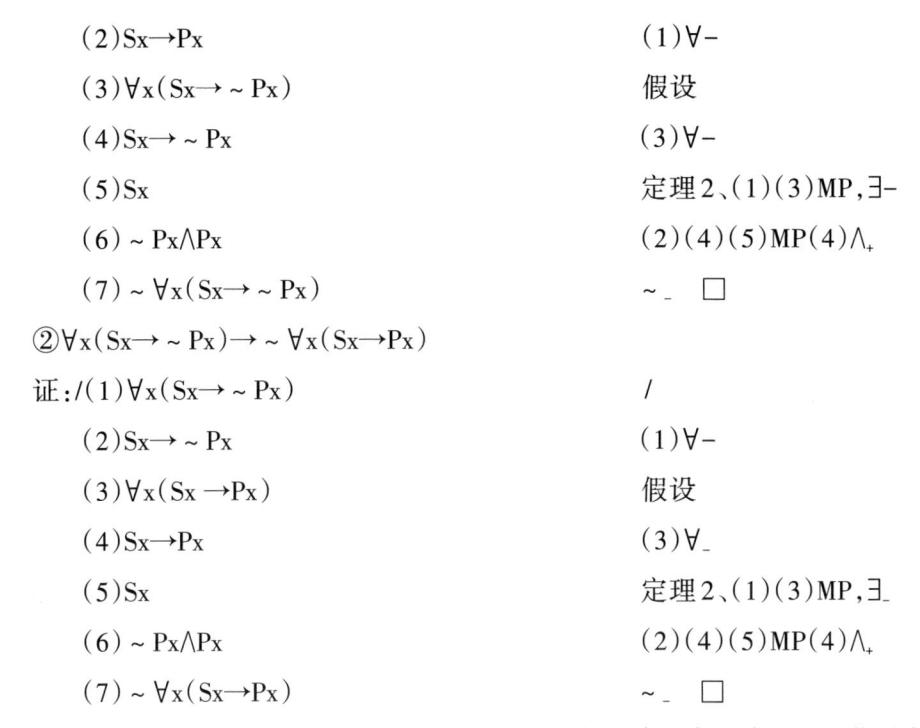

(2) Sx→Px　　　　　　　　　　(1) ∀-
(3) ∀x(Sx→~Px)　　　　　　　假设
(4) Sx→~Px　　　　　　　　　(3) ∀-
(5) Sx　　　　　　　　　　　　定理2、(1)(3)MP,∃-
(6) ~Px∧Px　　　　　　　　　(2)(4)(5)MP(4)∧₊
(7) ~∀x(Sx→~Px)　　　　　　~₋　□

②∀x(Sx→~Px)→~∀x(Sx→Px)
证:/(1) ∀x(Sx→~Px)　　　　　/
(2) Sx→~Px　　　　　　　　　(1) ∀-
(3) ∀x(Sx→Px)　　　　　　　假设
(4) Sx→Px　　　　　　　　　 (3) ∀-
(5) Sx　　　　　　　　　　　　定理2、(1)(3)MP,∃-
(6) ~Px∧Px　　　　　　　　　(2)(4)(5)MP(4)∧₊
(7) ~∀x(Sx→Px)　　　　　　 ~₋　□

第二类:A—O、E—I之间的矛盾关系,可以进行由真到假的推理,也能进行由假到真的推理,包括如下有效式:

一是SAP⟷并非SOP;二是SEP⟷并非SIP;三是SIP⟷并非SEP;四是SOP⟷并非SAP。

以上有效式的W形式证明较为直观(经典逻辑也承认对当关系中A—O、E—I矛盾关系可证),证明略。

第三类:A—I、E—O之间的差等(蕴涵)关系,可以由前者真推出后者为真,也能由后者假推出前者为假,包括如下有效式:

一是SAP→SIP;二是SEP→SOP;三是并非SIP→并非SAP;四是并非SOP→并非SEP。

以上形式证明参见定理1及第一类反对关系的证明,不再赘证。

第四类:I—O之间的下反对关系,可以进行由假到真的推理,包括如下有效式:

一是并非SIP→SOP;二是并非SOP→SIP。

① ~∃x(Sx→Px)→∃x(Sx→ ~Px)

证:/(1) ~∃x(Sx→Px)　　　　　　　　　/
　　(2)∀x(Sx→ ~Px)　　　　　　　　(1)
　　(3)Sx→ ~Px　　　　　　　　　　(2)∀_
　　(4)∃x(Sx→ ~Px)　　　　　　　　(3)∃_+　□

② ~∃x(Sx→ ~Px)→∃x(Sx→Px)

证:/(1) ~∃x(Sx→ ~Px)　　　　　　　/
　　(2)∀x(Sx→Px)　　　　　　　　　(1)
　　(3)Sx→Px　　　　　　　　　　　(2)∀_
　　(4)∃x(Sx→Px)　　　　　　　　　(3)∃_+　□

乙:变形推理。

第一类:换质法有效式,主要包括:一是SAP⟷SE~P;二是SEP⟷SA~P;三是SIP⟷SO~P;四是SOP⟷SI~P。即是证:

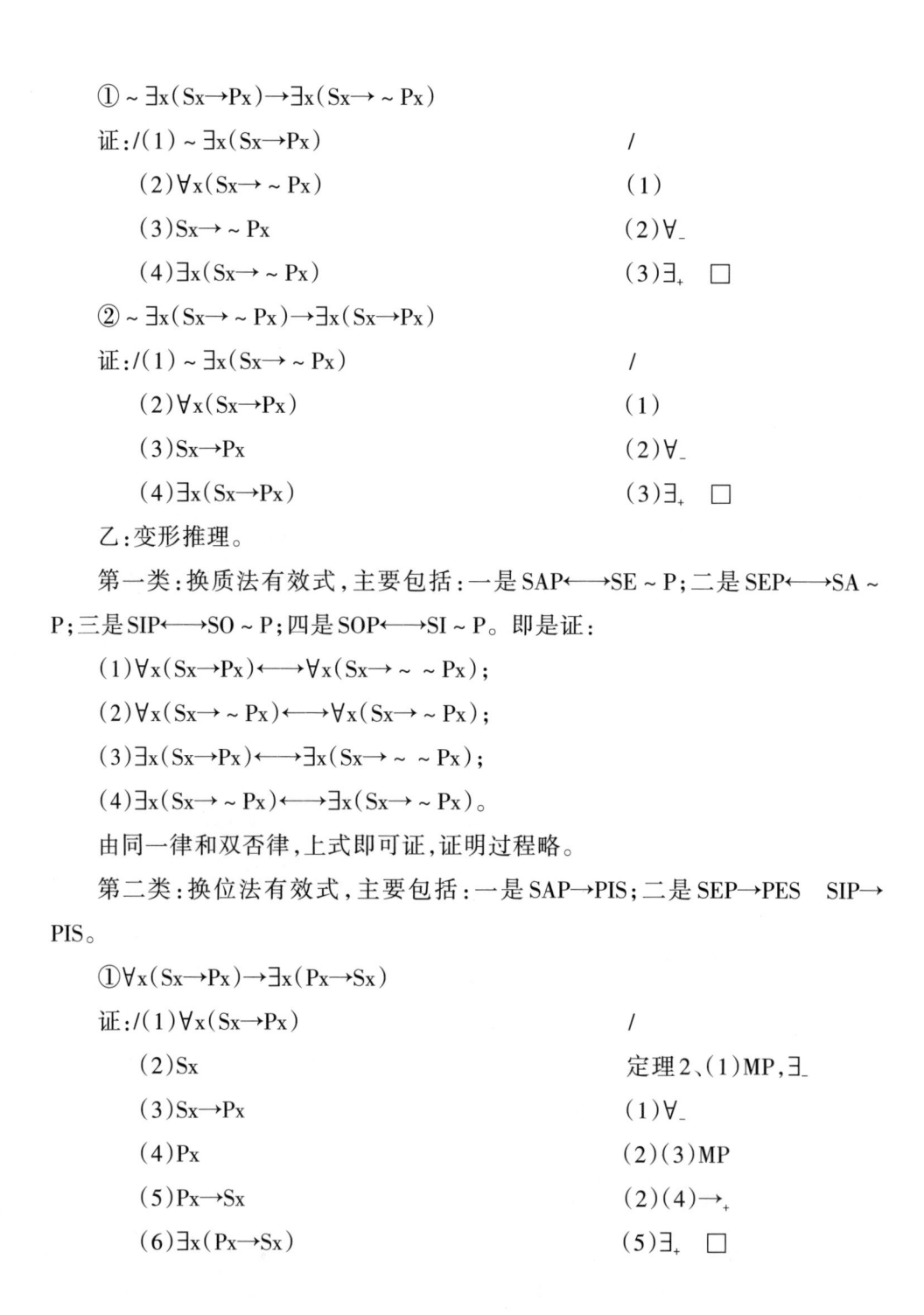

(1)∀x(Sx→Px)⟷∀x(Sx→ ~ ~Px);
(2)∀x(Sx→ ~Px)⟷∀x(Sx→ ~Px);
(3)∃x(Sx→Px)⟷∃x(Sx→ ~ ~Px);
(4)∃x(Sx→ ~Px)⟷∃x(Sx→ ~Px)。

由同一律和双否律,上式即可证,证明过程略。

第二类:换位法有效式,主要包括:一是SAP→PIS;二是SEP→PES　SIP→PIS。

①∀x(Sx→Px)→∃x(Px→Sx)

证:/(1)∀x(Sx→Px)　　　　　　　　/
　　(2)Sx　　　　　　　　　　　　定理2、(1)MP,∃_
　　(3)Sx→Px　　　　　　　　　　(1)∀_
　　(4)Px　　　　　　　　　　　　(2)(3)MP
　　(5)Px→Sx　　　　　　　　　　(2)(4)→_+
　　(6)∃x(Px→Sx)　　　　　　　　(5)∃_+　□

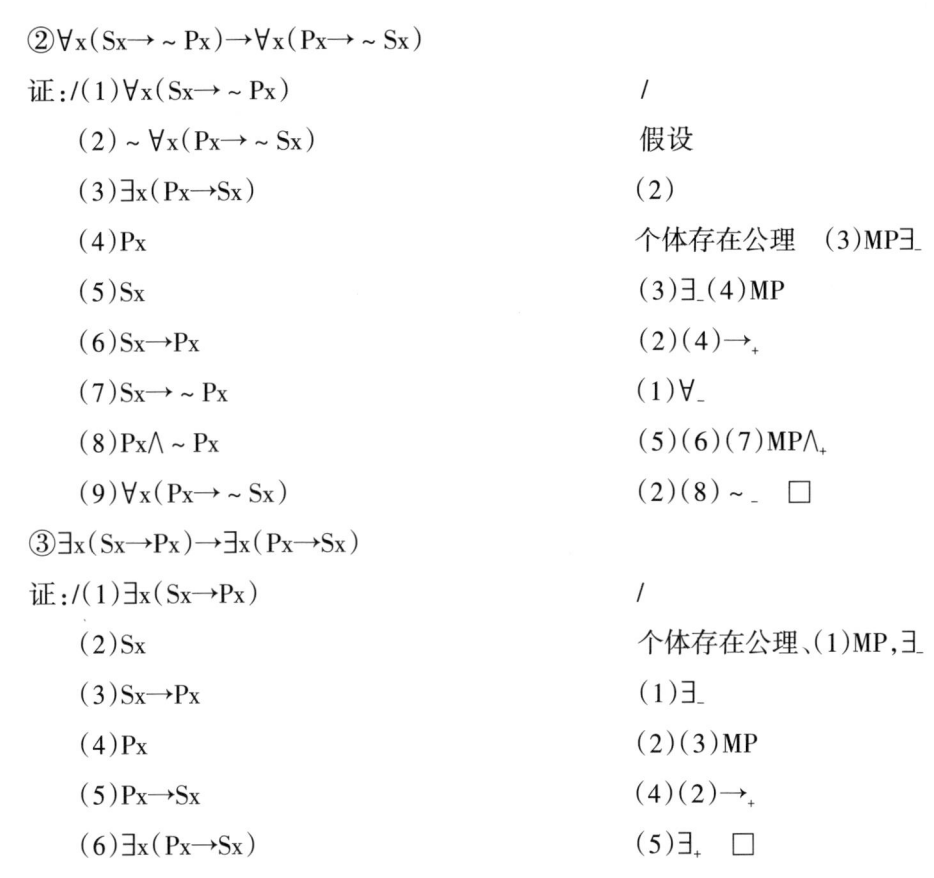

② $\forall x(Sx\rightarrow \sim Px)\rightarrow \forall x(Px\rightarrow \sim Sx)$

证:/(1) $\forall x(Sx\rightarrow \sim Px)$ /

　　(2) $\sim \forall x(Px\rightarrow \sim Sx)$ 　　　　　　假设

　　(3) $\exists x(Px\rightarrow Sx)$ 　　　　　　　　(2)

　　(4) Px 　　　　　　　　　　　　个体存在公理　(3)MP∃₋

　　(5) Sx 　　　　　　　　　　　　(3)∃₋(4)MP

　　(6) $Sx\rightarrow Px$ 　　　　　　　　　　(2)(4)→₊

　　(7) $Sx\rightarrow \sim Px$ 　　　　　　　　　(1)∀₋

　　(8) $Px\wedge \sim Px$ 　　　　　　　　　(5)(6)(7)MP∧₊

　　(9) $\forall x(Px\rightarrow \sim Sx)$ 　　　　　　(2)(8)∼₋　□

③ $\exists x(Sx\rightarrow Px)\rightarrow \exists x(Px\rightarrow Sx)$

证:/(1) $\exists x(Sx\rightarrow Px)$ 　　　　　　/

　　(2) Sx 　　　　　　　　　　　　个体存在公理、(1)MP,∃₋

　　(3) $Sx\rightarrow Px$ 　　　　　　　　　　(1)∃₋

　　(4) Px 　　　　　　　　　　　　(2)(3)MP

　　(5) $Px\rightarrow Sx$ 　　　　　　　　　　(4)(2)→₊

　　(6) $\exists x(Px\rightarrow Sx)$ 　　　　　　　(5)∃₊　□

对于换质位法是先后施用换质法和换位法而得,即换质有效并且换位有效,则换质位有效,故不再赘证。

对于三段论24个有效式的证明(包括经典逻辑不可证的9个有效式),证明思路多与上述直言命题有效式一致,不再证明。

由上可见,传统词项逻辑有效式在W中均可证。这样,结合传统逻辑命题推理有效式的W可证性,我们可以得出结论:传统逻辑的有效式均W可证。

四、W的语义

(1)GM的语义。

(2)经典逻辑中一阶谓词逻辑的其他语义。

需要指出的是,W的部分语义解释与经典谓词逻辑的(相应语义解释)颇为殊异。例如,对于∀x(Fx)→∃x(Fx)这样的公式,在经典谓词逻辑中,当解释域中不存在有个体具有F性质时,∀x(Fx)应当取何值呢?若取值为假,此时无论后件为何值,比如∀xFx→B这样的公式取值必为真。不过,在W中,既然有了前件真公理和个体存在公理,即必须承诺∀x(Fx)能指派真值,故同时也就承诺了解释域不能为空并且存在个体具有F性质,即对解释域有着本体论承诺,一旦假设∀xFx→B蕴涵式为真,并以∀xFx为起点来计算B的值,则必须假设∀xFx为真。换言之,把解释域为空的情形排除在外了,这样,对类如∀x(Fx→Gx)的公式,哪怕不存在是F的个体(如令F为独角兽),也能很好地处理了:如前件为假且要以之为起点推演,我们可以保持沉默,或者,以个体存在公理和定理2加以拒斥。

另外,我们也可以从证明∀xFx→∀xGx⊨≠∀x(Fx→Gx)的过程中看出谓词逻辑W与经典一阶谓词逻辑的重要差别。

令构作解释域D,有赋值使得∀xFx=0,∃xFx=1,∀xGx=0,∃xGx=1。经典谓词逻辑由∀xFx=0即可得∀xFx→∀xGx=1。但对谓词逻辑W却必须先行有∀xGx=0,然后有∀xFx=0,从而才有∀xFx→∀xGx=1。

五、W的一致性和完全性

此情形与经典谓词逻辑大致相同,只是完全性证明上有两处差异。第一处参见GM系统与经典命题逻辑的差别。第二处是在证明协调集∑扩充为具有存在性质的极大协调集∑*时,要证明$\sum_{n+1}=\sum_n\cup\{\exists xA_{n+1}(x)\to\exists xA_{n+1}(d)\}$❶中$\sum_{n+1}$是协调的,由于不能将$\exists xA_{n+1}(x)\to\exists xA_{n+1}(d)$直接代换成过~$\exists xA_{n+1}(x)\vee\exists xA_{n+1}(d)$而证明过程略有不同。对不同处简要说明如下:

假设$\sum_n$协调而$\sum_{n+1}$不协调,则可得:

$\sum_n\vdash\sim(\exists xA_{n+1}(x)\to\exists xA_{n+1}(d))$

$\exists xA_{n+1}(x)\to\exists xA_{n+1}(d)\vdash\sim\sum_n$

由定理(~A∨B)→(A→B)有:

~$\exists xA_{n+1}(x)\vee\exists xA_{n+1}(d)\to\exists xA_{n+1}(x)\to\exists xA_{n+1}(d)$

---

❶ 这些符号的意义和由来可参见陆钟万先生所著《面向计算机科学的数理逻辑》(陆钟万.面向计算机科学的数理逻辑[M].北京:科学出版社,2021.)。

于是得：$\sim \exists x A_{n+1}(x) \vee \exists x A_{n+1}(d) \vdash \sim \sum_n$

$\sum_n \vdash \sim (\sim \exists x A_{n+1}(x) \vee \exists x A_{n+1}(d))$

后面的证明过程与普通教程相同，不再赘述。

第十二章　模态逻辑系统MT

以经典命题逻辑为基础,可以建立相应的模态命题逻辑,那么,以GM命题逻辑为基础,能否构建新的模态命题逻辑?如果能够,其能否解决历史上的模态蕴涵怪论问题?与经典命题逻辑基础上建立起的模态逻辑相较,新系统有何特点?新系统的一致性和完全性可证吗?下面,我们将在GM的基础上,构建一模态逻辑系统MT,并以上述问题为重点,开展探索。

一、MT的语法

(一)语言

1. 初始符号

(1)GM的符号。

(2)模态符号:□。

2. 形成规则

(1)GM的合式公式。

(2)若A是合式公式,则□A是合式公式。

3. 定义

(1)GM的定义。

(2)◇A=df ~ □ ~ A。

(二)公理

(1)GM的公理。

(2)K公理:□(A→B)→□A→□B。

以日常蕴涵眼光来看,K公理即MP规则的模态表达。

(3)T公理:□A→A

(三)变形规则

(1)GM的变形规则。

(2)必然化规则：若⊢A，则⊢□A。

二、MT的定理证明[1]

定理1　⊢A→◇A

证:(1)□~A→~A　　　　　　　　T公理

　　(2)~~A→~□~A　　　　　　(1)GM定理

　　(3)A→◇A　　　　　　　　　(2)GM定理◇df　□

此定理可直接由公理变形可得,故不必施用前件真公理,也不必把作为结论◇A单独推演出来,因为只要A→◇A是定理,则根据前件真公理,必有设定A真,则必有◇A真。

定理2　⊢□A→◇A

证:/(1)□A　　　　　　　　　　/
　　(2)A　　　　　　　　　　　(1)T公理MP
　　(3)A→◇A　　　　　　　　定理3
　　(4)◇A　　　　　　　　　　(1)(2)(3)GM定理　□

定理3　⊢~◇A→(A→B)

证:/(1)~◇A∧A　　　　　　　　/
　　(2)□~A　　　　　　　　　　(1)□df
　　(3)~A　　　　　　　　　　　(2)T公理MP
　　(4)A∧~A　　　　　　　　　　(1)(3)∧₊
　　(5)A∧~A→B　　　　　　　　GM定理
　　(6)B　　　　　　　　　　　　(4)(5)MP
　　(7)A→B　　　　　　　　　　(1)∧₋(6)→₊　□

其实,我们也可以给予~◇A→(A→~B)类似的形式证明系列。这两式的

---

[1] 仅略举几个定理予以形式证明和说明。

形式证明,实质是GM系统中定理 A∧~A→B∧~B在模态逻辑中更清晰(加上可能性的内涵词)的表达。这个定理也告诉我们,~◇A意味着A不可能真,那么,以A为前提的讨论都没有任何推演上的意义,这也和日常推理、日常思维高度一致。

定理4　⊢□A→(B→A)

证:/(1)□A　　　　　　　　　　　　　　/
　　(2)A　　　　　　　　　　　　　　(1)T公理MP
　　(3)A→(B→A)　　　　　　　　　　GM定理
　　(4)B→A　　　　　　　　　　　　(2)(3)MP　□

此定理是说,A是必然的,则存在着如此的真命题(集)B使A成真。这也实质是GM系统中定理A→(B→A)在模态逻辑中更清晰(加上可能性的内涵词)的表达。

定理5　⊢◇(A→A)

证:(1)□(A→A)→◇(A→A)　　　　　　定理2
　　(2)□(A→A)　　　　　　　　　　GM定理　必然化规则
　　(3)◇(A→A)　　　　　　　　　　(1)(2)MP　□

定理6　⊢A→B→(□A→□B)

证:/(1)A→B　　　　　　　　　　　　/
　　(2)□(A→B)　　　　　　　　　　(1)必然化规则
　　(3)□(A→B)→(□A→□B)　　　　K公理
　　(4)□A→□B　　　　　　　　　　(2)(3)MP　□

定理7　⊢□(A∧B)→□A∧□B

证:/(1)□(A∧B)　　　　　　　　　　/
　　(2)A∧B→B　　　　　　　　　　GM定理
　　(3)□(A∧B→B)□　　　　　　　(2)必然化规则
　　(4)□(A∧B→B)→(□A∧B→□B)　K公理
　　(5)□A∧B→□B　　　　　　　　(3)(4)MP
　　(6)□B　　　　　　　　　　　　(1)(5)MP

同理有：(7)□A

(8)□A∧□B　　　　　　　　　　　　(6)(7)GM 定理　　□

三、MT 的语义

(1)GM 的语义。

(2)模态逻辑系统 T 关于模态词的语义。❶

这里需要简单说说对□(A→B)的理解。在 W 中，V(W,□(A→B))=1，即是指对所有 W'中($R_{WW'}$)，都有 V(W',A→B)=1。而从纯真值的角度来看，V(W',A→B)=1 当且仅当 A、B 同真同假。可见，与谓词逻辑 W 一样，模态逻辑 MT 一些语义解释会受 GM 系统的影响，部分语义解释可能与模态逻辑 T 有所不同，甚至颇为殊异。

现在我们回头看看前述严格蕴涵怪论。在严格蕴涵怪论中，分别用到了实质蕴涵和严格蕴涵，我们将这些蕴涵统一改为"日常蕴涵"，于是有

①～◇A→(A→B)　　　　　　　　　　②□A→(B→A)

③(A∧～A)→B　　　　　　　　　　　④B→(A∨～A)

对③、④两个怪论，先前我们在 GM 系统中已进行过讨论，不再赘述。

对①、②两个怪论，在 GM 系统基础上扩充的模态 MT 系统的语义解释会怎么样呢？设本基世界为 W，其可及世界为 W'。对①：前件～◇A 等值于□～A，由 T 系统的自返性，得□～A→～A，即有 V(W,A)=0，从而①式在 W 中演变为：～A→(A→B)，这显然是 GM 系统中 A∧～A→B 之类定理的变种，对其意义我们已作解释。对②：由 T 系统的自返性，得□A→A，由前件□A 得 V(W,A)=1，从而①式在 W 中演变为：A→(B→A)，对该定理我们也在前面作了解释。

对于①、②我们均未考虑除 W 外的 W 的可及世界 W'，主要是因为后件均在 W 中取值，从而似乎将含模态词的前件通过 MT 的自返性"拉回"W 中来考察。实际上，人们在日常推理中考虑问题时，一般都会默认本基世界或现实世界对自身可及。这也是我们选择比照模态逻辑系统 T 考察在 GM 系统基础上建立模态逻辑系统的重要原因。

---

❶ 可参见模态逻辑教程(周北海．模态逻辑导论[M]．北京：北京大学出版社,1997)，下同。

四、MT 的一致性和完全性

与正规模态系统 K、D、T 等一样,系统 MT 也可以通过 P—变形(实质是变形为 GM 系统)的方法证明其一致性,通过典范模型方法证明其完全性,其中主要差异之处参见 GM 与经典命题逻辑的差别。

第十三章　总结与展望

我们研究的主要目标是,在遵守二值原则和外延原则的前提下,构建直观性、简明性良好的日常(推理)逻辑(含命题逻辑、一阶谓词逻辑等系统),力图实现传统逻辑思想的形式化和公理化,不但使常用的日常推理的有效性在系统中得到自然的表达和刻画,而且使日常(推理)逻辑系统的有效式同时也是日常推理的有效式,实现逻辑演算有效性与日常的推理有效性的高度契合。这即追求(图13-1):

$$\text{日常推理有效性} \xrightarrow[\text{反映}]{\text{制约}} \text{逻辑演算有效性}$$
$$\text{(自发的逻辑)} \qquad\qquad \text{(自觉的逻辑)}$$

图13-1　日常推理有效性与逻辑演算有效性关系

同时附带解决两个棘手的问题:一是解决经典逻辑与日常推理传统逻辑不一致的问题;二是解决蕴涵怪论问题(为其判别和解决提供一个明晰、确定、具体可行、严谨实用的系统性的标准和方法)。

我们的工作主要紧紧围绕构建日常(推理)逻辑的两个问题来开展:一是日常(推理)逻辑的合理性与合法性;二是日常(推理)逻辑的可行性和可取性。本书第一章至第六章主要回答合理性与合法性问题,第七章至第十二章主要回答可行性和可取性问题。

一、经典逻辑批判小结

构建日常(推理)逻辑的直接动因是,传统逻辑在公理化、形式化、体系化方面存在明显不足,很难全面深入地开展元逻辑研究,而经典逻辑又与日常推理有效形式的匹配性不够强,且与传统逻辑思想不无相悖。经典逻辑与日常推理、传统逻辑的冲突,主要源于实质蕴涵,而实质蕴涵的问题又突出表现在实质蕴涵怪论上。

严格意义上,意义类蕴涵怪论不是真正的怪论(为杜绝此类怪论,我们提出了后件否定相容原则:解释后的条件句,若其后件的否定与其前件相容,则解释为非法),只有形式类蕴涵怪论才是真正的怪论。对蕴涵怪论,有三种态度:不以为怪、以为怪但可辩护、以为怪求改造。笔者赞成第三种意见。

(一)实质蕴涵使经典逻辑与传统逻辑脱节、冲突

(1)多种逻辑学教材倾向于用实质蕴涵理解充分条件关系。但是,在阐明充分条件关系推理时,却往往按照传统逻辑说法,只采用肯定前件式和否定后件式两种。对于前件假后件真这种实质蕴涵式为真的情况,并没把其当作有效的推理形式或者视而不见。(2)在传统逻辑中,全称命题和特称命题的表达式,保持了原自然语言语法结构,逻辑结构是统一的。但在经典逻辑中,全称命题用的是蕴涵式表达,而特称命题用的是合取式表达,逻辑结构不再统一。这也导致部分传统逻辑有效式在经典逻辑中不再有效。例如,传统逻辑直言命题推理中,相当部分有效形式,在经典逻辑中不可证;三段论24个有效式中,其中9个在经典逻辑中不可证。

(二)实质蕴涵使经典逻辑潜藏着难以解释的内在矛盾

如果实质蕴涵只是单纯的真值函项,那么经典逻辑说的"实质蕴涵真不可能前件真而后件假"中的"不可能"、分离规则的运用及"必然推出、必然得出"等理论都没有生根之地。例如,在分离规则中,从⊢A得到⊢B,其逻辑的支撑点在于A→B中的"→"。但是,如果"→"只是单纯的真值函项,它无论如何也支撑不了这个点——显然,这时必须赋予"→"推导方面的意义:否则分离规则利用"→"进行变形就没有依据,就失去了合法性。可见,经典逻辑出现了"逻辑问题":实质蕴涵的定义中并没有推导的内涵,却又必须让实质蕴涵承担推导的功能。这意味着实质蕴涵要么是存在定义内涵过少的问题,要么是鸠占鹊巢,越俎代庖。演绎定理逆定理的证明也不得不面对类似责难而难以自圆其说。

(三)实质蕴涵使经典逻辑难以符合日常推理需要

对"若,则"句,大家一般都肯定:

(1)"若,则"句真,则不能"若"子句真而"则"子句假。

(1)可改写成:

(2)"若,则"句真→~("若"子句真而"则"子句假)。

(2)可改写成:

(3)蕴涵式真→~"前件真并且后件假"。

但如果把(3)改写成:

(4)蕴涵式真=~"前件真并且后件假"。

显然,大家会反对,因为"→"和"="的差别实在太大。

但由(4)可得:

(5)实质蕴涵式真="前件假或者后件真"。

这即是实质蕴涵的析取定义。(3)(4)的差别也就是(1)(5)的差别。

可见,实质蕴涵永真式只能成为相应推理有效式的必要条件,从而使经典逻辑上永真至多就是日常推理形式有效的必要条件,即有:(※)日常推理形式有效→逻辑上永真。但是,在实践上,我们却将逻辑上永真作为推理形式有效的充分条件在使用,即有:(∴)逻辑上永真→日常推理形式有效。对比(※)(∴)两式,不难发现问题的严重性:以实质蕴涵为基石的经典逻辑相对日常推理,必然存在着"推导过多"的问题——如(A→~A)∨(~A→A)等是经典逻辑永真式,却非日常推理有效式。这一点,从实质蕴涵与日常思维在"若"子句为假时,对"若,则"句的真假判断的巨大分歧中,也可以看出:前者认为此时"若,则"句皆真,而后者认为此时"若,则"句可真可假。经典逻辑和日常推理对真的理解之出入,由此窥斑见豹。

此外,经典逻辑系统还存在"推导过少"的问题,例如,亚里士多德等人极力推崇的(A→B)→~(A→~B)等推理形式是日常推理常用的有效式,却不是实质蕴涵逻辑系统的永真式。

上述表明,经典逻辑难以将有效的和无效的日常推理形式区分开来。在日常推理看来,经典逻辑不是那个"放心"的,更别说"称心"的合作"伙伴"。

二、日常蕴涵理论小结

在做了几项为日常蕴涵及其逻辑系统合理性和合法性铺路的准备工作后,我们较深入地研究和分析了"若,则",确认其与"或""且"有质的差别:蕴涵绝不可能单纯是真值联结词——"若,则"的根本逻辑特征还包括"或""且"不具备的推演性。随后,我们紧紧抓住"若,则"的两大逻辑特征,提炼出"若,则"在真值性上的"前件真承诺"特征和在推演性上的"必然得出理论"。通过"前件真承诺",我们解决了对"若,则"句,弗雷格认为是真值函项,而日常思维却可将其处理成真值命题之间的矛盾。在"必然得出理论"中,我们指出,日常推理中,"若A,则B"是"T,若A,则B"的省略形式("若A则B"中的"A"真实的内涵不仅仅是"A"本身,还包括隐含的真命题集T),其中的"则"是"必然得出"。可见,为寻求适合日常推理的蕴涵,我们走上了一条不同于经典逻辑研究"若,则"句的路子:不再立足于孤立静止角度,而是转向在推理和思维中考察"若,则"句的逻辑功能特征。在孤立静止的视野中,"若,则"句只是真值函项;但在推理动态下,通过"前件真承诺","若,则"句成为真值命题。在孤立静止的视野中,"若,则"句只是真值联结词;但在推理动态下,通过"必然得出","若,则"句具有了推演(推导)功能。

在此基础上,我们建立了新的蕴涵(日常蕴涵)理论。在真值方面,我们将实质蕴涵真值表中"前件假后件真"的蕴涵式的值修订为假。在推演性方面,我们根据日常推理总是设定"若,则"为真,再以某子句的真假来推算另一子句的真假这一特点,制作日常蕴涵推演表。

随后我们得到日常蕴涵起点规则:以前件为起点当且仅当前件为真;以后件为起点当且仅当后件为假,否则无必然结论。

概括对"若,则"句真值性与推演性的逻辑刻画,可得到日常蕴涵理论,其核心思想是:真命题日常(推理)蕴涵真命题,假命题反日常(推理)蕴涵假命题,除此无所谓日常(推理)蕴涵。

对弗雷格感到困惑的实质蕴涵与"普遍性"的统一表达问题,及实质蕴涵无法处理的虚拟"若,则"句问题,日常蕴涵理论都可以比较方便实用地解决。换言之,日常蕴涵不但适用于表述各种充分条件关系(永真的、意义真的、普通的),也适用于表示因果关系,还适用于表示各种虚拟语气,从而完成了对"若,则"句的统一刻画——这来源于"若,则"家族本身逻辑上的构块意义。

逻辑刻画"若,则"可能有三种途径:直接刻画"A—B"(这是实质蕴涵选择的途径);刻画充分条件关系(((A→B)∧A)→B);刻画分离规则。三种途径中,分离规则不但是前两者的出发点和落脚点,而且将"若,则"中核心的逻辑意义——充分条件关系体现得最直接、简单、外显。因此,我们选择通过分离规则刻画"若,则"。在讨论"若,则"推演性时,我们始终强调,必须以"若,则"真为前提(而不是结论)来讨论,即有"⊢A→B";在讨论出"若,则"满足"前件真承诺"时,我们即在强调"⊢A";而在讨论"若,则"之"必然得出理论"时,我们其实想显露和证明"必得⊢B"中的"必然得到"。

我们研讨日常蕴涵理论,真正目标是希望以之为基石,构建满足日常推理需求的日常(推理)逻辑,首先是命题逻辑部分(我们命名GM)。

三、命题逻辑公理系统GM小结

与经典命题逻辑相比,在符号上,GM系统增加一个丙类符号:设定真符"／",使/A成为合式公式,这使得日常蕴涵推演性能在形式系统中得以充分表达。在定义上,增加了≡df:A≡B=dfA∧(A⟵⟶B),即互蕴涵只是两公式等值的必要条件之一,而不再是充分条件。

GM系统共有5条公理:

①(A→B)→/A(/)(前件真公理:A→B真,日常蕴涵着设定A真)。

②(/A→B)→(A→B)(/.)(本基真公理:如果在A为真的可能世界中B都是真的,那么,当在本基世界A真时,B也是真的)。

③(~A→B)→(~A→~B)→A(~.)(反证法公理)

④A∨~A(E.M)(排中律公理)

⑤A→A∨B(∨₊)(单调性公理)

五条公理紧扣日常推理的关键性逻辑特征,具有较充足的自明性,是对日常推理最核心的有效性思想及日常推理有效形式的精心挑选、继承和刻画。

在变形规则上,我们增加了(合取规则)∧+:若⊢A且⊢B,则⊢A∧B。

在GM系统中,日常推理中常用的有效式(含传统逻辑常用规律、规则)、经典命题逻辑系统(PC系统)公理集、弗雷格公理集合、怀特海和罗素提出的公理集合,及希尔伯特和贝尔纳斯提出的公理集合都是可证的,定理的证明也显示了GM推演的简易性和强大的推演能力。

在探讨了GM的语义,证明了系统的一致性和完全性后,我们通过具体问题讨论了GM的一些特征。其中有两大特征需特别注意。一是GM与经典命题逻辑互不为子系统。例如,(A→~A)∨(~A→A)等经典逻辑的定理(日常推理和传统逻辑认为不是有效式)不是GM系统的定理,而诸如~(A→~A)、(A→B)→~(A→~B)等非经典逻辑定理(日常推理和传统逻辑认为是有效式),被GM系统认定是定理。这说明,GM系统可以克服经典命题逻辑(相对日常推理)"推导过多""推导过少"的毛病。二是日常蕴涵在演算中可纯真值化。前件真公理的存在,已为日常蕴涵式在任何演算中内在地自动附加了推演性。鉴此,逻辑演算(形式证明)中,我们只需要考虑蕴涵式的真值,而不必考虑蕴涵的推演性(日常蕴涵的推演性只是表面上消失了)。例如,未进入逻辑系统演算前,A→B中,前件A在逻辑上可真可假;但A→B进入逻辑演算(形式证明)后,因为前件真公理作用,前件A一定设定为真,故有(A→B)≡(~A∨B)∧A(实际是(A→B)∧A≡(~A∨B)∧A)。又如,A≡B与A⟷B等值吗?回答是:在逻辑演算(形式证明)外,二者是不等值的,只有(A≡B)≡(A∧(A⟷B));但在逻辑演算(形式证明)内,在前件真公理的作用下,二者等值,即(A≡B)≡(A⟷B)。

可见,从"若,则"句抽象出的蕴涵,因所处状态变化,功能也会发生变化:在孤立静止状态下,它只是真值函项;在思维推理状态下,它兼具真值性和推演性;在逻辑演算(形式证明)中,由于前件真公理等的作用,它又可以也应该纯真值化:可视为纯真值联结词,可用合取析取等纯真值联结词等值代换。这也许就是蕴涵最让人困惑迷离、易陷误区之处。

在GM系统映照下,实质蕴涵怪论出现分流。(A→B)∨(B→A)等蕴涵怪论不再是GM的定理,而A→(B→A)等蕴涵怪论还是GM的定理。对非GM定理的蕴涵怪论,GM 都站在日常推理的角度分析其不能成为定理的理据;对是 GM 定理的蕴涵怪论,GM 都进行了形式证明,并站在日常推理角度作了解释,甚至揭示其背后的哲学意义和理论依据。例如,A→(B→A)中,因 B 无论如何都为真,故其恰当的解读是:无论一个命题是真还是假,它必然有如此这般的理由和依据。其中心思想恰恰是充足理由律,也是"具体的真总是相对的一定背景意义的真"这一哲学命题的逻辑表达式。

可见,GM 揭开了"蕴涵怪论"争议不休之谜(里面既有"稻谷",又有"沙子"),也为辨别"蕴涵怪论"提供了一个明晰、确定、具体可行、严谨实用的系统性规则,成立了相应的"司法机关"——以日常蕴涵为"主审官",配套前件真公理等公理规则,通过逻辑系统,建立起"法庭"开展"审判"。这样,每条"蕴涵怪论"都将"原形毕露",从而可能结束"蕴涵怪论"这桩久拖不决的"官司"。

四、一阶谓词逻辑 W 与模态逻辑系统 MT 小结

一阶谓词逻辑 W 在 GM 和经典一阶谓词逻辑关于谓词的公理上,增加了一条公理:∃x(A→B)→∃xA(个体存在公理)。这实际是日常推理中"前件真承诺"和 GM 前件真公理在谓词逻辑中的再表达和自然延伸。而对于传统逻辑中 A、E、I、O 四类直言命题,W 可以使其逻辑公式结构统一,如 SIP 表示为 ∃x(Sx→Px),不必再生硬地表示为 ∃x(Sx∧Px)。∃x(Sx→Px)与 ∃x(Sx∧Px)相互日常蕴涵,却非等值。此外,在经典逻辑中不可证的传统逻辑中的部分直言命题推理有效式、三段论(24 个有效式)的 9 个有效式,W 均可证。同时,W 具备一致性和完全性。

对于模态命题系统 MT,我们选择在 GM 公理集基础上,增加 K 公理和 T 公理予以构建,并充分利用在该系统框架下,本基世界对自身可及的特征,消解了模态蕴涵怪论。MT 具备一致性和完全性。

需要强调的是,在 GM 系统基础上建立的各逻辑系统,其语义解释自然遵循 GM 系统,因而即使是同"形"公式(特别是蕴涵式),解读出的意义与经典逻辑基础上建立起来的逻辑系统解读出的意义,可能相去甚远。

对建立在 GM 系统上的一阶谓词逻辑 W 和模态命题系统 MT 的考察,说明以日常蕴涵为基础、承接经典逻辑技术思想,构建一系列逻辑系统是可能的。

五、结束语

以日常蕴涵为基石的日常（推理）逻辑（包括 GM 和 W 等），走出的是一条不同于经典逻辑的路，能够较友好地满足人们日常推理需求。更让人欣慰的是，根据反复推敲与验证，相信这条路子是成功的，达到了研究的目的。GM 和 W，一方面简洁直观、推演简易，公式能获得贴合日常思维的合理性新解释，另一方面使传统逻辑思想与现代逻辑技术友好地衔接了起来，实现了传统逻辑与现代逻辑的系统性、有机性结合。

从"若,则"句中抽象出日常蕴涵的研究思路和相关系统的构建，是崭新的工作——国内外还没有类似的研究思路和成果。日常蕴涵理论及日常（推理）逻辑的探索与成果，说明逻辑学可以分兵向这么一个方向发展：不再全面地倒向数学，而是回归对逻辑的古典理解，回归到日常推理和日常思维的领域，并从这些角度服务于大众的、普通人的逻辑需要，甚至科研的逻辑需要。这显然有利于较好地解决逻辑的应用问题，特别是逻辑教学问题，从而为逻辑学增强权威性、提高认可度、扩大普及度，创造良好的条件。同时，这一条兼具传统逻辑和现代逻辑优势的道路，应该也会让人们拥有一个崭新的视野。透过这一新视野，可以预见，应当会有新的发现（如用于人工智能）。

参考书目

【中文】

[1] 何向东,等.逻辑学教程[M].北京:高等教育出版社,1999.

[2] 江天骥.西方逻辑史研究[M].北京:人民出版社,1984.

[3] 鞠实儿.面向知识表示与推理的自然语言逻辑[M].北京:经济科学出版社,2009.

[4] 吕叔湘.中国文法要略[M].北京:商务印书馆,1982.

[5] 黎锦熙.新著国语文法[M].北京:商务印书馆,2001.

[6] 马玉珂.西方逻辑史[M].北京:中国人民大学出版社,1987.

[7] 王路.逻辑的观念[M].北京:商务印书馆,2001.

[8] 吴家国,等.形式逻辑研究[M].北京:北京师范大学出版社,1984.

[9] 鲍亨斯基.当代思维方法[M].童世骏,译.上海:上海人民出版社,1987.

[10] 陈波.逻辑哲学导论[M].北京:中国人民大学出版社,2000.

[11] 金岳霖.逻辑[M].北京:生活·读书·新知三联书店,1982.

[12] 金岳霖.形式逻辑[M].中国人民解放军炮兵学院马克思主义基础教研部翻印,1981.

[13] 金岳霖.金岳霖学术文化随笔[M].北京:中国青年出版社,2000.

[14] 林邦瑾.制约逻辑——传统逻辑与现代逻辑的结合[M].贵阳:贵州人民出版社,1986.

[15] 马玉珂,吴家国,等.形式逻辑研究[M].北京:北京师范大学出版社,1984.

[16] 马库斯,等.可能世界的逻辑[M].康宏逵,译.上海:上海译文出版社,1993.

[17] 王路.是与真[M].北京:人民出版社,2003.

[18] 罗素.逻辑与知识[M].苑莉均,译.北京:商务印书馆,2005.

[19] 陆钟万.面向计算机科学的数理逻辑[M].北京:科学出版社,2021.

【英文】

[1] GOVIER R. Problems in Argument Analysis and Evaluation[M]. Cinnaminson, NJ: Foris Publications, Dordrecht-Holland, 1987.

[2] SUSAN H. Philosophy of Logic[M]. London: Cambridge University Press, 1978.

[3] ADAMS E. The Logic of Conditionals[M]. Dordrencht: Reidel, 1975.

[4] JOSEPH A FARIS. Truth-Functional Logic[M]. London: Routledge and Kegan Paul, 1962.

[5] QUINE W V. Philosophy of Logic[M]. Englewood: Prentice Hall, 1970.

[6] BLACKBURN S. Indicative Conditionals[M]//The Oxford Dictionary of Philosophy. 2nd ed. Oxford: Oxford University Press, 2008.

[7] WITTGENSTEIN L. Tractatus Logico-Philosophicus[M]. London: Routledge, 1999.

[8] EDWARDS P. Truth and Implication in Medieval Logic[M]. Translated by Liu Yetao. Beijing: Beijing University Press, 2008.

[9] TARSKI A. Introduction to Logic and to the Methodology of Deductive Sciences[M]. Translated by Zhou Liquan, et al. Beijing: The Commercial Press, 1963.

[10] BENNETT J A. Philosophical Guide to Conditionals[M]. Oxford: Clarendon Press, 2003.

[11] POTTS C. The Logic of Conventional Implicatures[M]. Oxford: Oxford University Press, 2005.

[12] ARISTOTLE. Prior Analytics[M]. Translated by Robin Smith. Indianapolis: Hackett Publishing Company, 1989.

后　　记

　　研究蕴涵怪论,最初是因为好奇——感觉这个问题出现在逻辑学中,实在反常。攻读硕士研究生时,就这个问题,我同恩师何向东教授讨论过。虽然具体情形记不清了,但何老师最后的一句话如刀刻似的铭在心上:"实质蕴涵不实质,这的确是个问题,但很复杂,很难解决。你要有只管耕耘、不问结果的心态,诚实地研究,相信必有所成。"于是这么多年,我一边怀着恩师的鞭策和嘱咐,一边抱着一定让自己明白的心态和这个问题死磕,慢慢地有了更多的想法。一路走来,曾N次因为遇到看似无法克服的困难而心生崩溃——王国维先生所言"学问三境界"诚不欺我。

　　现在看着这本小书,心里依然不胜唏嘘:若不是大家的鼓励和帮扶,哪有它的出生呢?

　　感谢我的恩师何向东。是他把我引向学问之路。我还记得,为了我的一篇论文的一条引文,他汗流浃背地在书柜翻来找去,最后兴奋地喊:"找到了,找到了!"微汗的脸上,尽是笑,像个寻得了宝贝的孩子。我小时候的理想是在家乡做一名新华书店售书员——这样可以天天免费看书。谁能想到当年只能捡哥哥旧衣服穿、瘦瘦小小的孩子,能发论文、出专著呢?感谢恩师!

　　感谢我亲爱的师兄弟姐妹。围绕书的研究主题,不少师兄弟同我多次辩论、交流。我甚至还记得郭美云师弟和我在西南师大杏园门口那葱绿的古树下,争论得脸红脖子粗、最后相视而笑的情景。在研究过程中,冯颜利、刘邦凡、李包庚、李章吕、谢元春、吕进、张萍、曹照洁、邹明灼、唐玉斌等师兄弟姐妹,或搜集提供资料,或提出珠玑般的意见、建议,给了我很多贴心的鼓舞,有力地促进了研究的进展。

　　感谢江门市委党校的同事们。他们给了我一个温暖的集体,尤其是张学东和熊薇两位领导,为这项研究提供了许多支持、许多帮助,倾注了不少心血。张校长那句"你只管修订书稿,余下的事都交给学校"言犹在耳,令人感怀不已。此生遇见,真好!

一路走来,要感谢的人很多,比如为出版作"嫁衣"的同志(责任编辑的认真让人感佩;终审专家对书稿"非常出色"的评语,慰人心脾),比如我的亲友——虽然为此书劳神费力不会有什么实际收益,但他们依然很给力……

最后,谨以此书,对上述诸君聊表敬意。也望此书,能成为逻辑学发展的一块引玉之砖。